名师工程
创新课堂系列

新课程·新理念·新教学
丛书编委会主任：马立　宋乃庆

如何实现三维目标

让学生与文本共鸣的诵读教学

张连元◎著

西南师范大学出版社
全国百佳图书出版单位　国家一级出版社

图书在版编目（CIP）数据

如何实现三维目标——让学生与文本共鸣的诵读教学/张连元著. —重庆：西南师范大学出版社，2010.7

（名师工程系列丛书）

ISBN 978-7-5621-4969-9

Ⅰ.①如… Ⅱ.①张… Ⅲ.①语文课－阅读教学－教学研究－中小学 Ⅳ.①G633.332

中国版本图书馆 CIP 数据核字（2010）第 129055 号

如何实现三维目标——让学生与文本共鸣的诵读教学

张连元 著

责任编辑：张浩宇 任占弟

封面设计：周 晓

出版发行：西南师范大学出版社

地址：重庆市北碚区天生路 1 号

邮编：400715 市场营销部电话：023-68868624

http：//www.xscbs.com

经 销：新华书店

印 刷：九洲财鑫印刷有限公司

开 本：787mm×1092mm 1/16

印 张：17.5

字 数：295 千字

版 次：2010 年 7 月 第 1 版

印 次：2010 年 7 月 第 1 次印刷

书 号：ISBN 978-7-5621-4969-9

定 价：30.00 元

《名师工程》

系列丛书

编者的话

当前，以人为本的教育理念正在逐步深化，素质教育以及基础教育课程改革不断推进。在这场深刻又艰苦的教育改革中，涌现了无数甘为人梯、乐于奉献的优秀教师。他们积极探索、更新观念、敢于创新、善于改革，在实践中创造性地发展、总结了很多先进的教育思想、教育理念；创造性地开发了很多新的教学模式、教学内容和教学方法。这些新思想、新模式、新方法在实践中极大地提高了教学质量，是教育改革实践中的新内涵和宝贵财富。这些优秀教师就是我们的名师，这些新内涵就是名师的核心教育力。整理、总结、发展、推广这些教育新内涵，是深化教育改革、完善教育体制、提高教育质量、提升教师水平的一件大事。

教育，是民族振兴的基石；教师，是教育发展的根基。

胡锦涛总书记在全国优秀教师代表座谈会上指出："教师是人类文明的传承者。推动教育事业又好又快发展，培养高素质人才，教师是关键。没有高水平的教师队伍，就没有高质量的教育。"十七大报告又进一步强调了必须加强教师队伍建设，不断提高教师的素质。当今世界，社会进步一日千里，科技发展日新月异，知识更新的周期越来越短。教师作为"文明的传承者"更要与时俱进，刻苦钻研、奋发进取，尽快提升自身素质和能力，为推动教育事业的健康发展贡献自己的力量。

基于以上，西南师范大学出版社策划、组织出版了大型系列教育丛书——《名师工程》。希望通过总结名师的创新经验、先进理念，宣传名师的核心教育力，为广大教师职业生涯提供精神源泉和实践动力，在教育实践层面切实推动从教者职业素养的提升。通过《名师工程》实现"打造名师的工程"。

丛书在策划、创作过程中力求实现以下特色：

一、理念创新，体现教育的人本精神

教师角色在以人为本的教育理念下发生了重大的变化，教师的素质和能力也面临更高的要求。如何弘扬、培植学生的主体性、增强学生的主体意识、发展学生的主体能力、塑造学生的主体人格等问题成为教师在目前教育中亟待解决的难题。丛书以教育管理者和教师为主要读者对象，通过教师综合素质的提高而将人本教育的思想落实到教育实践中，真正实现教育培养人、塑造人、发展人的本质要求。

二、全面构建，系统提升教师的教育能力

丛书选题的最大特点就是系统、全面地针对教师教育能力的提升而展开。施教者的能力决定教育的效果，教育改革的落实、教育效果的提高无不体现在教师身上。丛书针对不同教育能力、不同教学要求、不同教育对象，有针对性地设置选题。棘手学生、课堂切入、引导艺术、班主任的教导力、互动艺术、课堂效率、心灵教育等等，这些鲜明的主题从教育的细节出发，从教育实际情况出发，有针对性地解决问题，让教师在阅读中学有所指、读有所获。

三、科学权威，体现教育的时代前沿性

丛书邀请全国各地著名的教育工作者执笔，汇集在教育改革与实践中涌现的先进理念、成果和方法，经过专家认真遴选、评点总结而成，代表了目前教育实践中先进的教育生产力，具有时代前沿性，是广大一线教师学习、借鉴的好素材。

四、注重实践，突出施教的实用价值

丛书采用了通俗的创作方法，把死板的道理鲜活化，把教条的写法改变为以案例为主，分析、评点为辅，把最先进的教育理念和方法融入有趣的情境中。经典的案例，情境式的叙述，流畅的语言，充满感情的评述，发人深省的剖析，娓娓道来、深入浅出，让教师更充分地领会先进、有效的教育方法。

在诸多教育、出版界同仁的支持与努力下，《名师工程》陆续推出了《名师讲述系列》《教学提升系列》《教学新突破系列》《高中新课程系列》《教师成长系列》《大师讲坛系列》《教育细节系列》《创新语文教学系列》《教育管理力系列》《教师修炼系列》《创新数学教学系列》《通识与心理系列》《创新课堂系列》等系列，共80余个品种，后续图书也将陆续出版。

丛书在出版创作过程中得到各地、各级教育部门与教育工作者的大力支持与帮助，在此一并表示感谢！

教育事业是全社会共同的事业，本丛书的出版一方面希望能对广大教育工作者有所帮助，共飨先进成果；另一方面也是抛砖引玉，希望更多的教育工作者参与到出版创作中来，百家争鸣、百花齐放，为促进教育事业的发展共同努力！

前　言

上初中的时候，语文老师常在课上诵读诗文，于是我喜欢上了诵读。高中时赶上“文革”，我喜欢上了辩论，曾一次独霸论坛半日之久，痛快淋漓！1973年我到中学任教语文，也常在课内外诵读诗文，还建立了诵读小组。曾辅导一个叫姜连馥的女生，在全校集会上朗诵《周总理窗前的灯光》，使台下听众泣不成声。1977年恢复高考，我就读北京师范大学中文系，毕业论文就是《朗读在语文课中的作用》，一稿通过。

几十年来，我潜心搜集、整理诵读资料，并结合教学实践探索诵读理论，于1995年1月2日在“中国教育报”上发表《朗读美育》一文，之后又在其他刊物上陆续发表了《略谈朗读美育》《语文教改可以从朗读切入》《帮孩子练口语》《朗读使你健美》《中学语文“以读促学”教学模式研究》等文章，并在2004年6月出版了“北京教育丛书”中的《语文课中的朗读教学》。2007年6月，为我校编写了校本课程教学用书《诵读》。多年的努力，旨在寻找一个既符合现代教育理论，又能举一反三，还能为普通教师所运用的有趣、高效的语文教学模式，这就是“以读促学”模式。

自1994年负责校教科室工作以来，我执著追求前沿教改理论，深感应试教育积重难返，先后在市、国家级期刊上发表论文50余篇。“新课程”来了，我欣喜若狂，为之奔走呼号，却又举步维艰。然可喜的是，1998年成立的以我任课题组长的课题组进行了“中学语文‘以读促学’教学模式研究”。这项研究在刘抱琛校长的大力支持下得以顺利进行，后任校长吕宝新也因看到实效而给予了我们不懈的支持。“以读促学”的教学模式扭转了我校语文教学的落后局面，因为学校赢得了荣誉而立稳根基，因让师生尝到甜头而成为其自觉的行动。十几年的教学实践证明，“以读促学”教学模式是喜闻乐见、简便易行且行之有效的中学语文教学模式。

本模式中的“读”是指诵读，但教师不是让学生一读了之，而是不仅将诵读作为教学目标，更将诵读作为教学手段，即在教师范读、导引和学生练读、体验、感悟的基础上，引导学生在诵读美感、基调、技巧上进行自主、合作地探究，使学生借此走进文本与作者对话，从而把握作者的思想感情，融汇字词句篇、语修逻文，进而提高口语交际、阅读、写作能力，乃至涵养德行、努力创新、完善个性。只要有了这个过程，其结果就是——语文教学走出困境。

诚然，钱梦龙、魏书生、宁鸿彬等语文教育者们高超的教学艺术，一直是我们追求的目标，但他们的成就都是以深厚的语文功底、高超的教学艺术乃至独有的天赋禀性为前提的，我们一时还学不来。然而，教育改革时不我待，怎么办？不妨先走出困境，再博采众长。因为，无论何种高级的教学模式，诵读教学都是不可或缺的。

新课程高瞻远瞩，为诵读正名，彰显其地位，强调其作用，规定其操作，实为广大语文教师之幸事、喜事。西南师大出版社同仁心系教改大业，急广大语文教师之所急，用心良苦。我也为能给一线普通语文教师一点帮助而感到荣幸和欣慰。

本书特点有五：其一是符合现代前沿教育理论，是新课程理念的操作模式；其二是不仅将诵读作为课程目标，更将诵读作为手段而创立“以读促学”教学模式，有利于推动语文教改；其三是继承祖国审美传统，创立从形式到内容的系统的诵读审美观点，有利于审美鉴赏；其四是系统、全面、创新地阐述了诵读的技能、技巧及其训练方法；其五是确立了诵读三宗旨，使诵读活动纲举目张而能够健康持续地发展。

全书共九章，呈循序渐进又相辅相成的关系。第一章是理念，讲诵读教学的意义，是纲领。第二章（诵读技能教学）为第三章（诵读技巧教学）打基础，第二、三章为第四章（诵读基调教学）、五章（诵读审美教学）打基础，第二、三、四、五章为第六章（诵读宗旨教学）打基础。前六章是为第七章（以读促学）打基础，第七章是为第八章（教学模式拓展）打基础。第九章（教学模式之评价）为前八章服务，是保障。

最后，必须强调，本书所呈的有关理念仍在探索之中，肯定有诸多不成熟乃至错误之处，恳请读者不吝赐教。

张连元

2010年5月20日

目　录

第一章　诵读在语文教学中的作用

第二章　诵读技能教学

第三章　诵读技巧教学

第四章　诵读基调教学

第五章　诵读审美教学

第六章　诵读宗旨教学

第七章　“以读促学”教学模式

第八章　“以读促学”教学模式之拓展

第九章　“以读促学”教学模式之评价

第一章

诵读在语文教学中的作用

诵读是介于朗读与朗诵之间的概念，它既不像朗读那样缺乏感情、技巧，也不像朗诵那样需要表情、手势；从广义上说，诵读应该包括朗读和朗诵。诵读这个概念，在新课程中得以彰显。例如，《普通高中语文课程标准（实验)》中，“诵读”一词出现14次，“有感情地朗读”（实质就是诵读）出现1次，“朗诵”出现4次。可见，“诵读”是中学语文课程的基本概念和目标。它应当有别于传统的那种不求理解，一味背诵的方式，也有别于当前不讲诵读技巧，不追求体验、品味的唱读方式，它应该是新课程的“以读促学”方式。

“诵读在语文教学中的作用”，是一个既“旧”又“新”的课题。说它旧，是因为早在2000多年前就被孔子提出，并得到彻底而有效的落实，并且一直延续到“五四运动”之前；说它新，是因为近百年来它被冷落了，尽管以往语文教学大纲都明确要求，甚至今天的语文课程标准反复强调，但它在教学实践中并没有得到应有的重视和有效的操作。

终于到了该给诵读“正名”的时候了！

第一节　可以从诵读切入推动语文教改

传统语文教学以教师为中心，以知识为本位，以灌输为手段，以条分缕析为教法，以死记硬背为学法，以标准答案定优劣。语文的人文性和美感被割裂，学生好奇、好问的天性被扼杀，教学效果小、慢、差、费，这都是不争的事实，社会对此非议多多。教语文的最累，学语文的最苦，语文教学如何才能走出困境？

“①汉字的总特点是以形表义，形、义、音相结合。……②汉语是一种非形态语言，其语法主要是意合法。……③汉语言文字具有深厚的文化底蕴和强烈的感情色彩。……④汉语有其独特的艺术形式和艺术美。……”（周立群，庞车养：《语文新课程教学论》）汉语的这些特点就决定了诵读是语文教学不可或缺的教学法。

“对语文教学而言，读书应该放在第一位，怎么读？出声地读，朗读。文章的精华在字句之中，字句之中有声情，有气韵，有见识，有抱负，你不读，这一切精华都不会自动显露出来，而只是纸上的铅字符号，那是死的。要把‘死’的变成‘活’的，只有读，让它先在你的嘴上活起来，然后才能在你的心上活起来。”（著名语文教育专家商有敬：《语文教育退思录》）

我们经过十多年的探索和实践，证明语文教改可以从诵读切入。从诵读切入，“牵一发而动全身”，便可扭转语文教学的理科化倾向，便可搞活课堂，实现师生互动双赢；便可培养学生的语感、美感、口语交际、阅读、写作等各种语文素养，实现语文学科工具性与人文性的统一；便可落实新课程标准，培养学生的语文应用能力和审美能力、探究能力，显著提高教学质量。

一、诵读能力是语文能力之一

诵读能力本来是语文的一项重要能力，以往大纲都有明确要求，只是在应试教育中因为不考而被淡化。新课程标准拨乱反正，提出了更明确、具体的目

流利、有感情地朗读。”（《全日制义务教育语文课程标

普通话流畅地朗读，恰当地表达文本的思想感情和自己的阅读感

。（《普通高中语文课程标准（实验）》）在“以读促学”教学模式中，我们将诵读这个目标变为手段，便可一举两得，既读得美，又学得好。语文教育家韩军说：“三分文章，七分朗读，就成了十分完美。”

二、诵读能促进学生其他语文素养的提高

语文教学的第一个目标是提高学生的语文素养，而学生的语文素养必须在语文实践活动中方能养成，中国文字“音、形、义”的三位一体和语文学习以感性思维为主的特点决定了诵读是一项极好的语文实践活动。“运用朗读，可以感受文学作品中准确的词语概念、生动的语法修辞、巧妙的构思布局、感人的情景描写、严谨的逻辑序列、优美的韵律节奏，帮助读者以声解义，领略文章的精妙之处，并提高读者的理解能力和写作能力。朗读的潜移默化作用是视读、默读所不能代替的。”（曾祥芹，韩雪屏主编：《阅读学原理》）

思维能力是语文能力的核心，诵读有形象思维（体验情境，想象、联想场景），有逻辑思维（分析文字、综合基调、判断美感、推理技巧），有直觉思维（培养语感）；诵读有实践、有理解、有表达、有审美、有探究；诵读有听（听自己、教师、同学诵读）、说（诵读是艺术地说）、读（艺术地读、探究思想感情地读、鉴赏美感地读）、写（“读书破万卷，下笔如有神”），因而诵读能发展听、说、读、写等各项语文能力、道德情操及个性。在语文素养诸因素中，诵读具有与其他各因素最直接、最有机的联系，即建构主义特别强调的“最近发展区”，所以从诵读切入，语文教学便可“牵一发而动全身”，实现以读促学。

三、诵读维护了诗文的整体性

传统语文教学中，教师将教材掰开揉碎，从解题到结构，从词句到中心直讲开来，分析得头头是道，讲解得面面俱到，其中绝没有学生的感受、体验乃至探究、创新的余地，于是，诗文的人文性和美感均被割裂。语文教学的理科化倾向使一篇完整的诗文远离学生的整体感知而被分割成若干“知识点”，因而失去了语文的启迪、熏陶、感染作用，致使其中的诸如理想、道德、意志、

情感、态度、价值观等人文因素悉被破坏，至于诗文的艺术性就更谈不上了。学生感受不到诗文的美，对诗文产生不了向往和追求，何谈学习？

诵读注重对诗文的整体感知，要求读者对诗文进行整体把握，单就一句、一段是无法进行诵读设计的，因为任何句、段都是为中心服务并受中心制约的，而且各句段之间还有一个相互衔接和协调的问题。因而进行诵读，就必须由句到段、到篇地抓住诗文的思想感情、美感类型及诵读基调；在具体落实每一段甚至每一句的诵读技巧时，也要照顾到邻句、邻段及全篇。这样，诵读由于注重了对诗文的整体感知，也就实现了诗文的人文性和美感而使学生从中得到情感的陶冶、思想的启迪和美的感受，进而使学生在诗文的整体语境中生动自然地积累词汇，引发出鉴赏，迁移到表达。至此，语文的人文性与工具性得到完美的统一。

四、诵读形式喜闻乐见

诵读形式之所以喜闻乐见，是由诵读的趣味性、审美性、主体性、参与性及情境性决定的。

诵读的美感源于诵读诗文时产生的形象感和立体感。默读侧重于词义的理解，学生一般不需要进行形象思维；而诵读侧重于表达，学生必须透过文字进行想象和联想，进而披文入境以激发、酝酿自己的情感，以便绘声绘色、绘情绘景地表达出来。音、形、义三位一体中的语音本身就具有形象性，而艺术化的语音就更具形象性，这种形象性与诵读时产生的想象、联想结合起来就形成了诗文的立体感染“场”。于是，优美处还它一个婉约，壮美处还它一个豪放，诵读者自然陶醉其中。可以说，无论多么美好的诗文，如果没有诵读的参与，其艺术美总是残缺的。

丰富多彩的诵读活动，扭转了教师的一言堂、满堂问，搞活了课堂，实现了师生、生生之间的互动和对话，落实了学生的主体地位。因为诵读没有标准答案，学生完全可以在诵读中见仁见智，读出自己的感悟、特色；学生完全可以发挥各自的生理和心理优势，在同一起跑线上竞争、展示，不以考试成绩决定诵读水平和参与机会，就极大地调动起学生的诵读兴趣进而积极主动地参与进来。

有了学生的积极参与，再加上教师的巧妙引导，就形成了真正意义的双边松愉悦的教学情境。在这种情境中，师生交流、合获得成功的体验，不断提高对诵读的兴趣，不断升华这种互动实现教学相长，师生其乐融融。

五、诵读活动简便易行

开展诵读活动几乎不需要任何教学设备，只用书、眼、口、耳、脑；也不要求师生必须有很高的诵读水平，因为这正好可以使师生在诵读的美感、基调、技巧上进行合作、探究、交流、互动，实现教学相长的最佳教学境界。至于诵读活动向更高、更深层次的发展，也由于师生尝到了甜头、产生了兴趣而水到渠成。因而，诵读活动，具有极强的操作性、生成性，是极好的语文实践活动。

有哲人说过："把复杂的事情做简单了，则是智慧。"

六、诵读是传统而现代的教学法

早在周朝，吟诵诗歌就是学校里的必修课，"以乐语教国子，兴、道、讽、诵、言、语。"（《周礼·春官宗伯下》）汉代古文学家郑玄说："倍文曰讽，以声节之曰诵。"以声节之曰诵，意思是用声音把诗文的节拍表达出来就是"诵"。"倍同背，谓不开读也；诵非直背文，……"荀子则把为学之术概括为"始于诵经，终于续礼。"（《荀子·劝学》）孔子要求弟子"诵诗三百"，《孟子》中强调"诵其诗，读其书"，韩愈是"口不绝吟六艺之文"，白居易读到"口舌生疮"的地步……

可见，自古以来，诵读就是基本的语文教学法，而且是只读书不讲解，号称"书读百遍，其义自见"，"凡读书……需要读得字字响亮，不可误一字，不可少一字，不可多一字，不可倒一字，不可牵强暗记，只要多诵读数遍，自然上口，久远不忘。'书读百遍其义自现'谓读得熟则不待解说，自晓其义也。"（朱熹：《训学斋规》）论其教学成果，则无论诗词、小说、戏剧、散文，均达鼎盛；论及诵读教学经验、方法，更是丰富、完备，有利于我们今天的借鉴。将诵读与自主、合作、探究学习方式结合起来，再辅以教师的适度引导则事半功倍，我们便可落实新课程标准。可见，"以读促学"不是对"传统"的简单回归，而是批判地继承，进而螺旋式上升。“从前人读书多数不注重内容与理论的探讨，单在吟诵上下工夫，这自然不是好办法。”（叶圣陶，朱自清：《精读指导举要》）一味诵读仅是感性认识，若悟出理性认识，则只有少数人能达到，且费时费力；如能在这种感性认识的基础上，及时引导学生在诵读的美感、基调、技巧上自主、合作、探究，则可以举一反三、事半功倍。

新课程标准要求读思结合，苏教版语文教材竟用一张扉页昭示：“‘吟哦讽诵而后得之’，是读书的一种基本方法。‘吟哦讽诵’就是要放声读，读得正确、流畅，沉浸其中，读出文章的味道来。‘得’，是说‘读’了之后能理解文章的意思，把握作者的写作意图，品出作品的妙处。要达到有所得的目的，要求能读中悟，悟后读，读后思，把感悟、理解、欣赏统一起来。”看来，语文教学就得从诵读切入，在体验中深化，在“人文”里感悟，在“工具”上养成，“人文”“工具”相辅相成，相得益彰。

第二节　诵读能培养听、说、读、写能力

听、说、读、写能力是基本的语文能力，而语感能力是听、说、读、写能力的基础。

一、培养语感

语感是人对语言的内容及形式的直接把握，是一种直觉思维。“直觉：未经充分逻辑推理的直观。”（《现代汉语词典》）在语文的学习和应用中，人们运用最多的还是语感能力。“一个有较强语感的人既有较高的鉴赏力，也有较高的表现力。”（张颂：《播音语言通论》）由于语感的重要，新课程标准特别强调对语感能力的培养。

培养敏锐的语感不仅需要内化了的知识，更需要能促使学生自主参与的喜闻乐见的语文实践活动，这在传统接受式语文教学中很难实现，而在以读促学的教学模式中却轻而易举并能得到直接的强化。因为在诵读中，学生的看、

思、读、听同步进行，分析、归纳、判断、推理等逻辑思维完全是凭语感进行的。虽然学生最初阶段的语感能力还力不从心，以至诵读水平不高，但有需要就有追求，随着诵读教学的深入发展，其语感能力自然逐步提高，于是，诵读的兴趣升华为情趣、志趣、乐趣而形成自主意识，诵读中的感悟又不断促进语文知识的内化和向语感及语文能力的迁移。“声入心通”，诵读的过程首先就是语感的形成过程。唐彪在《读书作文谱》中说：“文章读之极熟，则与我为化，不知是人之文，我之文也。”

很多学生平时很健谈，可就是不会写文章，尤其是不能写限时作文，其原因就是缺乏对书面语的语感。诵读的对象是书面语，在诵读中形成的语感可直接迁移到写作中。

对文言的语感尤为珍贵，因为一般对口语、书面语的语感，可以在生活、阅读中获得。尽管新课程教材将文言文增加到课文总量的40%，但就培养学生语感来说仍不尽如人意，那么唯一的办法，就是加强文言的诵读教学。没有文言，现代语言就失去了根基。

二、培养听力

听力，只能在有声语言的情境中才能形成和发展，而在艺术语音的诵读情境中就能获得更好的发展。

听自己诵读。诵读时必然有反馈，即边读边听，以便及时对自己的诵读进行矫正和调整。这种听，是在辨字形、通字音、求词义、抓情感、定技巧、发音节、调气息中进行，这些过程几乎是在同一时间内完成，这就需要诵读者具有更集中的注意力和对语音更敏锐的分辨力，对其听力也是一种强化锻炼和提高。

听别人诵读。聆听诵读有素者，不仅要因声求义，更要注重听诵读者是如何运用诵读技巧来表达作品的思想感情及美感的。这种带有鉴赏性质的听，对其听力的提高特别有效。

听别人说话。聆听诵读有素者，不仅能因声求义并挖掘其艺术内涵乃至弦外之音，还能因人制宜、随机应变地听出最佳效果。例如，遇到语速过快或口齿不清的说话者，聆听诵读有素者可凭借敏锐的语感在其语境中推断其语义，而一般听者则可能达不到这种程度。这些特有的听力只能在诵读训练中获得。

三、培养说话能力

开展诵读教学是推广普通话的最佳途径，因为诵读必须用普通话，讲究吐字归音、字正腔圆，注重以抑扬顿挫的语调传情达意，而这正是说话能力的基本功，这比脱离语境的单纯正音更为自然、生动、有效。推广普通话不仅是方言区的事，北京地区也存在这种需要。因为北京话有过多的儿化，不正确的变调、轻声等。这些毛病在平时说话中是得不到纠正的，因为只有在诵读教学中我们才对其较真儿而使其得以迅速矫正。

诵读能提高说话所需要的各职能器官的协调能力。有的人说话磕磕绊绊还常常卡壳，有些人说话头两句还行，往后就不顺畅了，这就是因为他对各职能器官的协调能力不够。人说话难就难在一心四用——边想、边说、边听、边观察听者的反应。其中就“说”来讲就包括吸气、送气、振动声带及舌、唇、口的配合；而诵读除将“观察听者的反应”换成“看书”外也是边想、边说、边听，并且由于不能像平时说话那样可以借助表情、手势而只能在轻重缓急、抑扬顿挫等语音技巧上下工夫，因而就比平时说话更能促进诵读者各职能器官的协调能力。至于诵读还能提高学生说话的艺术、美感和训练他们当众说话的勇气就不必说了。可以肯定地说，诵读有素者都是口才上乘的人，因为诵读本身就是高一级的口语艺术。

在新课程中，听、说能力被合并为口语交际能力，是科学的，因为“说”中有听，“听”后有说。总之，诵读能培养以“倾听、应对、表达、交流”为主要内涵的口语交际能力。

四、培养阅读能力

诵读能培养学生的认读能力。学生在诵读前的默读（或试读）必须做到字字落实，不允许有任何的跳读，因为诵读时不许丢掉一个字，这就比一般的默读更能提高认读能力；而之后诵读时的辨字发声和因声求义则是在高度紧张中迅捷而准确地完成的，实际上是凭语感来完成的，这就又为更高层次的速读、跳读打下了语感基础。

诵读有助于理解。正如叶圣陶所说：“教师辅导学生认真诵习课本，其真

意乃在使学生渐进于善读，终于能不待教师之辅导而自臻于通篇明晓。”（《叶圣陶语文教育论文集》）

诵读有助于掌握语法、修辞。四种基本句式就有四种语气，还有诵读中的语法停顿和语法重音都直接促进诵读者对语法的掌握。诗文中的修辞，无论是重要的词语还是修辞格，在诵读中都有相应的处理技巧，如熟词快读、生词慢读，喻体重读、本体轻读，逻辑重音、情感重音等。朱自清说得好：“吟咏对于写在纸上的死的语言可以从声音得味，变成活的语气。”

诵读有助于把握表达方式及写作特点。不同的文体有不同的读法：记叙文，语气平和，起伏较小；议论文，语多铿锵，起伏较大；说明文，平实无波，语速最慢。同一文体，由于写作特点不同，读法各异。例如，同是记叙文，《荷花淀》读来清新明快，《荷塘月色》读来委曲沉缓。

诵读能促进学生对诗文思想感情及美感的深入理解和鉴赏。诵读效果的好坏，一般不在于诵读的基本功和技巧，而在于学生对作品思想感情及美感的准确把握，并据此确定这个作品的诵读基调及句段的诵读技巧。一般的阅读只求理解，而诵读还要表达，所以诵读的过程就是对作品的思想感情进行更深入、更准确、更具体地理解、把握的过程。并且，新课程标准还要求学生读出“自己的阅读感受”，这就要求学生不仅要理解诗文，还要对其进行鉴赏、审美乃至个性化解读，这才是阅读教学的最高层次。

诵读能促进文言文的阅读。文言文单音节词多，虚词多，省略多，还有通假字和特殊的句式及语法习惯。阅读文言文，关键是分出句读，句读一出，文意自解。然而学生常常用现代汉语的习惯去读文言文，往往弄错句读，造成歧义。例如，《赤壁之战》中“地//方/数千里”就容易读成“地方/数千里”。在诵读中，首先是确定停顿，即确定句读，仅就这一点来说，诵读就有效地促进了学生对文言语句的准确分析和理解。正如清代著名学者姚鼐所说：“大抵学古文者，必要放声疾读又缓读，只久之自悟；若但能默看，即终身作外行也。”至于古文中的人文内涵，更可以通过诵读鉴赏而深入把握。

一位学生在高二年级复诵高一年级教师用诵读法教授的《滕王阁序》后，在《再读〈滕王阁序〉》的随笔中这样写道：

初学此文，师仅使吾辈“反复诵之”，只语余此佳作也，别无他言。

吾等闻听此言，不便多问，纷纷诵之。

初读，仅觉言顺易读，佳句过目不忘，无有别的妙处，怪师之推崇之，但竟无人深究，就此作罢。

今偶取出诵之，顿觉心旷神怡，气势辽远，意气畅泄。不禁读之再三，不忍放下。

其开篇有“襟三江而带五湖”之魄，中有“落霞与孤鹜齐飞，秋水共长天一色”之美，再有“穷且益坚，不坠青云之志”，末有“请洒潘江，各倾陆海云尔”之礼。

此等文章，其魄其美其志其礼尽在不言之中，顿悟师之用意。

美哉！《滕王阁序》！

妙哉！反复诵读！

上述案例，难道不值得那些将古诗文课教授成天花乱坠的“一言堂”、表面热闹的“满堂问”、架空分析的“解剖课”和支离破碎的“解题课”的教师深思吗？

五、培养写作能力

“现在许多学生很能说话，却写不通白话文，就因为他们诵读太少，不懂得如何将说话时的声调等等包含在白话文里。”（《朱自清全集》）“读书如销铜，聚铜入炉，大扇煽之，不销不止，极用费力。作文如铸器，铜既销矣，随模铸器，一冶即成，只要识模，全不费力。所谓劳于读书，逸于作文者此也。（元代程端礼：《程氏家塾读书分年日程》）

诵读能促进积累。学生诵读时认读字词讲求字正腔圆、吐字归音，突出音形义整合辨认，增加了刺激，有助于记忆。成语、警句经过千锤百炼而言简意赅，一般都具有声调和谐，平仄错落的特点，读来朗朗上口，也利于记忆。雅诗美文讲声韵，有节奏，富乐感，深意境，都是进行诵读的上乘材料，朗声诵读而陶醉其中，积累便是轻松自如、自然而然的事了。“诵读是一种教学过程，目的是培养学生的理解和写作能力。”（朱自清：《论诵读》）

诵读能促进观察。学生诵读时要运用形象思维，即调动自己的全部生活积累对诗文的“比、兴、象征”等场景进行再现、再造想象乃至相似、相关、相反联想，以便进入角色而绘声绘色、绘情绘景；无论想象、联想得丰富与否，都能促进学生日后对相关事物乃至一切事物的观察；想象、联想丰富的学生则会受到鼓舞而更会观察，不丰富的则被激励之后更加努力观察。

诵读能促进模仿和内化。“学习是从模仿开始的”，写作亦如此，而学生产生模仿的动因是对美文的向往和追求。声情并茂的诵读总比看单纯的文字符号感染力强，因为这种诵读增添了语音艺术，实现了文章的最佳感染效果，于是学生在对这种文章产生的向往追求中，模仿自在其中。关于内化，清代曾国藩曾说：“李、杜、韩、苏之诗，韩、欧、曾、王之文，非高声朗读则不能得其雄伟之概。非密咏恬吟则不能探其深远之趣。二者并进，使古人之声调拂拂然若与我之喉舌相习，则下笔时必有句调凑赴腕下，自觉琅琅可诵矣。”（曾国藩：《家训·字谕纪泽》）

诵读能促进构思。文章构思即审题立意、结构布局，无非是纲与目的问题。诵读者要对作品进行整体感知和具体分析，以便抓住作品的美感、基调和情感起伏的脉络，而美感、基调即文章的立意，情感脉络即行文的起承转合，由诵读迁移到写作中，就促使习作者注重审题立意、结构布局，从而使自己的作品形散神聚而又跌宕起伏。其中，在诵读中培养出来的真情实感，有利于扭转目前严重存在的“作文一套，内心一套”的双重人格；诵读中的形式美与内容美的审美鉴赏，有利于促进学生写出形式、内容俱佳之作；而诵读宗旨中所倡导的个性化解读，有利于促进学生写出个性化作文。

诵读能促进修辞。“言之无文，行而不远。”这个“文”是指文采，即修辞。修辞中最重要的不是修辞格，而是词语的选择，不仅重表义，还要重表情、讲声调。“讲究一点音节之美，使句子长短适度，声调抑扬顿挫，这会有助于打动读者……现在有些文章，就思想内容说，非古时可比，但传诵于人口的不多。读不响，甚至读不断，是重要的原因。”（郭预衡：《言之无文，行而不远》）而修辞格及表现手法丰富、生动地展示在经典诗文中，能使学生通过诵读迁移到写作中而写出既文采飞扬又朗朗上口的好文章。

诵读能促进修改。“好文章是改出来的”，如何修改？最好是自己诵读一遍，从旁听者的角度立体地感受习作的感染效果，这样，让学生对比自己当初对习作的美好期望，定能发现明显的不足之处，之后的修改就是有的放矢了。接着，再反复诵读自己的修改稿，凭语感发现某些不尽如人意的地方，继之以理性的分析和推敲，问题则会水落石出，习作将日臻完美。当代著名作家余秋雨的文章富有韵味，他在 2009 年 1 月 17 日中央电视台“咏乐汇”节目中说：“写作时心里在朗读，写完再让妻子朗读一遍，听了后再修改。”叶圣陶也说：“自己写的东西也要念，遇到念来不顺的地方，就是要修改的地方。”（《叶圣陶语文教育论集》）将自己的习作当众读出来，会创造一种多维、立体的情境，是一种自信的展示；这种情境和展示具有较强的启发性、竞争性和激励性，符合青少年学生的心理特征。在这种情境中，习作者不仅要将自己的作品公开展示和重新审评，还要以艺术的有声语言与听众进行全方位的对话、交流，从而在互助互促中产生更高的向往和追求，最终使自己的写作能力随着诵读水平的不断提高而不断增强。

第三节 诵读能发展智力

智力主要包括记忆力、注意力、思维力、想象力、观察力。关于记忆、想象、观察，前边已经谈过，这里只谈注意力和思维能力。

影响注意力的因素分为客观因素和主观因素。从客观因素看，新奇的、意外的、矛盾的、反常的事物容易引起人的注意。在诵读中，停顿有大小，语音有高低，语速有快慢，语调有起伏、曲直，语气有陈述、疑问、祈使、感叹，还有喷口（重读声母）、气口（重读韵母）、气音（放松声带加大气流）、颤音、哭腔等特音，绝不单调。注意力培养的重点在主观因素。注意的反面是“分心”，要避免分心就必须增强既定兴奋点。诵读具有系统程序：研读（抓住作品的思想感情）——试读（确定诵读技巧）——诵读（表达作品）。就诵读操作来说，辨字（看、想）、确定读法（想）、发声（用气、调动各发音器官）、反馈（听、想）、调整（想、矫正），不仅是系统工程，而且要同步进行，学生必须做到思维紧张有序，动作迅捷协调，注意力高度集中，不允许有一丝一毫的分心，因而诵读是培养注意力的极好办法。

思维分为形象思维、逻辑思维和直觉思维。形象思维即想象和联想，这已在前面讲过。逻辑思维要用概念，概念即语词。根据作品语句抓诵读基调是归纳思维，根据作品的思想感情确定具体的诵读技巧是演绎思维；学习诵读规律是求同思维，读出个性、特色是求异思维；在自省中提高诵读水平是纵向思维，借鉴别人的诵读经验是横向思维等。形象思维和逻辑思维的结晶是直觉思维，体现在语文能力上即语感，而语感又可以从诵读中直接获得。

汉语语词音、形、义三位一体的特点，使诵读将其形象性、逻辑性和直觉性有机地结合起来，因而诵读能促进思维发展。

第四节　诵读能落实美育

语文学科具有得天独厚的美育优势，而美育也是语文学科义不容辞的责任。因此，《全日制义务教育语文课程标准》的“课程的基本理念”中强调，“语文课程还应重视提高学生的品德修养和审美情趣，使他们逐步形成良好的个性和健全的人格，促进德、智、体、美的和谐发展”。高中语文课程标准“课程性质”中将审美能力与语文应用能力、探究能力并列提出。培养学生的审美能力，诵读具有独到的作用。

一、先培养学生的审美观念

首先利用教材中的诗文，让学生从普通话的规范美，因人而异的音色美，韵律、平仄的格律美，轻重缓急、抑扬顿挫的节奏美，起伏、错落、回环、和谐的音乐美等方面认识诵读艺术的形式美；接着可以从优美（柔美、秀美、娇美、华美、凄美、幽美、悠闲、诙谐等）、壮美（雄壮、豪壮、悲壮、崇高、粗犷、紧张、激烈、急迫等）两方面认识诵读艺术的内容美；最后可以针对一篇作品认识诵读美是其内容与形式的统一美。

二、再培养学生的审美能力

学生有了基本的审美观念，教师就可以引导他们在教学和生活中去感受美、鉴赏美。可以说，课本里的诗文都是开展鉴赏活动的好材料，或优美、或壮美、或刚柔并济，诵读者只有抓住了作品的这些美感类型，才能确定其诵读基调和局部的诵读技巧。抓住了作品的美感，就抓住了诵读的真谛，“激昂处还它一个激昂，委婉处还它一个委婉”。有的题材同而主题异，如毛泽东的

《卜算子·咏梅》是壮美衬托娇美，读来既有慷慨激昂，又有清新明快；陆游的《咏梅》纯属凄美，读来哀婉低沉。有的主题同而题材异，如《药》与《阿Q正传》，前者深沉中有酸楚，后者诙谐中隐悲哀。生活中最常见的语言现象是口语，它为我们提供了最丰富的审美鉴赏天地。

同学之间相互鉴赏，其中有先天的音色差异，有后天的诵读功底差异，有先天与后天形成的诵读个性的差异，还有男女性别特征（女生倾向优美，男生倾向壮美）的差异，这就提供了优与劣、形式与内容等众多角度的审美鉴赏。此外，还有影视、广播以及生活中的审美鉴赏。学生在审美鉴赏中发现了美，就会产生向往、追求，学习也就自在其中。

第五节　诵读能培养创新精神

个性是引发创新的心理基础。诵读能健全个性，因为各种文学作品都充满个性，其中有作者的思想感情倾向和表现手法的个性，还有作品中人物的个性，可以说个性化是文学艺术的生命。诵读必须抓住文学作品及作品中人物的个性并融进读者自己的个性色彩，才能做到绘声绘色、绘情绘景地表达。从这一点来说，诵读也是个性化的产物，所以“一百个人读《哈姆雷特》，便有一百个哈姆雷特”。例如，《论语》中《子路　曾皙　冉有　公西华侍坐》：子路刚直、自信、草率、鲁莽，读来干脆利落；冉有、公西华谦和、礼让、谨慎，读来和缓、深沉；曾皙从容、雅致，读来洒脱、高远。再如王维《山居秋暝》诗中的两句：“明月松间照，清泉石上流。”一般都将“松”“石”作重音处理。如果换个角度体验这两句诗的意境：上句是虚的、静的，下句是实的、动的，因而就可以将上句读得舒缓，“松”字作平拖音处理；将下句读得响亮，“石”字作重音处理。

创新即求异，即个性的张扬，即对自我的超越。诵读没有标准答案，允许甚至提倡诵读者依据自己对作品的感受和审美理想，见仁见智地读出自己的个性、风格。可以说，创新是诵读的必然产物，学生只要读出来了，就有了创新；读得有声有色了，就是更大的创新；形成诵读的个性风格了，就是最大的创新。“写在纸上的诗只是一种符号，要懂得这种符号，只是识字还不够，要在字里见出意象来，听出音乐来，领略出情味来。诵诗时就要把这种意象、音乐和情趣在声调中传出。这种功夫实在是创造的。”（朱光潜：《诗论》）这种诵读创新迁移到阅读中，就有独特的理解和感受；迁移到写作中，即可打破“千人一面，千人一腔”的写作现状，而代之以文如其人、百花齐放、推陈出新的个性化写作。

创新是左右脑协作的成果。左脑主管语言和逻辑思维，是处理语言和进行抽象思维、求同思维、分析思维的中心。右脑主管形象思维，是处理表象和进行直觉思维、求异思维的中心；左脑先为右脑提供知识信息，右脑在此基础上产生直觉和灵感，左脑又为直觉和灵感的内容进行理性的验证和表达，一个创造活动才完成。诵读可以使左右脑特别是在创新中起关键作用的右脑得到发展，从而为发展学生的创造力打下基础。具体来说，诵读者首先要对诵读知识和规律进行起码的积累，这就锻炼了左脑；然后对作品的文字进行形象思维并通过直觉和灵感产生独到的感受，并据此确定自己的读法，这就发展了右脑；在比较全面地掌握了诵读知识和规律，以及广泛地对别人的诵读进行学习、比较、鉴别之后，再结合自身的生理和心理条件尝试新的读法，这又发展了右脑；最后再通过左脑对自己的创新在理论上加以验证和总结，便初步创新出了自己的诵读风格。

第六节　诵读能陶冶道德情操而健全人格

语文学科最具有人文性，充满着忠、孝、节、义、敬、诚、廉、信、勤、俭、恒、勇、爱、怜、怒、忍等道德情操和文化传统。这些人文内涵在传统的讲读中得不到突出，因为传统的讲读目的重在理解教材；而诵读重在表达。这样，在教师的范读和学生的练读中，师生必然要努力挖掘、体味这些人文内涵，并努力以自己的真实情感绘声绘色、绘情绘景地表达出来，在努力感染别人的同时也自然感染了自己。学生既可以以沉郁的语气读出阿Q、祥林嫂、闰土等麻木的人身上缺少人格的悲哀，也可以以讽刺的语气读出奥楚蔑洛夫、葛朗台、假洋鬼子等小人物身上丧失人格的可耻，更可以以颂扬的语气读出荷花、刘和珍、屈原、蔺相如等高尚的人物身上崇高人格的伟岸，从而“见贤思齐，见不贤而自省”。尤其是后进生也可以在诵读中重树自信和自尊。

培养人的道德情操靠说教、灌输不行，只能依靠陶冶。用诵读陶冶师生的道德情操是一种传统的“无为教育”。“无为即无违”，即不违背学生的认知规律，不搞强制，而是自然而然地触动他们的心灵，让他们在与诗文的对话中产生情感共鸣，在潜移默化、不知不觉中陶冶道德情操，找到做人的准则，从而热爱祖国、热爱自然、热爱生活，追求理想，坚定意志，崇尚真、善、美，珍惜亲情、友情、爱情，见义勇为、谦虚谨慎、不卑不亢、平易近人。

第七节　诵读能促进健美

这个问题如果在传统教育中提出则属于明显的“跑题”，但在新课程面前，它属于综合性课程，符合学生发展的需要，是深受师生欢迎的，这也就从一个新的角度提升了诵读教学的现实意义。

诵读能促进呼吸。诵读者为了使语音洪亮和运用共鸣、拖音、喷口、气口、气音等技能、技巧，必须用较大的气量，这气量只能来自呼吸。一般人都是胸式呼吸，即用两肋控制气息。这种呼吸方式只用了全肺的1/4，且不利于保持和贮存气息，因而不太适用于诵读。诵读需要用腹式呼吸，即主要用横膈膜控制气息。腹式呼吸可以达到肺活量的极限，可以彻底排除肺下部积存的有害淤气，可以避免大部分肺泡组织因为闲置而导致纤维化，这样既给胸腔中的心脏提供了较宽松的运动空间，又使气息由于腹肌的向外张力而易于保持和贮存，并且这种呼吸运动会使腹腔内脏器及“神阙”等重要穴位得到自然按摩。诵读中的换气、贮气无疑是极好的有氧运动。各种健身功法均以调息为基本功，即将胸式呼吸改为腹式呼吸。呼吸功是中外养生家和医学界都十分重视的功法，而诵读中的练气，用现代生理学理论来说就是最高级的有氧运动。早晨，空气清新，浮尘少，练一练气则心旷神怡、朝气蓬勃；课间操时，阳光普照，病菌减少，练一练气则与做操相得益彰；傍晚，氧气最多，练一练气则倦意顿消、精力倍增。

诵读能催动气机运行。人类的有声语言是最高级的生命运动，经过数万年的千锤百炼，其生理、心理机制极为复杂、玄妙。例如，人打哈欠时发出一声长拖音“啊”，便提神；人悲痛至极就应该让他（她）哭出声来甚至念叨念叨，便可释放掉致病因素；军队冲锋时高呼口号，便可一鼓作气；劳动的人喊着劳动号子便不累；气功师大喝一声即发神力等。古代神乎其神的“念咒”就是以其字音激发气机来增长功力的。最典型的当数道家的“太上玉轴六字真言：呵、嘶、呼、嘘、吹、嘻”。云：“嘶”润肺，“呵”补心，“呼”健脾，“嘘”养肝，“吹”固肾，“嘻”理三焦。佛门则以“唵、吗、尼、叭、咪、吽”六字为咒语，能使上中下三丹田共振，催动气机，通达经络。还有民间久负盛名的四字诀（撮、抵、闭、吸）功等。诵读诗文就必然涉及上述字音以及人们尚未发现的也许更有效的字音，从而取得所谓“念咒”健身之功效。

诵读能调节心理。在诵读中，优美诗文的意境能使人产生心理上的共鸣而进入陶醉、忘我的境界。遇到烦心事，可以诵读一篇优美的诗文，在徐吟漫咏中就将兴奋点转移了；也可以诵读一篇壮美的诗文，在慷慨激昂的吐字运腔中，使淤气得以排除，鲜氧得以充盈，心情自然好转。明代教育家王守仁说：“凡诱之歌诗者，非但发其志意而已，亦所以泄其跳号呼啸于咏歌，宣其幽抑结滞于音节也。”（张隆华，曾仲珊：《中国古代语文教育史》）杜牧甚至说：“杜诗韩集愁来读，似倩麻姑痒处抓。”（唐·杜牧：《读韩杜集》）

诵读能美容。诚然，人的容貌主要由遗传基因决定，但也与后天的生活环境直接相关。且不说诵读能兴奋神经、调整情绪、陶冶情操，使肌体分泌出有益激素以促进各脏器的代谢活动，从而抗衰保颜；也不必说诵读能强化呼吸，促进血液循环、淋巴循环及微循环而使表皮细胞活化，消除色素沉淀；单说由于表达思想感情而自然而然产生的丰富细腻的表情，就无疑会使表情肌发达而有一张生动的脸，尤其是心灵之窗——眼睛，会更有神、更多情、更具魅力。列宁“有一张生动的脸”就源于他的激情演讲。诵读优秀诗文，在其真善美的感染下而对其产生向往和追求，人的风度、气质必然发生变化，正所谓“腹有诗书气自华”，这是广义上的美容。

第八节　诵读能促进学生自主、合作、探究学习方式的养成

学习方式的变革是本次基础教育课程改革的六项任务之一，是课堂教学改革的核心理念。但是，变革学生早已根深蒂固的传统学习方式是不容易的，必须要抓住契机，这契机首先就是诵读。

一、关于自主学习

自主学习是元认知监控学习，其内涵是主动、独立、选择、加工、自评、自律。诵读活动生动活泼、喜闻乐见，再加以教师的热情倡导，学生自然乐于参与而无需监督，这就实现了“主动”和“自律”。诵读本来就是个性化的产物，更有教师提倡个性化的体验和表达，这就促使学生独立学习而不依赖他人，即使是最初的模仿，也是具有个性色彩的主体内化。个性化诵读就要对美感、基调、停顿、重音、语调、语气、语速及发音技巧等进行自主选择和加工。诵读个体在不断提高其诵读水平的进程中，必须长善救失，这就促使其不断进行自我评价，即便有他（师生）评，也必须经过主体的认可，方可算数。

二、关于合作学习

合作学习的内涵是分工、协作、交流、互助、互促、共享。学生的诵读能力只有在合作学习中才能获得发展，如果脱离集体去“闭门造车”，那么无论他多么努力也不会有太大的发展，因为诵读主要是读给别人听的，必须得到多数人的认可，并且诵读者只有在群体中才能进行比较鉴别、交流互促而获得发展。练读中的接力读、淘汰读、轮读有分工，齐读、击节读有协作，而角色读、唱和读、高低读、性别读、合读有分工更有协作。练读中的评价、纠错、读法探讨及教师的指导落实了交流、互促及互助。练读中的资源（情境、师

资、设备）要共享，每一个学生的成功展示更是“共享”。

三、关于探究学习

探究学习的内涵是情境体验、发现问题、分析问题、解决问题、求异创新。学生参与到诵读活动中就是情境体验，在活动中初读时就会发现自己读不好的地方——问题，而针对问题的反思、讨论及运用相关诵读知识就是分析问题，之后在反复试读、练读中提高了诵读水平就是解决问题，在不断提高诵读水平的基础上形成自己的诵读特色、风格，以及将诵读中得到的感悟和风格迁移到口语交际、阅读、写作中就是求异创新。单靠现成的诵读知识和机械模仿，学生不能真正形成诵读能力。要提高诵读能力，必须经过主体的探究过程，因为诵读没有标准答案，并且提倡个性化，这就要求学生必须通过探究来谋求发展。当学生的诵读水平达到较高的水平时，也就更缺少借鉴和外援，只能自己去进行更深入的探究了。

第二章

诵读技能教学

发音是动物的本能，说话则是人类的专利，而正确、艺术地说话就是诵读的技能。这种技能，只有靠后天的学习、训练才能获得。

第一节　发音教学

本节讨论的不是人会不会发音的问题，而是正确发音、把音发好发美的问题。

一、正音方法

发音训练即要求诵读者准确地读出语音，具体来说就是要按普通话标准读准音素和拼好音节。

（一）读准音素

音素是构成音节的最小语音单位，所以读准音素是准确发音的基础。要打好这个基础，必须掌握音素的分类、各种音素的发音部位及发音方法、正音方法。

观察：先观察教者发音时的口型、舌位及发音过程，然后再对着镜子观察自己的发音，通过比较来矫正。

录音：录下自己的发音和规范的发音，然后分别播放出来进行比较、鉴别、校正。

导引：用自己熟悉的、容易发出的音素或音节作导引，引出所学音素的正确发音，如用“bo”导引出“o”的正确发音。

局限：练习发音时，设法使发音器官的某一部分受到限制，以便区别对某音素发音的正误，如用手捏住和放开鼻翼来体会鼻音。

图示：用示意图标明舌面元音的舌位或发音部位的位置及变化，用形象思维掌握发音要领。

（二）拼好音节

音节包括声母、韵母和声调，拼好音节，是将这三者迅速地合成一个语音。拼音要做到“字正腔圆”。字正腔圆本来是说唱艺术中的一句术语，我们用以强调诵读中正确而响亮的读音。字正，是指字音（音节）读得准确；腔圆，是指把每一个音素读满，尤其是要把音节的韵尾读到家，读得饱满。例如，“山”字的音节“shān”，韵尾是“n”，读这个音节时就要把音收在“n”上（这也叫“吐字归音”），如果把“n”读得似有似无，这个音节就近乎于“shā”了。

练读音节的方法：

快读法：是以正常诵读速度的两倍到三倍的速度进行声读。此法的意义有二：

一是提高辨音能力。在快读中，人的注意力高度集中，从字“形”到字“义”再到字“音”，从人的眼到脑到口到耳的反应过程都必须迅速完成，因而诵读的各职能器官就必须加倍地提高工作效率；快能生熟，熟能生巧，这无疑就能有效地强化人对汉字形、音、义三位一体的意识和迅速辨音能力。这种能够迅速辨音的能力应用到正常的诵读中，诵读者才有时间和精力去选择发音技巧、协调各职能器官，从而有效地提高诵读效果。

二是提高发音能力。人在诵读中的发音是一种兼有生理机制和心理机制的复杂过程，首先要辨认字形以确定它的音和义，然后再把这个字词的意义与相邻词语的意义联系起来形成语境，进而抓住这个语境的思想感情，接下来是根据这种思想感情确定该语句的诵读技巧，同时调动一系列发音器官诵读出来。因此，要提高诵读水平就必须提高发音能力，而提高发音能力就必须强化和完善这个发音过程，快读训练就恰好能起到这种作用。

各种有声语言艺术都非常注重“快说”训练，如戏剧唱法中的“剁板”、相声中的“报菜名”等，都是出于这种考虑。所以，学练“快板书”是训练发音的好办法。

拗口法：进行正音训练，比快读法难度更大但更为有效的是拗口法，即急速念出用声、韵、调相同或相似而极易混淆的字交叉重叠编成的句群，即“绕口令”。可惜根本没有进行拗口训练的教材，社会上流传的绕口令不仅少，不成系统，而且仅有的那些也往往格调低俗，不适用于学校的诵读教学。为此，我编写了《声、韵、调系列绕口令》。

二、声、韵、调系列绕口令练习

声母绕口令：声母中最容易出现误读的是发音部位相同且发音方法又相近的音素。

双唇音 b、p、m 和唇齿音 f

保镖败北搬苗兵，拍马爬坡拼命搏。

八百边民遍发愤，猛谋妙变匪门破。

舌尖中音 d、t、n、l

驴驮粮料投老店，途落泥潭提腿难。

哪奈老狼来偷利，怒驴突腾得路坦。

舌面后音 g、k、h

虎吼猴嚎狗哼哼，昏黑浑秽恐更寒。

沟横坎高鬼火红，哥哥慷慨敢回还。

舌面前音 j、q、x

小姐倔强绣球香，选婿性急嫁家将。

群凶举侵军机紧，妻劝情君先建勋。

舌尖前音 z、c、s

草贼作损砸仓锁，藏粟散洒肆遭撮。

矬僧三纵贼丧色，措辞诉讼裁罪责。

舌尖后音 zh、ch、sh、r

炒勺烧肉肉准熟，剩肉日迟吃时臭。

馋者伤身人招惩，审吃慎食争长寿。

韵母绕口令：韵母中运用最多而失误概率最大的是“诗韵十三辙”。下面就是以记忆十三辙的顺口溜（小大人扭捏出房来，东西南北坐）为序编排的十三组绕口令：

遥条辙——ao 韵

窈窕妖娆姚小桃，俏腰招摇聊逍遥。

娇骄搅扰闹笑料，朝晓懊恼躁号啕。

发花辙——a 韵

佳华他爸插花雅，掐下家花八大把。

挂跨卡夹花架花，刹那蝶耍花洒霞。

人辰辙——en 韵

今民尽趁晨温馨，信吟劲抻振身心。

身勤心顺临春近，论品人伦甚神门。

油求辙——ou 韵

妞妞遛牛走后沟，牛圈沟口牛久留。

妞妞忧愁揪牛头，牛扭牛头瞅妞妞。

乜斜辙——ie 韵

姐姐歇业别斜街，劫孽接叠却节烈。

倔学野撷写洁雪，截铁揭碣谢血杰。

姑苏辙——u 韵

叔叔苦读护猪书，顾图猪出户富足。

苦醋固腑除毒素，补肚促乳煮木薯。

江阳辙——ang 韵

强强常常丧爽朗，上场慌忙光想藏。

胀痒烫淌酿洋相，向往闯将当榜样。

怀来辙——ai 韵

奶奶太迈爱摘菜，宅窄徘徊盖怀慨。

才挨台拐埋茭白，再来宅外栽白菜。

中东辙——eng、ong 韵

东东玲珑更聪明，梦中亭顶捅蜂虫。

蜂拥嗡鸣冲东东，东东横蹦梦惊醒。

一七辙——i、ü 韵

弟弟起居极律己，集利批弊岂拘泥。

喜遇奇题几迷离，举旗披靡疲亦趣。

言前辙——an 韵

巅峦连绵展蜿蜒，鲜艳烂漫幻万般。

散泉涓涓演潺潺，川畔田间喊寒暄。

灰堆辙——ei 韵

贵妹慧美垂蓓蕾，瑞辉催蕊魅纷飞。

谁谓葳蕤为崔嵬，卉魅瑰伟推翠微。

梭波辙——e、o 韵

哥哥活泼乐呵呵，惑则默默特琢磨。

撮合隔阂裸火热，硕德泽壑各可说。

声调绕口令：以阴平、阳平、上声、去声为序，共有四组：

阴平调

家乡风光千般生，花开馨香争春风。

莺歌高梢双追欢，山庄炊烟轻归空。

阳平调

男儿执著无彷徨，逢时乘龙得翱翔。

集德勤学求贤能，昂扬前行民族强。

上声调

隐忍转岗腼腆女，苦恼猛醒搞染洗。

采访考引走早晚，婉美爽朗有远举。

去声调

应试教育肆泛滥，众望耀父奔仕宦。

禁锢创造酷眷害，怨忿载道问赤县。

以上各类绕口令，虽未囊括所有字音，但学生抓住了音节的声、韵、调系列就抓住了典型，即可举一反三、触类旁通，教师应以此引路大力倡导学生自编绕口令。此项活动生动、活泼、有趣，可一举多得。在推广普通话活动中，我校师生通过说、写、赛绕口令，取得很好的效果。

三、贯口练习

贯口是曲艺表演中的一种技巧，是练声练气的好方式，下面所选的几段都是相声界流行的“贯口”。贯口中经常会采用一些排比句或相似、并列的词语，一般要求不换气或用偷气的方法，以很快的速度连续说出。表演贯口，对语言基本功的要求较高，必须吐字用力，归音充分，做到字字清晰、语言流畅、情绪饱满。为了能在以极快速度朗读的同时，让听众听明白贯口的内容，诵读者要强调语言节奏和内心节奏的高度统一，要注意分清层次，注意停顿和连读的运用，使整个贯口段子节奏鲜明，一气呵成。

1. 全国大菜南北全席我准备请你吃上四干四鲜四蜜饯，四冷荤三个甜碗儿四点心。四干就是黑瓜子白瓜子核桃蘸子糖杏仁儿。四鲜是北山苹果琛州蜜桃广东荔枝桂林马蹄儿。四蜜饯是青梅橘饼圆肉瓜条。四冷荤是全羊肝儿溜蟹腿儿白斩鸡炸排骨。仨甜碗儿是莲子粥杏仁儿茶糖蒸八宝饭。四点心就是芙蓉糕喇嘛糕油炸丸子炸元宵。

2. 美国的国花是山楂花儿，印尼的国花是茉莉花儿；新加坡是兰花儿，西班牙是石榴花儿，罗马尼亚是白蔷薇，法兰西是百合花儿；泰国睡莲，瑞典铃兰，意大利雏菊，希腊橄榄；葡萄牙是薰衣草，巴西是热带兰，匈牙利、伊朗、土耳其与荷兰全是郁金香；咱们中国的国花是花中之王：富丽鲜艳的大牡丹。

3. 熬粥的米料有：一升江米，一升黄米，一升大麦米，四两菱角米；半升绿豆，半升红豇豆、半升小豆；一斤栗子，二斤小枣，半斤核桃仁儿；二两玫瑰，二两木樨，二两青丝，二两红丝，二两葡萄干儿，二两桂圆肉；四两冰糖，半斤南糖，一斤关东糖，二斤潮白糖，外加五个糖瓜儿，十个糖饼儿，一杯凉水儿，一把草。

4. 蒸羊羔　蒸熊掌　蒸鹿尾儿　烧花鸭　烧雏鸡　烧仔鹅　卤猪　卤鸭　酱鸡　腊肉　松花　小肚儿　晾肉　香肠儿　什锦拼盘儿　熏鸡白肚儿　清蒸八宝猪　江米酿鸭子　罐儿野鸡　罐儿鹌鹑　卤什件儿　卤仔鹅　山鸡　兔脯　菜蟒　银鱼　清蒸哈什蚂　烩鸭丝　烩鸭胗　烩鸭条　焖白鳝　焖黄鳝　豆豉鲇鱼　锅烧鲤鱼　锅烧鲇鱼　清蒸甲鱼　抓炒鲤鱼　抓炒对虾　软炸里脊　软炸虾　什锦套肠儿　麻酥油卷儿　卤煮寒鸦儿

第二节　练气教学

发音要靠吐气。吐气的力度和深度决定着发音的质量，即决定着音高的高低、音强的大小、音长的长短和技巧的发挥，而这些都是准确、恰当、艺术地表达思想感情的需要，所以学习诵读就必须练气。

练气有被动和主动之分，有的人个子虽小却声音很高，有的人当教师后其声音就明显增大，这都是在“需要”的驱动下不自觉地练了气；有的人虽未经过专门练气，但其诵读水平较高，这也是在被动和不自觉中练了气。然而以上练气方式不仅浪费时间，而且很难达到诵读需要的水平。我们开展诵读教学，就必须遵循科学的练气方法，实现主动练气，以便多、快、好、省地提高学生的诵读水平。

在练气中还要注意一种情况，有的学生虽然热爱诵读，但由于悟性或其他原因而一直未学会练气、用气，其诵读水平迟迟得不到提高，甚至由此而产生畏难心理。教师对这样的学生要耐心鼓励，先消除他们的心理障碍，使其树立信心，然后对症下药，调整训练方法，循序渐进。

一、练呼吸

呼吸是发声的原动力。美好圆润的音色、高低强弱的语调及各种发音技巧，清晰而有感情的运腔、吐字，都必须以良好、科学的呼吸为基础，而良好、科学的呼吸只能源于良好、科学的呼吸方法。呼吸，按难易程度分为胸式呼吸、腹式呼吸、胸腹联合呼吸和逆腹式呼吸。

（一）胸式呼吸法

一般的人只会胸式呼吸，即主要用两胁控制气息。吸气时两胁及胸骨向外扩张，胸部上提，把气存在上胸处。这种呼吸方式的优点是省力、自然，缺点是容气少、气力小（只占肺活量的1/4）、换气勤，而且由于气在上胸处离气管近而不利于保持和贮存，因而胸式呼吸不能满足诵读的需要。例如，有的人诵读激昂作品或说话过急时气短头晕，语句读得断断续续，就是胸式呼吸不能满足需要之故。

（二）腹式呼吸法

腹式呼吸是用胸横膈膜（位于肚脐以上三寸）控制气息。吸气时横膈膜下降（自己感觉不到，但客观存在），两胁开张，大、小腹外凸，呼气时反之。腹式呼吸也叫全肺呼吸，可以达到肺活量的极限，可以彻底排除肺底积存的有害淤气，对肺功能是一种强化锻炼；再者，腹式呼吸摆脱了胸式呼吸对心脏的压迫，使高压气息远离心脏，使肺的上部保持相对静止，从而给处于胸腔中心的心脏提供了较宽松的运动空间，又使气息由于腹肌的向外张力而易于保持和贮存。

腹式呼吸的缺点是费力，这是人为造成的。动物出于剧烈体力运动的需要，至今还保留着腹式呼吸方式，而我们人类在婴儿期还是腹式呼吸，站立起来后呼吸方式就退化了；再者，随着科技和社会的发展，人类的体力活动越来越少，再加上腰带的限制，这就迁就了胸式呼吸，于是腹式呼吸远离了人类。这就难怪有人用气一多就陷入缺氧状态而上气不接下气甚至头晕了。

初次练习腹式呼吸，动作要小——吸气不要太满，吐气不要太快；次数要少——以三、四次为宜，逐步增加。因为大幅度的剧烈的腹式呼吸对一个没有训练基础的人来说容易对横膈膜造成伤害，所以必须循序渐进、因人而异。初练者可根据个人感觉逐渐增加力度和次数。这样练一段时间，如果自我感觉良好，就可以在呼吸的同时加上扩胸动作，即吸气时用鼻缓缓吸入，同时两臂慢慢上提至肩再向外振，使吸气量达到极限；呼气时用口徐徐呼出，同时两臂随之自然下落。医生建议：做腹式深呼吸，每次以 30 息（一呼一吸为一息）为宜。这样再练一段时间，仍以自我感觉为前提，就可以练实用型腹式呼吸。所谓实用型腹式呼吸，即能使胸横膈膜的升降随着诵读用气的需要而运作自如。因为人在诵读中是不允许慢条斯理地吸气、吐气的，而是非常迅速且不露痕迹地呼吸。这就需要学生在熟练掌握腹式呼吸的基础上逐渐加快呼吸速度，学会“猛吸气”，即用口一下子把气吸满。

（三）胸腹联合呼吸法

所谓胸腹联合呼吸，即将胸式呼吸与腹式呼吸结合或融合起来，或交替进行或同时进行或一主一辅进行。这是因为人在诵读中不可能自始至终都采用腹式呼吸。如果总是用腹式呼吸，胸横膈膜也受不了。在朗诵诗文时，舒缓处以胸式呼吸为主，激昂处以腹式呼吸为主，如此，我们就可以因情制宜地变换呼吸方式，恰到好处地用气。这就要求诵读者的呼吸系统始终处于“一级战备”状态，能及时、迅速、自然地随机应变。可见胸腹联合呼吸法并不简单，而是要比单纯的腹式呼吸高一个层次，需要在大量的呼吸训练和诵读训练中方能实现，其中关键是一个“熟”字，正所谓“熟能生巧”。

根据笔者的教学经验，学生学会腹式呼吸并不难，但再上升到胸腹联合呼吸是不容易的，只能在诵读实践中结合经验、教训，循序渐进。

（四）逆腹式呼吸法

逆腹式呼吸又称反呼吸，吸气时用鼻缓缓吸气，同时舌抵上齿内侧，两胁极力外张，胸廓大幅度上提，小腹内陷，肛门上提（收缩），手臂动作同腹式；呼气时反之，只是用口呼气，同时舌贴下齿内侧。

练习方法：人必须站立，以利提肛；先放松腹肌使小腹鼓起，全身放松；然后吸气，同时用力使小腹凹下，吸到不能再吸的程度；呼气时要放松肩部，慢慢吐气，随之鼓起小腹。练逆腹式呼吸要循序渐进，第一，要在打好腹式呼吸的基础之上，这样既不会伤身也能促使逆腹式呼吸练到较高境界。开始练时息数不宜太多，仍以两三息起步，以后视情况逐步达到每次 30 息，每天早晚各一次。最好把这 30 息也分出层次，即前 10 息臂不动，以限制呼吸量；中 10 息只提肩，以适度增加呼吸量；后 10 息在提肩的基础上加上振臂，以达到最大呼吸量。第二，提肛的程度是越深越好，但开始阶段不易做深，可以踮起脚跟来辅助。

逆腹式呼吸可以使五脏六腑达到最大幅度的运动，其妙处不必赘言，只有练者深知。而辅以提肛动作，其一，是为了收气，其生理机制与咳嗽时自然收缩相同；其二，提肛运动可预防师生因久坐少动而导致的便秘、痔疮等疾病；其三，提肛可带动会阴，这就与舌抵上齿内侧和下齿内侧动作协同起来，便可接通任、督两大脉，因为会阴是任、督两脉的交汇点。因此，逆腹式呼吸被养生学家称为“回春呼吸法”。

一般来说，腹式呼吸和胸腹联合呼吸已经能够满足诵读的需要，但如果学生要为高一级的朗诵做准备（这也是语文教学的任务），学练逆腹式呼吸还是很必要的。因为较高水平的诵读不仅是个气力问题，还是个重要的精力问题，而精力的基础就是人的生命力，难怪诵读家们都身康体健、精神矍铄。退一步说，尽管练逆腹式呼吸对于学生来说还不十分必要，但对于辅导学生诵读的教师就十分必要了。

笔者 20 余年练逆腹式呼吸，每早 30 息，虽已年逾花甲，仍底气甚足，常应邀主持婚礼，声震厅堂。

二、练贮气

为什么要贮气？从生理机制上看，人发音是气流冲击声带而产生的振动现象，其振动频率决定音高，其振幅大小决定音强。人的声带是肉质的，不像口琴簧片被轻轻一吹便产生悦耳的声音，而是需要具有一定压力的气流的冲击才能保证正常发音。人在连续发音的情况下，如果一开始就把气用亏了，那么后面的音节就会因气流压力不足而不能正常读出来，势必造成连读音节前高后低的现象，或者是上气不接下气而导致音节断断续续；如果在气流压力明显不足的情况下硬要发高音，就必然声嘶力竭，甚至产生怪音。因此，我们在诵读中不宜把气用尽而应始终保持一定的气量，这就是贮气，即人们常说的"有底气"。

实现贮气的要领有二：一是要计划用气，即在连读音节（句子）的时候，哪里该多用气，哪里该少用气，都要预先计划好，做到心中有数；如果盲目用气，不仅会造成气的浪费，还达不到预想的诵读效果。二是要控制气量，即不让气泄漏。这点不容易做到，因为对一个初学诵读者来说，气憋在胸中是很不习惯的，极容易"一吐为快"。所谓不会贮气，其实是肺里根本就存不住气，可见贮气与练气是相辅相成的关系。还要注意，在气还未用完时要及时补气，要逐步掌握好这个"度"，让肺中的气量始终能满足发音的需要。在教学中我们经常会发现，有的学生为了有底气，一开始就把气吸得很足，结果足得难以控制，导致前重后轻，头几个字读成了"爆发音"。这就需要引导学生掌握贮气要领，使其认识到贮气不是靠一下子把气吸得多足，再足也有用完的时候，而是靠在计划用气中及时补气实现的。

三、练换气

换气的时机：换气即吸气，但不是简单的吸气，而是在贮气的前提下适时进行。这个适时，是指在气还能保证正常发音的情况下，抓住停顿的机会及时补气。如果把气用完再换气，势必造成吸气过快、过猛，即"大喘气"，甚至还会被旁边人听到喘气的声音；如果在不该停顿的地方被迫换气，那么给人的感觉就是"上气不接下气"。正确的换气时机是把换气与停顿有机地结合起来，即小停顿少换气，大停顿多换气，让气息始终保持足够的力量。当然也不是见着停顿就换气，要根据诵读需要——在感觉气压小了的时候和将要发高音的时候，及时换气。

换气的要领：第一，要用口、鼻同时迅速吸气，但不要过猛，过猛则易发出喘气声。

第二，每次换气不可过满，过满则用气时不好控制；换气要根据需要适可而止，需要量大时则多吸，需要量小时则少补，如在将要发高、长音时就要将气吸满甚至达到极限。

第三，换气要自然，即让听众感觉不到你在换气，这是对换气技巧的最高要求。要做到换气自然，关键是一个“熟”字，熟能生巧。这就需要诵读者在长期训练中形成诵读气感，凭着这种气感决定换气的位置和补气的多少，从而在诵读操作中自然而然地甚至是不知不觉地换气。

第三节　练声教学

练声即学会共鸣，应在练气的基础上进行，因为共鸣需要一定的运气功底。发音训练是把字音念“准”，呼吸训练是把字音念“好”，而练声是把字音念“美”。

人的音色各有不同，这固然有先天的因素，但更重要的是后天的练习。我们知道，搞说唱艺术的人都特别注重练声，号称“台上十分钟，台下十年功”。诵读是说话的艺术，虽然人们每天都在说话，但这只是应用性的重复，远不是练声，因而要提高诵读水平，就必须练声。

一、共鸣的生理机制

共鸣即物理学讲的声音共振现象，具体到人的共鸣，是指由声带振动引起口腔、鼻腔、头腔、胸腔共振的现象，俗称“膛音”。这种共振可以改变人原有声音的频率和振幅，从而引起音高和音强的变化；这种共振还能产生各种泛音（即基音之外的纯音），就好像增加了多个不同频率、功率的喇叭，从而使人的音色得到改善，声音就会变得洪亮圆润或浑厚深沉而优美动人。如果不会共鸣，仅用声带发声，则声音尖细、微弱、难听、费力，说话多了或勉强发高音还会引起嘶哑。

共鸣有以下几个声区：

胸声区（低音区）——以胸腔为主要共鸣器，口腔、鼻腔次之，头腔更次之。其共鸣效果是音高低而音强大，音色宽厚、深沉、雄浑。

混声区（中音区）——以口腔、鼻腔为主要共鸣器，头腔、胸腔次之。其共鸣效果是音高与音强较均衡，音色柔和、舒缓、圆润。

头声区（高音区）——以头腔为主要共鸣器，口腔、鼻腔次之，胸腔更次之。其共鸣效果是音高高而音强小，音色清澈、明亮、高亢。

以上三个声区是四个共鸣腔的典型组合，在诵读中，其组合情况是多种多样且不断变化的。只有充分发挥四个共鸣腔的共鸣作用，使共鸣呈现出和谐、互补且又丰富多彩的效果，才能适应诵读的需要。

共鸣的深层意义：其一，由于性别生理上的差异，他（她）们的基音（单纯的声带声音）是不同的，即声带厚薄、长短、松紧的差异造成音高高低的差异：女性由于声带薄短紧而造成频率高，其音高就高；男性由于声带厚长松而造成频率低，其音高也低。气力的差异造成音强大小的差异：女性由于振幅小而音强小，男性由于振幅大而音强大。如此看来，男女在共鸣上都有缺憾——男性音强大，但音高低；女性音高高，但音强小。这样，由于男女各自的音高与音强都不平衡，因而都不能满足那不分性别的诵读美感的需要，然而，如果学会共鸣，那么无论男女就不仅能弥补各自的缺憾，还会在音色方面得到极大的改善，并且还能在音色改善的基础上保留各自的优势。

其二，从先天角度来说，人的音色差异很大，其中不乏音色低劣者，平时讲话都难听，更不能胜任诵读，这种人就更需要练声。无论是谁，只要学会共鸣，其音色都能得到大幅度的改善，其意义就远在搞好诵读之上了。

二、共鸣训练

如何掌握共鸣呢？打通各共鸣腔的通道是掌握共鸣的关键。根据共振理论，人的共鸣不同于一般意义上的两个振动频率相同物体之间的共鸣。因为人体的振动频率只有几赫兹，人体的任何一个器官都是绝对不能与声带的振动形成共鸣的。人的共鸣是由声带的振动引起共鸣腔内的空气与之共振的现象，这就如同琴弦通过琴码把振动传给蒙皮，从而引起琴壳内的空气产生共振一样。然而人的四个共鸣腔除口腔外，与声带并不是直接相通的。因此，练共鸣首先要打通共鸣通道。

打通共鸣通道的方法，第一要靠意念导引，第二要辅以动作，即通过意念协调动作。有的动作非常微妙，往往是人感受不到的，如声带的张弛，但只要意念到位，这种微妙的动作就客观存在。

逐步实现共鸣：口腔共鸣主要是变换口型而形成共鸣腔。当气流冲击声带并配合口、唇、舌（包括声带、喉）动作发声时，要有让气流在口腔停留一下的意念并适当扩大口腔空间，即形成口腔共鸣。如果让气流直接从口腔喷出就形不成共鸣，如果不扩大口腔空间也不能产生共鸣。凡是说话口型小（张不开嘴）的人，其声音必不洪亮，这是因为口腔内除了软腭、舌头、喉头外并没有多大空间，所以尽管他气力足，声带振动频率高、振幅大，但也产生不出类似音箱的共鸣效果。诵读家、歌唱家的口型（其实是口腔空间）都大，尤其是美声唱法，口型最大，大得连吐字都不太清楚了，这都是为获得特殊共鸣之故。但要注意，诵读中的口腔共鸣在深度上要适度，口型不宜过大，因为要保证吐字清楚。

在口腔共鸣的同时，用意念接通鼻腔，使软腭下垂并适当扩充鼻腔，便形成鼻腔共鸣。有的人说话不响亮，俗称“囔囔鼻”，就是因为没有鼻腔共鸣之故。做到鼻腔共鸣并不难，可先用鼻音 m、n、ng 练习，先打通鼻腔，再用手指捏住和放松鼻翼的方法来找鼻腔共鸣（振动）的感觉。学练鼻腔共鸣是在口腔共鸣的基础上进行，这样就可以较容易地通过口腔共鸣的心理体验，将“打通”的意念顺利地迁移到鼻腔。

头腔共鸣难度较大，首要条件是需要较强的气流，必须用横膈膜送气。发音时要用意念导引气流（也可以把这气流理解为声音）充满整个头腔，口腔要开阔，软腭要抬高，舌根要放松，喉结要打开，呈半打哈欠状，用 lu、luo、lü 的音节由低到高地发音来体验头腔中声音的振动。

胸腔共鸣的难度最大，也最重要，更需要用横膈膜控制气流。发音时先用意念打开口腔到胸腔的通道，声带要自然放松，用力下沉喉头，呈深沉咳嗽状，用“mo”音节由高到低地发音，这时就能感觉到胸腔的振动和轻微的提肛。再用“hɑ或huo”音节由低到高地发音，进一步落实胸腔的共鸣。找准胸腔共鸣的感觉后，还要逐步扩大共鸣的力度，使之来得自然、随意。

三、练声方法

学会了共鸣后，我们还需要进行训练，方能在诵读中自然、适度地运用。

预备：站、坐皆可，保持兴奋状态，先做几次腹式深呼吸以使横膈膜及肺“热身”，然后打开喉咙，放松下巴，张开两指宽的口型，呈半打哈欠状，准备发声。

训练程序：一般从中音区开始，用元音“ɑ”先发好由声带产生的基音，再通过口腔的共鸣使之扩大。巩固好中音区后，再练高音区，最后练低音区。这种程序的道理是：中音区容易练，先易后难；经过中音区再练高音区，这样就不是直接拔高，不会损害发音器官；经过中音区、高音区的练习，横膈膜已经得到初步的锻炼，再练难度最大的低音区就容易多了。

训练方法：高音区训练，呈半打哈欠状，用“lu”音节高位轻声地（即用发高音的方法发低音）向高音区发展，达到高音区后再向下滑，一直滑到最低音。在高音训练中要注意，这种长音练习的整个过程中口型必须保持半打哈欠状，这样才能使软腭上抬保持高位，舌根才能放松，从而获得高音效果。还可采用集体练习的方式，这样有利于克服畏难情绪。

低音区训练，要下沉喉头和软腭，呈深度咳嗽状，用“hɑ”音节边发长音边体会胸腔的振动和腹肌的弹跳。也可以低位高声或低位低声地反复进行，以加大训练强度，从而使横膈膜在反复的升降运动中得到充分的锻炼。也可以用“huo”音节练习，难度大一点，会感到腹肌弹跳的力度更大，但效果更好。训练中要特别注意，这种长音练习的整个过程，必须呈深度咳嗽状，这样才能压低喉头而获得低音效果。

有一点特别重要：在实际诵读中，声区的运用要根据作品的基调、美感来定，总用一个声区的情况是不存在的。我们经常看到，学生一旦学会胸腔共鸣的发声方法便如获至宝，不论什么作品，一诵读起来便是一路雄浑。

教师在指导训练时要特别重视学生间的合作、交流，用他们的“共同语言”互相启发、借鉴，互动互促，这比单纯的教师说教效果要好得多。

第四节　技能案例教学

技能训练必须结合诵读教学进行，因为单纯的正音、练气、练声未免单调、枯燥，而与诵读教学结合起来就不仅丰富、生动，还能在诵读实践中因遇到困难而产生对技能的迫切追求，从而促进基本功练习。

一、　沁园春·长沙

毛泽东

独立寒秋，
湘江北去，
橘子洲头。
看万山红遍，
层林尽染；
漫江碧透，
百舸争流。
鹰击长空，
鱼翔浅底，
万类霜天竞自由。
怅寥廓，
问苍茫大地，
谁主沉浮？

携来百侣曾游，
忆往昔，
峥嵘岁月稠。
恰同学少年，

风华正茂；
书生意气，
挥斥方遒。
指点江山，
激扬文字，
粪土当年万户侯。
曾记否，
到中流击水，
浪遏飞舟？

这首词写于1925年。当时国内军阀混战，党内有关依靠工人还是依靠农民的路线斗争十分激烈，毛泽东的正确主张遭到排斥，在这种形势下，毛泽东伫立橘子洲头触景生情，不禁思绪万千，心潮澎湃。

就美感来说，本词属壮美，上阕是悲壮，下阕是豪壮。就诵读基调来说，上阕是“深沉”，必须有胸腔共鸣；下阕是“激昂”，必须有头腔共鸣。要读出共鸣，就必须会运气、贮气、换气。例如，前三句要读得沉缓，要用气音；“看”后的六个排比句要先慢后快，一气呵成，至“万类霜天竞自由”形成高潮，“谁”用气口。可见，没有运气的技能是不行的。

二、黄山松

张万舒

好，黄山松，我大声为你叫好，
谁有你挺得硬，扎得稳，站得高；
九万里雷霆，八千里风暴，
劈不歪，砍不动，轰不倒！

要站就站上云头，
七十二峰你峰峰皆到；
要飞就飞上九霄，
把美丽的天堂看个饱！

不怕山谷里阴风的夹袭，
你双臂一抖，抗得准，击得巧！
更不畏高山雪冷寒彻骨，
你折断了霜剑，扭弯了冰刀！

谁有你的根底艰难贫苦啊，
就从那紫色的岩山上挺起了腰；
即使是裸露着的根须，
也把山岩紧紧地拥抱！

你的雄姿像千古高峰不动摇，
每一根针叶都闪烁着骄傲；
那背阳的阴处，你横眉怒扫，
向着阳光，你迸出劲枝万千条！

呵，黄山松，我热烈地赞美你，
我要学你艰苦奋战，不屈不挠；
看！在这碧紫透红的群峰之上，
你像昂扬的战旗在呼啦啦地飘。

这首诗的美感是典型的豪壮，因而基调非常激昂。

全诗六小节，内容上是层层深入，顺理成章。第一节，面对视觉中的黄山松大声叫好，颂其“劈不歪，砍不动，轰不倒”。可见，起调就很高，首句首字“好”用气口，一鸣惊人；尾句除“不”字外，皆为重音，尾字“倒”用气音狠狠咬住。黄山松给人的第一直感便是“高”，所以，自然引出第二节：“要站就站上云头……”抓住“高”字展开。因为“站上云头”“飞上九霄”，必然遇“阴风”，感“雪冷”，于是，又自然引出第三节：“不怕山谷里阴风的夹袭……”第四、五两节，先从“根底”的艰难贫苦赞，再从“雄姿”的高耸而毫不动摇颂，是内容的进一步深化。因为第一节起调很高，后边就很难节节拔高，可以用语速推出强势，所以第二节要把语速压下来，之后第三、四、五节一路加快。最后一节与开头相呼应，赞美之情达到最高峰，因而第一、二句要把语速、语音压下来，准备造势；第三句提速，第四句前快后慢，“飘”字用强重音，几乎是吼。至此就可以看出，读好这首诗需要很强的技能：吐字发音，要干脆利落，字字迸出；运气要足，以满足提速和发高音；不仅有胸腔共鸣，发高音时还要有头腔共鸣。

三、　　最后的飞翔

宫　玺

一只受伤被缚的鹰，
终于挣脱绳索，
奋力冲向了天空！

可是绳索撕去它一条腿，
鲜血淋漓，
心肝如迸！

为了重获自由，
即使只有片刻，
它也甘愿付出被缚的生命；

为了最后的飞翔，
它聚集起周身的力量，
忍受着难以忍受的剧痛！

盘旋着，盘旋着，
一圈一圈一圈……
向大地倾洒无尽的柔情！
啊！……
山河收留了它的毛羽和血肉，
蓝天拥抱了它不死的魂灵！

这首诗写了一只鹰，“一只受伤被缚的鹰”，这只鹰，为了重获哪怕“只有片刻的”自由，不惜一切，奋力冲向天空！读着这样的诗句，我们想到的难道仅仅是一只鹰吗？不，他是一位勇士，一位为自由、为正义而战斗的勇士。这样的勇士，心地宽广，无私无畏，置生死于度外，正如匈牙利诗人裴多菲所写的那样：“生命诚可贵/爱情价更高/若为自由故/二者皆可抛。”

这首诗的美感是悲壮，篇幅不长，却能震颤读者的心弦，给人留下久久难忘的印象。这主要是因为，作者以凝练、生动的语言，描绘了这只“受伤被缚的鹰”奋力飞翔的雄姿，字里行间浸透着敬佩的深情。特别是结尾——“山河收留了它的毛羽和血肉，蓝天拥抱了它不死的魂灵！”不仅给人壮美的洗礼，而且使人产生丰富的联想——为自由而献身的勇士，与山河同在、与蓝天共存！

这首诗的基调不是激昂，而是深沉，是发自心底的深沉，因而诵读难度较大，需要深厚的运气、共鸣技能。在技巧上宜多用气音、气口，在用与不用之间形成情感的波澜。例如，“鲜血淋漓，心肝如迸！”两句是本诗的最高潮，应全作气音处理，以凸显悲壮的深沉。

四、天净沙·秋思

元代　马致远

枯藤老树昏鸦，
小桥流水人家，
古道西风瘦马。
夕阳西下，
断肠人在天涯。

这是一首小令，形象地描绘了秋季凄凉萧瑟的景象，表现了旅人哀伤苍凉的心境。因为苍凉，所以难读，需要较强的技能。前三句，每两个字写出一个景，每一景都是那么颓败凄凉；后两句，流落在天涯的断肠人是那样孤独无助。所以整首词的诵读都应该是低沉、迟缓、悲戚的，因而必须用低音且要有胸腔共鸣。每两个景之间要有适当的延宕，把这 9 种景象交代清楚。“夕阳西下”一句，可加快心理和语言的节奏，以表现对即将逝去的最后一线光明的急切追寻和留恋；“下”字用长拖音不换气带出最后一句“断肠人”，然后换气，语调转低，“在天涯”三个字拉开、压住，最好用气音表现他的绝望。

五、桂林山水歌

贺敬之

云中的神呵，雾中的仙，
神姿仙态桂林的山！
情一样深呵，梦一样美，
如情似梦漓江的水！

水几重呵，山几重？
水绕山环桂林城……
是山城呵，是水城？
都在青山绿水中……
呵！此山此水入胸襟，
此时此身何处来？

……黄河的浪涛塞外的风，
此来关山千万重。
马鞍上梦见沙盘上画：
“桂林山水甲天下”……

呵！是梦境呵，是仙境？
此时身在独秀峰！
心是醉呵，还是醒？
水迎山接入画屏！

画中画——漓江照我身千影，
歌中歌——山山应我响回声……
招手相问老人山，
云罩江山几万年？

——伏波山下还珠洞，
宝珠久等叩门声……
鸡笼山一唱屏风开，
绿水白帆红旗来！

大地的愁容春雨洗，
请看穿山明镜里——
呵！桂林的山来漓江的水——
祖国的笑容这样美！

桂林山水入胸襟，
此景此情战士的心——
江山多娇人多情，
使我白发永不生！

对此江山人自豪，
使我青春永不老！
七星岩去赴神仙会，
招呼刘三姐呵打从天上回……
人间天上大路开，
要唱新歌随我来！
三姐的山歌十万八千箩，
战士呵，指点江山唱祖国……
红旗万梭织锦绣，
海北天南一望收！

塞外的风沙呵黄河的浪，
春光万里到故乡。
红旗下：少年英雄遍地生——
望不尽：千姿万态“独秀峰”！
——意满怀呵，情满胸，

恰似漓江春水浓！

呵！汗雨挥洒彩笔画：

桂林山水——满天下！……

这首《桂林山水歌》虽是写景，但却以更热情、奔放、浪漫的思绪抒发着对祖国、对人民的浓浓的热爱和激情。有人评价贺敬之是一个拿起笔来便有烈火惊雷的诗人，他总在酝酿着情感的电火雷鸣。诵读他的诗，在浓浓的诗情画意中，会不知不觉地被诗歌的激情感染而心潮澎湃、热血沸腾。激昂和热情也正是诵读贺敬之的作品时应该具备的最基本条件。

这首诗语言流畅，情感如奔腾的江水一泻千里；几句如梦如痴的问话，更把人带入了似梦似仙的情境之中，让人不知是醒还是醉。诗歌的节奏鲜明，韵律奇特，它总是在变化，却又总是在韵上，音韵那么动听，语句那么美妙，有如在唱“信天游”。用这样的语言去歌唱这样如画如幻的风景和人情，只要诵读者随诗入情，用心去感受这美景和诗人的情怀，就不难诵读出声美意美的佳篇。诵读时语调还要错落有致，分出层次，诵出对比。诗中那么多的感叹号，是激情的迸发，那么多的省略号，是绵绵不绝的情感的宣泄。

从诵读技能的角度说，由于这首诗的特点是激情，因而要运用很多诸如拖音、气音、气口、连读、快读、急顿等技巧，要求诵读者要具有很强的用气功底；再者，由于其奔放的特点，因而整体语速较快，没有较强的运气功底也不行。因此，用这首诗练气是再好不过的了。

六、　狼和小羊

大热天，一只小羊到河边饮水。喝着喝着，一抬头，一只恶狼正在上游瞪着它。

“哼！你好大的胆子，用你那脏鼻子，把水都搅浑了，这还让我怎么喝？我看你是活得不耐烦了，想让我把你的脑袋拧下来！”

“尊敬的狼先生，您站在上游，我站在您的下游，水是从您那儿流到我这儿来的。我怎么会把您的水弄脏啊？”

“好哇，照你这么说，是我撒谎了？两年以前你就说过我的坏话，别人都告诉我了。”

“可是狼先生，两年以前我还没有生下来呢，我现在才只有一岁呀！”

“少废话，不是你就是你哥哥！”

“我？我根本就没有哥哥呀！”

“不是你哥哥，就是你爸爸！我非吃了你不可！”

说着，恶狼一下子扑过来，就把小羊吃了。

恶人做坏事，还要什么理由呢？

这是《伊索寓言》中流传极为广泛的一篇。两个人物的性格形成了鲜明的反差，诵读时要突出狼的凶狠、霸道和蛮横无理，以及小羊的善良、柔弱和天真无辜。对比越强烈，听众的印象就越深刻，感受也就越强烈。因为全篇多是人物的直接对话，诵读时要找准角色的相对关系和心理依据，注意角色转换得真切和利落。为了使角色的切换既利索又不拖泥带水，同时既从容又不显慌乱，诵读者必须快速变换人物语气，这就需要有较强的用气功底。诵读狼的语言时，语气要有一定的夸张，用气音以显其煞有介事和蛮横，以突出讽刺效果；诵读小羊的语言时，语气就不能夸张，要读出稚气、纯真和委屈。

第 三 章

诵读技巧教学

诵读技巧是以诵读技能为基础的，是诵读规律的具体体现。能否使学生尽快掌握诵读技巧是诵读教学成败的关键。为什么诵读要讲究技巧，清代桐城派大师刘大櫆有独到的见解，他说：“凡行文多寡长短，抑扬高下，无一定之律，而有一定之妙，可以意会，而不可以言传。学者求神气而得之于音节，求音节而得之于字句，则思过半矣。”（《论文偶记》）而我们的现代诵读教学不仅注重“意会”，也同样注重“言传”，即诵读技巧的学习与运用。明朝中叶著名教育家、思想家王守仁说：“凡歌诗，须要整容定气，清朗其声音，均审其节调；毋躁而急，毋荡而嚣，毋馁而慑。久则精神宣畅，心气和平矣。”（张隆华、曾仲珊：《中国古代语文教育史》）

第一节　语音流变教学

语音流变是指在音节的连读时发生的音调或音素的变化。语音流变都是临时性的，单读音节时不出现音变问题，所以语音流变是诵读中特有的现象，属于诵读技巧。

一、轻声

在连续发音的过程中，由于表义、语法、习惯的原因，有些音节失去了它原来的声调，而被读成一个较轻较短的语音。

轻声是音节连读时临时产生的音变现象，不能看成是“阴平、阳平、上声、去声”以外的独立声调。因此，《汉语拼音方案》中规定轻声音节不标调号。以下是轻声的分类。

表义类：这类轻声有区别词义和词性的作用。例如，

地方（di fang）表示某一处所或部分：“飞机在什么地方起飞?”“他说的也有对的地方。”而地方（dì fāng）则表示与中央相对的区域或当地：“地方政府”“他常给地方上的群众作报告。”

东西（dōng xi）泛指事物或特指人、动物：“他买东西去了。”“这小东西真可爱。”而东西（dōng xī）则指“东”和“西”两个方向或从东到西的距离：“东西南北”“这块地东西 60 米，南北 50 米。”

这类轻声属于词汇，在《词典》中都已标明，我们在词汇教学中注意一下就是了。如果将这些词汇集录起来则更好，学生可一目了然。

语法类：这类轻声与词的构成有密切关系，因而有规律可循。通常该读轻声的情况有：

助词读轻声：如语气助词“好吧”中的“吧”，结构助词“新的”中的“的”，时态助词“来过”中的“过”。

（辨析：的字短语中的“的”起动词名词化作用，不同于结构助词中的“的”）

名词的后缀读轻声：如“桌子”中的“子”、“木头”中的“头”、“泥巴”中的“巴”。

某些量词的后缀读轻声：如“一下子”“这档子”“一伙子”中的“子”。（辨析：“孔子”中的“子”是古代对男人的尊称，不是词缀，不能轻读）

方位短语中表示方位的词读轻声：如“家里”的“里”、“地上”的“上”、“那边”的“边”。

叠词的后一个词素读轻声：如“娃娃”“星星”“看看”。

双音节趋向动词的后一个词素读轻声：如“过来”的“来”、“出去”的“去”。

习惯类：还有一些双音节词，由于习惯的原因，第二个音节读轻声。如“知道”“窗户”“商量”“牡丹”“菠菜”“摆布”“憋闷”“奉承”等，这类轻声是约定俗成的，国家语委没有统一规定，也没有规律可循。例如，“菠菜”中的“菜”可以轻读，而“白菜”中的“菜”就绝不可以轻读。

语文教学中的诵读教学，没有必要花太多的时间去细究这类音变，这些问题随着诵读教学的深入和学生诵读水平的提高会自然得到解决。

二、变调

在音节与音节连续读出时，由于声调之间互相影响，有的音节的声调或多或少会发生变化，不能再保持原来的声调。这种变调在诵读中是自然出现的，但也需要我们掌握其中的规律，否则会在诵读中不能及时变调而造成失真和生硬，或者本来读对了还盲目地去“纠正”，那就是弄巧成拙了。

上声变调：上声连续变调。普通话的上声是降升调（即曲折调），两个或两个以上的上声字相连时比较难念，可又必须连续发音，这就造成前边的上声变成近似阳平的调值。例如，“宛转（wǎn zhuǎn，wán zhuǎn）”“我永远（wǒ yǒng yuǎn，wó yǒng yuǎn）”。

上声在非上声前变调：上声在非上声前也可能由于上声难读而变成“半上（只读上声的前一半）”。例如，“首先”“祖国”“广大”。

“一”“不”变调：“一”在去声前变阳平，在非去声前变去声。例如，“一（yī，yí）道”“一（yī，yì）边”。

“一”夹在两个重叠动词中间，因受后一个动词的轻声影响，也读轻声。

例如，“看一看”“听一听”“问一问”。

“不”是去声，在与去声连读时不好读，就变成阳平，例如，“不（bù，bú）论”。

“不”夹在词语中间读轻声。例如，“看不见”“见不着”“好不好”。

“七”“八”在去声前边难读，变成阳平。例如，“七（qī，qí）块半”“八（bā，bá）亿人”。

高音变调：上声字和去声字在句尾发高音时因为难读也产生变调，上声字读音近似于阳平，去声字读音近似于阴平。例如，“齐步走!”中的“走”和“向右转!”中的“转”。

三、变读

变读是音节在连读中受前一个音节的最末一个音素的影响，而改变音素的现象，也称“连音现象”。在教学中要引导学生注意变读与轻声、变调的区别：轻声和变调是音节的声调变化，而变读是音节的音素变化。

（一）语气助词“啊”变读

语气词“啊”（有时写作“呀”“呵”）用在句尾时，受前面音素的影响而产生“连音”现象，使“啊”改变了原来的读音。

在诵读中如能准确地读出“啊”的各种变读，可以使语音更加优美动听，表情达意更为自然得体。例如，“读书呀，读书呀，不错，学生是应该读书的，但一面也要大人老爷们不至于葬送土地，这才能够安心读书。”（《友邦惊诧论》）这句中的“呀”应该变读为“wa”，如果还读“yā”，不仅读着、听着别扭，还会伤了文章愤慨、严肃的语气。

前面的音素是a、o（不包括ao和iao）、e、i、ü时，“啊”变读为“ya”。例如，“是他啊!”“真多啊!”“多新的车啊!”“要努力学习啊!”“要注意节约啊!”“好大的雨啊!”

前面的音素是“u”（包括ao、iao，因为读ao、iao的韵尾o的口型已接近u）时，“啊”变读为“wa”。例如，“读书啊!”“真好啊!”“你倒是跳啊!”

前面的音素是“n”时，“啊”变读为“na”。例如，“怎么办啊!”“担心啊!”“人啊!”

前面的音素是“ng”时，“啊”变读为“nga”。例如，“大家唱啊!”“有什么理由拿出来讲啊!”

前面的音素是舌尖前韵母“－i”（zi、ci、si 的韵母）时，“啊”变读为“za”（因 c、s 与 z 发音部位相同、发音方法相近，所以 c、s 同 z 处理）。例如，“原来如此啊!”“要死啊!”“儿子啊!”

前面的音素是舌尖后韵母“－i”（zhi、chi、shi、ri 的韵母）或“er”，“啊”变读为“ra”（因 zh、ch、sh、er 与 r 发音部位相同、发音方法相近，所以随 r 处理）。例如，“多么高尚的品质啊!”“无耻啊!”“什么事啊!”“红日啊!”

“啊”的变读规律是：多用尾字末尾音素与“a”相拼即可，如不好读出便换一个与之相近的音素再与“a”相拼。

实际诵读时，随着诵读自然出现的声音，即是“啊”的读音。

（二）儿化

带有后缀“儿”的词在连读发音时，“儿”前面音节的韵母带上卷舌色彩，这种现象叫儿化。如“花儿”读作“huār”。儿化的结果是把两个音节合成了一个音节，但这里的“儿”并不是念完前面的音节再加上去的，而是在念前一个韵母中的主要元音的同时，舌头就卷起来，也就是韵母和“儿（er）”化合成一个音，可见前一个韵母已改变了原来的音值，所以也是一种变读。

儿化的发音规律是：凡是音节末尾音素便于卷舌的就直接卷舌，如“火儿（huǒr）”“数儿（shùr）”；如果音节末尾音素不便于直接卷舌的，就采取去掉、增加或变换的办法，创造一个便于卷舌的条件后再卷舌，如“裙儿（qúnr）”“粒儿（lìr）”“事儿（shìr）”“亮儿（lingr）”。

儿化的作用：一是区别词义，如“信”（书信）、“信儿”（信息）；二是区别词性，如“画”（动词）、“画儿”（名词）；三是可以表示细小、可爱等意，如“面条儿”“平儿”“女孩儿”。

在诵读中有作品可依，不同于口语表达，也不同于朗诵有夸张，所以一般不需要诵读者自行设置儿化，按照字面读就是了。

第二节　停顿教学

停顿是指诵读时词语与词语的间歇，既是生理需要又是表达需要。停顿的作用是：给诵读者换气的机会，从而调节气息，合理用气；鲜明语意而使听者听得更明白；突出强调某些词语而使表达的内容得到深化；形成语言的空白美而给听者以回味的余地；形成诗文的节奏而使诵读琅琅动听。

例如，“……隐隐约约可以看见几十名工人像贴在万丈绝壁上似的……”（《夜走灵关峡》）这个长句没有标点，如果中间不停顿，是很难一口气读下来的。

再如，“打败了敌人的主力部队。”这个句子中间不停顿就表意不清，停顿的地方不同，表义也不一样。如果读成“打败了/敌人的主力部队”与“打败了敌人的/主力部队”是不同的。

停顿的作用不仅是表意，更重要更难做到的是表达情感。

停顿技巧教学重点有两个：一是弄清概念的内涵、外延，一个是抓住文本表达的思想感情。

一、语法停顿

语法停顿是根据语句的语法结构所作的停顿。这种停顿是固定的，有规律可循的。

段落停顿：一般段与段之间停顿三拍。

标点停顿：一般句号、问号、叹号、冒号停顿两拍，分号停一拍至一拍半，逗号停一拍，顿号停一拍；破折号、省略号酌情停顿，一般相当于句号。其规律为：句号、问号、叹号、冒号停顿的时间长于分号停顿的时间，分号又比逗号停顿的时间长，停顿时间最短的是顿号。

成分停顿：主语、谓语之间的停顿：主语、谓语之间一般要停顿，而且往往比其他成分之间停顿要长，这是因为主语、谓语是句子的主干部分，是表意的核心内容。例如，牡丹//在春天/盛开。

谓语、宾语之间的停顿：谓语与单纯（没有定语修饰成分）宾语之间的停顿很短，甚至不能用停顿符号标出来。例如，“舒活舒活筋骨，抖擞抖擞/精神……”（朱自清：《春》）“一群刚放学的孩子//撑着/雨伞。”（赵丽宏：《雨伞》）

谓语与宾语部分（包括修饰语）之间停顿较大。例如，“傍晚，天边飘来了/一朵暗红色的云。”（赵丽宏：《雨中》）

修饰成分（定语、状语、补语）较长时，与中心词之间有停顿。例如，令人终生难忘的/教训，把生还的机会/让给别人，道路修得/笔直宽阔。

多重修饰之间有停顿。例如，“几十万年前/由伟大的自然力堆积成功的/黄土高原的外壳。”（茅盾：《白杨礼赞》）

二、逻辑停顿

逻辑停顿是指根据表达意义的需要而作的停顿，这种停顿不受语法停顿的制约。表达意义属于逻辑思维范畴，所以叫逻辑停顿。

理解和掌握逻辑停顿，关键是引导学生抓准、抓住语言表达中的逻辑关系，所以逻辑停顿教学必须结合课文分析进行，放手让学生去讨论、推敲、探究。

（一）强调停顿

为了强调某一词语的含义而采取的停顿，其做法是在被强调的词语的前面停顿一下，如此即起到了强调作用。恰当地运用强调停顿，能引起听者的特别注意并给其以回味的时间。例如，文艺批评有两种标准，一个是/政治标准，一个是/艺术标准。

（二）区别停顿

区别停顿，即用停顿将容易混淆的词语区别开来。标题与作者之间停顿四拍，作者与正文之间也停顿四拍。如果不作停顿或停顿太小，就很容易把这三者混淆起来，因为听者看不见书面的作品。（短语内部结合得很紧，在诵读中把它看作一个词，中间不停顿，如“社会主义”“素质教育”）

词与词之间只能靠停顿区别开来，尽管这种停顿最小（不足半拍），甚至小得不易把握，也不能用停顿符号标明，但是这种停顿是客观存在的，是诵读教学必须解决好的问题，应该引起我们足够的重视。诵读者诵读水平的高低，首先体现在对这种停顿的处理能力。（唱读没有语词停顿。在唱读中，字与字间隔一样，全用拖音连接，分不出词和短语来，所以严格地说，唱读不是诵读）

相反，如果不合时宜地夸大了这种语词之间的停顿，诵读就势必出现断断续续的现象。例如，“林部长/走下/公共/汽车，解下/脖子上的/毛巾，把/脸上的汗/擦了擦，便/急急地/扛起/行李/往工地/上走。”（王愿坚：《普通劳动者》）

（三）特殊词语停顿

如果两个词语相邻，其中有合成词或短语，恰巧可以意外地合成一个新的合成词或短语，这时就容易造成歧义，所以两个词语间不能不停顿。例如，“锯木厂后边草地上，普鲁士兵正在操练。”（都德：《最后一课》）学生读这一句时，很容易把区别停顿放在“士兵”的前面，而“普鲁士”是当时一个国家的名称，是一个专用名词，不能拆开。这种特殊词语停顿比区别一般词语的停顿要明显得大，但一般仍不能标出。掌握这种区别停顿难度更大，甚至在电视广告词中的“放马山磷肥”“同仁堂牛黄清心丸”也被播音员念成了“放马/山磷肥”“同仁堂牛黄/清心丸”。

（四）文言词语停顿

由于文言文单音节词多，更容易出现停顿的问题。例如，“今天下三分，益州疲弊，此诚危急存亡之秋也。”（诸葛亮：《出师表》）学生容易读成“今天/下三分”，应该读成“今/天下三分”。可见，为了区别词义，文言文比白话文停顿多而且停顿大，一般可用符号标出来。

（五）语意关系停顿

为了上下文语意关系清晰而作的停顿，是语意关系停顿，包括以下两种：

对话关系停顿：在人物对话中，不同人物语言之间要作停顿，以便听者转换角色，准确把握。尤其是省略了说话人称谓的对话，更要注意停顿。这种停

顿的大小要视语境缓急而定，一般在两拍左右。例如，

“我就镇定了自己，接着问：

‘什么时候死的?’

‘什么时候? ——昨天夜里，或者就是今天罢。——我说不清。’

‘怎么死的?’

‘怎么死的? ——还不是穷死的?’他淡然的回答……”（鲁迅：《祝福》）

逻辑关系停顿：逻辑关系停顿是为了使上下文的内在联系更加鲜明而作的停顿，包括因果关系、条件关系、并列关系、顺承关系、递进关系、转折关系等。这种停顿不同于上文的强调停顿，强调停顿只是强调一个词语，而逻辑关系停顿是为了明确和突出两者之间的逻辑关系；这种停顿也不同于词语之间的停顿，词语之间的停顿是为了区别开词语，而逻辑关系停顿是为了突出两者关系且停顿的时间也比词语停顿时间长得多。

逻辑关系停顿多用于复句和紧缩复句及格言、警句，因这类句子中没有标点，不作停顿难以明确其中的逻辑关系。例如，《善读书/则书变薄》（王通讯的一篇文章的标题），这个停顿不是单方面强调“善读书”或“书变薄”，而是要明确两者的条件关系。“他的成功/在于从问号中寻求真理。”（叶永烈：《真理诞生于一百个问号之后》）这个句子虽然从语法上不算是复句，但句意中有明显的因果关系，如果不作停顿，其因果关系就不够明显。

三、情感停顿

情感停顿是根据表达情绪、感情和氛围的需要而作出的停顿。情感停顿中有作者的情感也有诵读者的情感，即用停顿来制造语势。这种停顿不受语法和逻辑的制约。

情感停顿与语法停顿、逻辑停顿比较：从程度上说，语法停顿弱于逻辑停顿，而逻辑停顿又弱于情感停顿。从规律性角度说，语法停顿规律性强，有固定位置；逻辑停顿规律性较差，没有固定位置，但容易看出；情感停顿最为自由，且不易看出，需仔细感悟。从三者的关系看，各有其独立性也时有交叉，有时是三种停顿重叠。情感停顿教学因其规律性差而难度最大，需要学生准确把握住作品的思想感情并进入角色与作者产生情感上的共鸣，才能恰到好处地处理好情感停顿。这就需要教师引导学生深钻教材，“心”临其境。

（一）过渡停顿

为了从这一部分过渡到另一部分，中间需要作适当的停顿。例如，鲁迅在《从百草园到三味书屋》前一部分中写的是自由、快乐的童年生活，后一部分则写的是枯燥压抑的学堂生活，两部分表现出来的情绪截然不同。诵读时就应该在这两部分之间延长原来的语法停顿，以完成这种情绪上的过渡，从而使听者更鲜明地感受到这前后境界的鲜明对比，进而更准确地感悟文章主题。

（二）情境停顿

情境停顿即诵读者根据作品情境通过停顿来刻意渲染某种情绪、氛围，以利于作品行文及主题、意境的实现和深化。例如，鲁迅在《药》一文的开头就渲染出一种阴冷、单调、郁闷的情境，一方面与华老栓充满希望的心情形成鲜明的对照，另一方面也为夏瑜的牺牲制造出沉寂、肃杀的氛围。诵读这一段，要大量运用情境停顿，以便渲染出一种令人压抑的气氛，从而暗示人物的悲剧色彩，深化作品的主题。

（三）感情停顿

感情停顿是诵读者为抒发作者或作品中人物的强烈感情而作的停顿。感情停顿是情感停顿中程度最深的停顿，往往用于表达最强烈、最深沉的喜、怒、哀、乐之情以取得最显著的感染效果。例如，

“柔石//和其他/二十三人，已于/二月七日/或八日晨，在龙华警备司令部///被//枪/毙了。他的身上/重了十弹。原来///如//此!”（鲁迅：《为了忘却的纪念》）

第一句的停顿表达了作者无限沉痛的心情，第二句尤其是第三句的停顿表达了作者再也无法压抑的似火山爆发的悲愤激情。

“然后他呆在那儿，头靠着墙壁，话也不说，只向我们做了一个手势：‘散学了，——你们//走吧。’”（都德：《最后一课》）

一个大停顿就足以表达出韩麦尔先生对学生恋恋不舍，对亡国又无可奈何的悲怆心情。

四、停顿的连读处理

停顿的连读处理也称负停顿，是出于表达情感的需要，为了使语气连贯或增强语势，采取“连读（不停顿或缩小停顿）”来处理停顿的读法。负停顿实质上是情感停顿，但因其形式特殊，因此单独列出。运用负停顿的技巧，关键仍是对作品思想感情的把握，只要诵读者进入角色，该不该采用负停顿则是自然而然的事了，但也与诵读者的风格、个性有关——喜欢快节奏的诵读者就容易更多地采用负停顿技巧。

（一）标点的连读处理

标点本来就是停顿的符号，而在本该停顿的标点处作连读处理，不仅在形式上容易出新而避免单调，更有利于表达思想感情。例如，他一挥手说：“走吧，走吧，我不愿再见到你！”这句中两个“走吧”之间虽有标点（逗号），但根据他那不耐烦的情绪，就应该作连读处理。只这一个技巧，就有力地突出了人物形象的特点，使人物一下子活起来。

再如，“‘吃了么？好了么？老栓，就是运气了你！你运气，要不是我信息灵……’”（鲁迅：《药》）这是对刽子手康大叔的语言描写。问号前后作连读处理就极为形象有力地突出了刽子手的粗鲁、蛮横、目中无人。

（二）非标点停顿的连读处理

对这种停顿作连读处理也完全是出于表达情感和增强语势的需要。例如，“杨柳/轻扬//直上//重/霄/九。”（毛泽东：《蝶恋花·答李淑一》）这句诗按语法停顿规律应该在“轻扬”后作大停顿，但为了突出杨花柳絮飘然升空的壮观和增强“直上”的语势，诵读时就应该将其作连读处理而只停半拍，这样一来，诗人对杨、柳二烈士的无限敬仰之情便随读而出，动人心魄！

尤其是排比修辞的末句与上句连读（缩小停顿），可以大大增强其排比的语势。例如，“增之一分//则嫌长，减之一分/则嫌短，素之一忽则嫌白，黛之一忽//则/嫌黑，尾句与上一句之间连读。”（郭沫若：《白鹭》）

格律诗中的绝句与排比修辞相似，如果适当地采用连读处理也能有效地增强其韵味。例如，“千锤/万击//出/深山，烈火焚烧/若等闲。粉身碎骨全不怕，要留清白//在/人间。”（于谦：《石灰吟》）这句话的三、四句之间连读。

第三节　重音教学

重音也叫重读，是指诵读中读得较重的音节。重音同停顿一样，从作用上分为语法重音、逻辑重音和情感重音，从程度上分为次重音和重音。读好重音，对于表达文章思想、抒发情感和增强乐感都具有极为重要的作用。

一、语法重音

语法重音是语句的语法结构决定的重音。语法重音也具有外显性，有规律可循。

（一）成分重音

句子成分中除主语之外，谓语、宾语、定语、状语、补语往往也读得较重。例如，东风来了，春天的脚步近了。舒活舒活筋骨，抖擞抖擞精神。正是风华正茂的年龄。同学们都非常高兴。他高兴得手舞足蹈。“近了”是谓语，“筋骨”“精神”是宾语，“风华正茂”是定语，“非常”是状语，“手舞足蹈”是补语，因而都要重读。

再如，李政道的名言“求学问，需学问，只学答，非学问”。第一、第四句的“学问”是名词作宾语，第二句的“学问”是动宾结构而“问”字重读。

（二）词语重音

疑问代词和指示代词要读得稍重。例如，你凭什么不告诉我？这才是你应该做的。列举的事物、并列的词语要读得稍重。例如，村里的大人、小孩都赶来看电影。

人名、地名的尾字，轻声前的字要读得稍重。例如，鲁迅，梅兰芳，乌鲁木齐，河北省；热闹，桌子，认得，木头。

比喻句中的喻体要读得稍重。例如，像秋天田野里一株红高粱那样淳朴可爱。

二、逻辑重音

逻辑重音是根据表达意义的需要而重读的音节。逻辑重音比语法重音灵活，没有固定的位置，程度上也比语法重音重一些。语法重音与逻辑重音的关系是语法重音要服从于逻辑重音。逻辑重音是一种“强调”，从表现形式上可分自述重音、问答重音和呼应重音。

（一）自述重音

自述重音即作者或作品中人物在表达意义时需要突出、强调的词语。例如，“在朝鲜的每一天，我都被一些事情感动着。”（魏巍：《谁是最可爱的人》）按语法重音来说“每一天”仅是个一般的重音，不能标出，但为了表明志愿军战士那可歌可泣的事例实在是太多了，多得每一天都能见到很多，把“每一天”作为逻辑重音处理，足以见得“我”提出志愿军战士是最可爱的人是有充足理由的。

（二）问答重音

问话是有方向性的，答话是有对应性的，那么表达问话方向和答话中与问话相对应的词语要重读。如果问话的重音改变，那么答话也就随之改变。例如，

问：“你会什么？”答：“我会种花。”问：“你会种花吗？”答：“我会种花。”问：“谁会种花？”答：“我会种花。”

以上是他问自答，还有自问自答，即设问。例如，

“谁是我们最可爱的人呢？我们的部队，我们的战士，我感到他们是最可爱的人。”（魏巍：《谁是最可爱的人》）按照语法重音规律，“部队、战士、他们”都不是重音，但根据问话的方向——“谁”，下文就得回答这个“谁”，所以就得强调“部队、战士、他们”，只有这样设置重音，才能准确、鲜明地表达出作者的想法。

反问，只问不答，实质上也是强调，之所以未把它划到“强调重音”的范围，是因为它有明显的疑问语气，还是划到“问答重音”中为好。例如，“难道你真没听见?”其实无论他问自答还是自问自答，其重心也是强调，只是在形式上与自述重音不同罢了。

（三）呼应重音

呼应重音即针对上文记叙的问题，在下文进行必要的陈述。虽然它不是标准的问答形式，但是具有明显的呼应关系，因其有鲜明的语意倾向，所以也存在重音问题。例如，魏巍的《谁是最可爱的人》中，针对上文“有人……说……”，下文就强调“我要说”；针对上文的错误看法，下文就一针见血地指出其错误原因是“接触太少”“没有了解到我们的战士”。这样一呼一应就充分地完成了作者的表意目的。

三、情感重音

情感重音即为了渲染氛围、表达情绪和感情而重读的音节。

（一）情境重音

为渲染某种情绪或氛围而确定的重音。例如，

“天气比屋子里冷多了；老栓倒觉爽快，仿佛一旦变了少年，得了神通，有给人生命的本领似的，跨步格外高远。”（鲁迅：《药》）

这几处的情境重音比已具有的语法重音明显加重了，这样就突出了老栓那充满希望的喜悦心情和他竟用革命者的鲜血给儿子治病的愚昧性格，从而也加重了老栓的悲剧色彩。

再如，“但是有一次，汉堡港改变了它正常的节奏：港口、码头、装卸公司、服务公司频繁来往，电话不断；货主、代理、大小工头、理货、组长和工人们都激动不已，甚至连船正停泊在港口，尊严而又自信的十几个老船长也打破常规，开了一条小艇，集体下海去了。”（柯岩：《汉堡港的变奏》）

这些重音突出了一种非正常的情境，渲染出一种紧张的氛围，这就为中国远洋货轮“汉川号”新一代船员创造奇迹、为国争光的故事的发展设下了一个吸引人的悬念。

（二）感情重音

感情重音即为抒发作者及诵读者的强烈感情而确定的重音。例如，“我这时突然感到一种异样的感觉，觉得他满身灰尘的后影，刹时高大了，而且愈走愈大，须仰视才见。”（鲁迅：《一件小事》）几处重音突出了“我”的万分感慨，崇敬、仰慕之情。

再如，“我伫立在雨丝风片中，望着那娇小的身躯渐渐远去。披在身上的塑料薄膜，飘然掀动。泥地上，留下了一串光赤的足印。我胸中滚滚的热潮再也止不住，泪水便迷蒙了双目。那小小的身影便也迷离了，消失了。眼前，仿佛出现一片无际的荷塘，艳艳的荷花，霞般地映红了天，映红了地，在万朵花丛中，我看见一朵最美的荷花，我看见一个真正的人。”（韩起：《荷花》）在小姑娘那真、善、美心灵的感召之下，我的心潮由平静至波动，由波动至澎湃，而那一处处重音正是那一个比一个更高的浪峰。

四、重音的轻读或拖音、颤音处理

物极必反，相辅相成。诵读者有时对重音采取轻读或拖音、颤音处理却更显凝重、深沉、悠远、强烈，更能吸引人、感染人。例如，

“他活着为了多数人更好地活着的人，

群众把他抬举得很高，很高。”（臧克家：《有的人》）

第二个“很高”，按习惯读法为最高音，这里采取了轻读处理，却更显凝重、深沉，言有尽而意无穷，引人深思，发人深省。

“然后他呆在那儿，头靠着墙壁，话也不说，只向我们做了一个手势：‘散学了——你们走吧。’”（都德：《最后一课》）“走”是语法重音也是情感重音，如果重读就完全不符合韩麦尔先生那悲怆到极点的心境，如果采用颤音处理则将悲怆之情表达到极致，非常符合人物身份和当时情境的特点。

三种重音强度比较：语法重音的强度不如逻辑重音，强度最大的是情感重音，并且这三种重音也有重合现象，即一个语法重音同时也是逻辑重音和情感重音。

第四节　语调教学

语调是为了准确、鲜明、生动地表达思想感情，而在语音上采取的高低、升降、长短、快慢变化。为了诵读教学方便起见，我们从字调、词调、句调三方面来谈。

一、字调

字调也称声调，即四声（阴平、阳平、上声、去声）。在人们出现的读音错误中，字调问题占了大半数。因此，高年级学生乃至成人，都应重视字调的读音。

字调主要是音高变化决定的，音高决定调值，调值是字调的专用术语。请参看调值示意图：

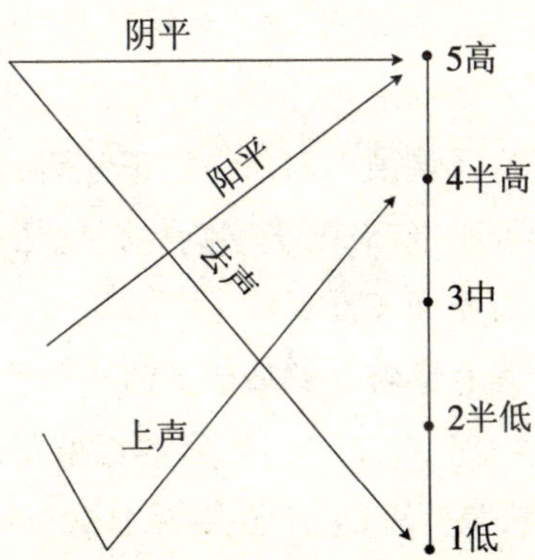

表中 1～5 是音高。阴平的调值是高平调，发音时高而平；阳平的调值是中升调，发音时由中度上扬至高，相当于 35；上声的调值是降升调，发音时由半低到低再升到半高，相当于 214；去声的调值是全降调，发音时由高一直降到底，相当于 51。从图中可以看出，字调还跟“音长”有关——阴平最短，上声最长。从图中还可以看出，阴平、阳平相近而趋平，格律上称之为“平”；

上声、去声不平，格律上称之为“仄”，所以平声字与仄声字交错使用便形成起伏，朗朗上口。

教师在教学中充分利用这个示意图，稍加点拨，学生对字调便可“一目了然”。教师要引导学生根据调值的标向、标高，把音节读准；根据调值的音长，把音节读满。

在教学中，学生还会提出质疑：为什么人与人说话声音不同？为什么声音不同但互相都能听明白？教师要给学生一个正确的解释：人说话互相能听明白是因为都按图中的调值发音；而有些方言就是因为不按普通话调值发音或改变了音素而让人听不明白。有的人即便按调值说话，声音仍有不同，这主要是人的发音器官的差别造成的，人们凭这个细微的差别就能区分开不同的说话人。

字调也会因人的健康条件、风格、气质以及语言环境的不同而发生变化，虽然这种变化很小，却能反映人的个性。

二、词调

词调即词在读音上的升降变化。词调不像字调那样简单明了，但也有规律可循，分为单读和连读两种情况。

（一）单读

读单音节词要读准、读满调值，即所谓字正腔圆。读好单音节词在诵读中意义很大——多个单音节词连起来则字字响亮，就像“大珠、小珠落玉盘”。例如，德、智、体、美、劳全面发展。

双音节词因前后音节互有影响，就造成了前一个音节重声母，后一个音节重韵母的情况。例如，“生命”中的“生”字的调值不再是标准的55，而接近于54，“命”字的调值不再是标准的51而接近于42。

多音节词往往是常用词，词头和词尾读得较重，中间的字读得较轻快。例如，拖拉机、社会主义、乌兰牧骑、塔克拉玛干。这种词中有的字“读得较重”的情况是在词中相对而言的，在诵读中是不能用诵读符号标出来的。

（二）连读

多个并列的双音节词连读，为避免单调，要读出起伏，如先高、再低、平

走、再高、低收等变化。例如，“我到处都看了樱花，在东京、大阪、京都、箱根、镰仓。”（冰心：《樱花赞》）

“林茹在诵读时，还特别注意词的内部处理，如‘东京’读得稍重，词调略有上扬；‘大阪’读得稍轻，‘阪’的调值是21，词调略有下降；‘京都’‘箱根’都读中音，不轻不重，词调也不升不降；而‘镰仓’读得最有特色，‘镰’字读足35调值，并有拉长音，‘仓’字读得却轻短，戛然而止，又富有乐音，大有意犹未尽之感。”（刘英陶主编，《教师职业技能》，北京：教育科学出版社，1996年）

有时并列的词中并非都是双音节词，但其读法也与上面的例子相似，也要读出起伏。例如，“樱花山头虽有斑斑白雪，然而，这山，这树，这房舍，这田园，无不在春雨里尽情洗浴。”（德富芦花：《春雨》）“这山”“这树”“这房舍”“这田园”是短语，在这个语境中已近乎于词，读法也同于上例。

三、句调

句调即句子在诵读中的高低、升降、长短、缓急变化，也叫语调。句调也有四种基本形式，其符号也与字调相似。

语气即句调的应用。句调侧重形式（技巧），语气侧重于内容（效果）。

（一）句调的类型

平直调：平直舒缓的语调，表达庄重、严肃、平淡等语气和平静的心情，多用于陈述句。例如，“这女人编着席。不久在她的身子下面，就编成了一大片。”（孙犁：《荷花淀》）这是陈述句，告诉人们水生嫂在干什么。其实她是在等水生回家，顺便编席，此时的心情是平静的。

昂上调：由低到高的语调，也称上山调，幅度低的称半起调，表达疑问、鼓动、呼唤等语气和激动的心情，多用于疑问句。例如，“先生，‘怪哉’这虫，是怎么一回事？”（鲁迅：《从百草园到三味书屋》）这是个疑问句，疑问语气很强。“人，应该赶快生活。”（奥斯特洛夫斯基：《生命的意义》）这是个祈使句，表达鼓动语气。

降抑调：由高到低的语调，也称下山调，表达祈使、肯定、感叹等语气和沉重的心情，多用于祈使句、感叹句。例如，“那么，换中国银行的吧。”（叶圣陶：《多收了三五斗》）这是个祈使句，表达祈使语气。“田真个种不得了！”（叶圣陶：《多收了三五斗》）这是个感叹句，表感叹语气和沉重的心情。

曲折调：即波浪形语调，也称波峰调、波谷调，表达讽刺、怀疑、违心、感叹等语气和特殊的心情，多用于感叹句。例如，“不要说范墓，就是摇到城里去也一样。”（叶圣陶：《多收了三五斗》）这是个感叹句，表讽刺语气。“我们年年种田，到底是替谁种的？”（叶圣陶：《多收了三五斗》）这是感叹句，表怀疑语气和愤慨情绪。“还是不要粜的好，我们摇回去放在家里吧！”（叶圣陶：《多收了三五斗》）这是个感叹句，表达一种无奈的心情。“哪里有跌得这样厉害的！”（叶圣陶：《多收了三五斗》）这是感叹句，表达怀疑语气和不满心情。

以上列出的四种句调仅是基本的类型，具体到语境中可就复杂多了，教师要引导学生深钻课文，综合多方面情况酌情处理。

（二）句调的作用

1. 表情达意

表情达意是句调的主要作用，不同的语气可以表达不同的思想感情，即便是同一句话，语调一变，意思也就大不相同了。例如，独词句——“好”，读成较轻较长的平直调，是表示赞成；读成较重较短的平直调，就不仅是赞成而且很坚决；读成昂上调，就表示疑问；读成降抑调，那就是表面赞成而心里很不情愿；读成曲折调“好”，则是愤恨和言不由衷；读成爆发的高拖音，那就是激情的喝彩。

正是因为句调是表情达意的，所以我们在确定作品的句调时就要与作者对话，把握作者的思想感情。例如，“在世界的某个角落，有一个世界奇迹。这个奇迹叫圆明园。”（雨果：《文明与野蛮》）初见这两个句子，我们会明显感觉到，它是以陈述为主又兼有议论的句子，其思想感情是赞美，所以诵读的语调应该是清新明快的平直调。但是，当我们细读原文时，发现原来这篇文章是中国的圆明园被烧后，法国著名作家雨果写给友人的一封信。信中热情歌颂了代表东方艺术和亚洲文明的圆明园，愤怒谴责了英法殖民主义者洗劫、焚烧圆明园的野蛮罪行。作为一个中国人，我们为雨果那不畏强暴、仗义执言的崇高气节而感叹。至此，再读这两个句子，就会深深地感到字里行间洋溢着一种浓烈的激情。这激情是赞美，但这赞美是以愤慨为底蕴的，所以应立刻调整语调而将“在世界的//某个/角落，有一个//世界/奇迹。这个奇迹//叫//圆明园”中的“在世界的”用慢速加拖音，以表沉郁；全句多停顿及“奇迹”“圆明园”等用重音，以表示强调和愤慨。

2. 突出人物性格

音容笑貌是人物性格的外部显现，诵读者恰当、生动地运用语调，就可以准确、鲜明地表现、突出人物的不同性格，甚至能够让人不仅如闻其声，而且如见其人。例如，

“你看，说走就走了。”“可慌哩！比什么都慌，比过新年，娶——也没见他这么慌过！”“拴马桩也不顶事了。”“不行了，脱了缰了。”“一到军队里，他一准得忘了家里的人。”（孙犁：《荷花淀》）比较这五句话的语调，就有明显的不同，这是不同的人物性格决定的。第一句表达的是埋怨情绪，后半句语速要慢一些；第二句表现了说话者的心直口快，读得就要急一些；第三句流露出说话者的一种无奈，用慢速、平直调；第四句表明了说话者在无奈中更显急迫，还有点赌气，就要读得硬一点；第五句显得稳重有思考，就要读得缓一些。

在人物语调的教学中，教师要联系学生写作，通过语气、技巧引导学生认识和改进“千人一面，千人一腔”现象。

3. 区别不同场景

不同的场景体现不同的氛围，诵读者采用恰当的语调烘托出不同的氛围就可以把不同的场景鲜明生动地区别开来。例如，柯岩的《周总理，你在哪里》，其中有五个场景：“山谷回音”“大地轰鸣”“松涛阵阵”“海浪声声”“广场回音”，诵读者诵读这五个场景时要读得有所区别，如果都雷同必显平淡。

第五节 语速教学

语速是指诵读的快慢变化，是由作品的思想感情变化和听者接收的需要决定的，可分为词速、句速和篇速。一般诵读的速度比口语稍慢，因为诵读的作品是书面语，句子长，没有口语那么通俗、易懂。

一、词速

词速是语速的基础，是将语速分解到最小的单位来认识，有利于学生理解、掌握。

（一）慢速

强调类：强调类是出于表义和表情的需要而对某些词通过慢读来突出强调。例如，

“苏州园林据说有一百多处，我到过的不过十多处。”（叶圣陶：《苏州园林》）用慢速突出强调“一百多处”和“十多处”，又通过这数量多寡的对比显示出苏州园林的规模之大。

“我家的后面有一个很大的园，相传叫做百草园。”（鲁迅：《从百草园到三味书屋》）用慢速强调园“很大”和园的名称“百草园”，为后文介绍百草园中的故事作了铺垫。

生疏类：生疏类是指对于那些比较生疏的词汇，适当放慢读速。例如，

“第二步工作叫掐丝，就是扁铜丝（横断面是长方形的）粘在铜胎表面上。”（叶圣陶：《景泰蓝的制作》）“掐丝”是专用术语，一般人不了解，读快了就容易让人听不明白甚至造成误解。

“幼虫再用它肥重的身体压上去，使烂泥挤进干土的罅隙。”（法布尔：《蝉》）“罅隙”是个生僻词，不常用，读慢些有利于听者听明白。

（二）快速

读助词（结构助词、语气助词、时态助词）时用快速。例如，我的书包、愉快地接受了邀请、高兴地跳起来、看着黑板、我去过泰山、我这是高兴啊、吃吧，别客气、我还没去呢、多好哇。

读轻声的词用快速，一带而过。例如，木头、泥巴、屋里、看看、过来、一帮子。

熟词（包括常用的固定短语）容易听明白，也用快速。例如，张老师和我们一起劳动。我们坚决走社会主义道路。“老师”和“社会主义”用快速。

（三）快慢交错

在诵读中有的词读得快，有的词读得慢，二者交错运用。实际上，无论口语还是诵读都是快慢交错的。快慢交错与缓急交错就造成了句子的起伏跌宕、抑扬顿挫而富有音乐美。例如，“白鹭/是一首//精巧的诗。”（郭沫若：《白鹭》）“白鹭”“精巧”“诗”用慢速，“是一首”“的”用快速。

二、句速

句速是语速的核心内容，同停顿、重音一样，影响句速的因素有三：语法、逻辑、情感。句速教学是语速教学的核心，因为句子是表达一个完整意思的基本单位，掌握了句速就基本上掌握了语速。

（一）语法句速

语法句速是指句子的语法结构决定的语速，主要指长句、短句和排比句。

读长句时要放慢速度，因为诵读的作品是书面语言，而书面语言主要是写给人看的，为了表达严谨、全面、细腻，句子就往往较长。而把这样的长句子读给人听，就要给听者以回味、思考的时间，因为在诵读中语音稍纵即逝，听者没有“回听”（看文章可以回读）的可能，读得快就会影响听者的接收和理解。例如，“真正的果肉倒是前面说的连同果壳扔掉的那一层膜。”（贾祖璋：《南州六月荔枝丹》）“我的同事希腊文教师别里科夫两个月前才在我们城里去世。”（契诃夫：《装在套子里的人》）

以上两个长句都超过了 20 字，读时应放慢读速，而口语一般在 10 个字以内。例如，闻一多的《最后一次讲演》的演讲记录稿中，除了几个十余字的句子外，其余的句子都在 10 字以内。口语之所以多用短句就是为了说着方便和听着明白，所以诵读书面语中的长句就要放慢读速和增加停顿，使之接近口语的效果。

书面语中的短句已经接近了口语，可以读得快一些，即接近口语的速度。例如，

“小草偷偷地从土里钻出来，嫩嫩的，绿绿的。园子里，田野里，瞧去，一大片一大片满是的，坐着，躺着，打两个滚，踢几脚球，赛几趟跑，捉几回

迷藏。风轻悄悄的，草软绵绵的。”（朱自清：《春》）这段的诵读要求是：整体速度较快，一定要读出清新明快、活泼可爱的韵味来。

排比句快慢相间：为了形成语势和避免单调，排比句各句的读速是不同的，一般是第一句慢，第二句较慢，第三句（如果超过四句，便是指倒数第二句）快，第四句（或尾句）前半句慢，后半句更慢。例如，

“他们的品质是那样的纯洁和高尚，他们的意志是那样的坚韧和刚强，他们的气质是那样的淳朴和谦逊，他们的胸怀是那样的美丽和宽广！”（魏巍：《谁是最可爱的人》）

绝句和四行古诗及五绝、七绝的句速也与排比相似。例如，

“黄河远上白云间，一片孤城万仞山。羌笛何须怨杨柳，春风不度玉门关。”（王之焕：《凉州词》）

（二）逻辑句速

逻辑句速是由于表义需要而决定的语速。

1. 慢速

用于表达庄重、缅怀、沉思、警示的内容和表现人物深沉、老练、傲慢、迂呆的性格。例如，

“人民英雄纪念碑落成了。我怀着万分崇敬的心情，瞻仰了这座巍峨、雄伟、庄严的纪念碑。”（周定舫：《人民英雄永垂不朽》）这句话表达了庄重、缅怀的感情。

“我想：希望是本无所谓有，无所谓无的。这正如地上的路；其实地上本没有路，走的人多了，也便成了路。”（鲁迅：《故乡》）这句话表达了对人们的警示，表现了人物深沉的性格。

“苏老师微微一笑，走上前去，不慌不忙地取下画，倒过来再挂上。这时众人才恍然大悟。那并不是什么‘新印象派’，而是大家熟悉的世界名画：《狂风中的橡树》。”（邓建楚：《赏画》）表现了人物老练的性格：面对学生的如实坦白，苏老师不置一词，只用一个动作便使是非一目了然。

“‘这儿到底出了什么事？’奥楚蔑洛夫挤进人群里去，问道，‘你在这儿干什么？你究竟为什么举着那个手指头？……谁在嚷？’”（契诃夫：《变色龙》）这句话表现了人物傲慢的性格。

2. 快速

用于表达抨击、斥责、质问、雄辩的内容和表现人物机警、活泼、开朗、热情的性格。例如，

“几句电文，说得明白极了：怎样的党国，怎样的‘友邦’。”（鲁迅：《友邦惊诧论》）这句话表达了对当时政局的抨击。

“今天，这里有没有特务？你站出来！是好汉的站出来！你出来讲！凭什么要杀死李先生？（厉声，热烈的鼓掌）

“杀死了人，又不敢承认，还要诬蔑人，说什么‘桃色事件’，说什么共产党杀共产党，无耻啊！无耻啊！（热烈的鼓掌）”（闻一多：《最后一次讲演》）引文第一段是表达质问，第二段是表达斥责。

“八点整，市委的同志来了。四周没有发现可疑的人，他一直走向陈然住的小楼，忽然看到窗外挂着扫帚，立刻扭转身，从后门走出去了。”（罗广斌、刘德彬、杨益：《挺进报》）这句话表现了人物机警的性格。

“阿发一面跳，一面说道，‘且慢，让我来看一看罢，’他于是往来的摸了一回，直起身来说道，‘偷我们的罢，我们的大得多呢。’”（鲁迅：《社戏》）这句话表现了人物活泼、开朗的性格。

（三）情感句速

情感句速是由于表达感情的需要而确定的语速。

1. 慢速

用于表达失望、犹豫、苦恼、沉痛、闲适的情感。例如，

“我忍耐的等着，许多工夫，只见那老旦将手一抬，我以为就要站起来了，不料他却又慢慢的放下在原地方，仍旧唱。”（鲁迅：《社戏》）这句话表达了作者无奈、失望的情感。

“他站住了，脸上现出欢喜和凄凉的神情；动着嘴唇，却没有作声。他的态度终于恭敬起来了，分明的叫道：‘老爷！……’”（鲁迅：《故乡》）这句话表达了闰土的犹豫情绪。

“在清水田里，时有一只两只站着钓鱼，整个田便成了一幅嵌在琉璃框里的画面。田的大小好像是有心人为白鹭设计出的镜匣。”（郭沫若：《白鹭》）这句话表现了闲适情调。

2. 快速

用于表达紧张、热烈、急迫、惊奇、欢畅的情感。例如，

“到半夜，果然来了，沙沙沙！门外像是风雨声。他正抖作一团时，却听得豁的一声，一道金光从枕边飞出，外面便什么声音也没有了，……”（鲁迅：《从百草园到三味书屋》）这句话表达了人的紧张情绪。

“人们涌上来，围住桌子，好几个人叫道：‘都知道了，就动手分吧。’”（周立波：《分马》）这句话表达了人们急迫而热烈的情绪。

“长途，我是中共山西平陆县委，我们这里有六十一名民工发生食物中毒，急需一千支‘二巯基丙醇’，越快越好，越快越好！”（《为了六十一个阶级弟兄》）这句话表达了讲话人十分急迫的心情。

“周朴园：什么？鲁大海？他！我的儿子？”（曹禺：《雷雨》）这句话表达了周朴园突然得知工人代表鲁大海竟是自己30年前丢掉的儿子时的惊奇心情。

（四）一般句速

一般句速即中速。中速是略慢于口语的速度，用于一般的记叙、议论、描写、说明、交代，即情感没有明显变化或情节没有大的矛盾冲突。例如，

“我们鲁镇的习惯，本来是凡有出嫁的女儿，倘自己还未当家，夏间便大抵回到女家去消夏。”（鲁迅：《社戏》）这句话记叙了一件事情，用中速。

“有些人只会空想，不会做事。他们凭空想出了许多念头，滔滔不绝地说了许多空话，可是从来没认真做过一件事。”（胡绳：《想和做》）这两句话是在议论一个问题，要读中速。

“她头发蓬乱，脸色苍黄，穿着一件空荡荡的破旧花棉袄和一条褪色的灰布裤子，手里提着一个白布口袋。她轻轻推开我家虚掩的大门，缩缩瑟瑟地探进头来。”（聂华苓：《人，又少了一个》）记叙一件事情的语句，要读中速。同时，人物的肖像描写和动作描写，也要读中速。

“抵御风沙袭击的方法是培植防护林。防护林的主要作用是减小风的力量。风遇到防护林，速度就减小百分之七十到八十。”（竺可桢：《向沙漠进军》）说明防护林的作用，读中速。

在诵读中，中速是基本功，因为中速运用得最多，快速和慢速都是在中速的基础上变化的，所以教师在诵读教学中要让学生首先掌握好中速。诵读者在对作品的读速还吃不准的情况下，可以先采用中速进行，随着对作品的深入把

握再适当地调整语速。

三、篇速

篇速是针对作品全篇而言的读速。决定篇速的因素有四个：一个是体裁，一个是基调，一个是语言类别，一个是美感。诵读教学不能不研究篇速，因为只有把握住了全篇，才能在具体诵读中采取适当的变化，从而使诵读语速在统一中有变化，在变化中有统一，浑然一体又丰富多彩。

体裁的划分有两个角度：从作品表达方式的角度可分为记叙文、议论文、说明文，也称“三分法”，这是根据语文教学的需要而产生的；从作品表现形式的角度可分为诗歌、散文、戏剧、小说，也称“四分法”，这是近代社会上通用的分法。（古文的体裁只分为韵文和散文，散文是针对韵文而言的）

从三分法角度谈语速，议论文比记叙文慢，说明文比议论文还要慢，这主要是根据诵读者对作品理解的难易程度决定的——在理解上难度大的就要读得慢一些。从四分法角度来谈，散文比小说慢，诗歌比散文还要慢，这是由于散文比小说含蓄，诗歌比散文更含蓄——诵读时必须为听者提供足够的理解和回味的时间。剧本内容主要是人物语言，要接近现实生活，诵读剧本时还要考虑到诵读的场所，要让在场的人都能听清。

同一体裁的作品，由于内容不同语速也要有所不同，这是表达不同思想感情所需要的。例如，同是小说，诵读言情小说时就比诵读武侠小说慢一点，因为言情小说的情节缠绵、细腻，武侠小说的情节紧张、激烈；同是散文，诵读抒情散文时就比诵读叙事散文慢一点，因为抒情散文意境深邃、曲折，叙事散文则如行云流水一气呵成；同是诗歌，诵读悼念内容的诗歌就比诵读歌颂内容的慢一点，因为悼念内容的诗歌语调深沉、凝重，歌颂内容的诗歌语调激昂、舒畅。

很显然，诵读文言文的语速比诵读白话文的语速慢得多，因为文言文单音节词多，生僻字多，包含内容多，有特殊的句式和语法。

叙述语言是指作者语言，人物语言是指作品中人物的语言。一般诵读叙述语言的速度比诵读人物语言的语速慢，因为作品中的人物语言就是口语，其语速当然就是口语的语速；而叙述语言少不了有交代、陈述、介绍、解释等，语境比较曲折、深刻，当然就该读得慢一些。

篇速还因美感而不同。一般来说，优美的诗文读得慢些，因为表达对象的矛盾处于相对平衡状态；壮美的诗文读得快些，因为表达对象的矛盾处于激烈冲突状态。但也有例外，例如，优美中的“娇美”就要读得清新明快，壮美中的“悲壮”就要读得沉缓。

篇速中的变化。一篇作品固然有较为基本的篇速，但是通篇采用一个语速的情况是没有的，其原因是：从作品艺术效果说，单调就未免乏味；从表达作品丰富多彩、曲折变化的思想感情说，也要因情设速。例如，鲁迅先生的《社戏》，基调流畅而有起伏，情感平和而有波动，所以应以中速为基础，酌情变化。如读到月夜行船时，孩子们因所见所闻而惬意，就应该采取慢速：

“两岸的豆麦和河里水草所发散出来的清香，夹杂在水气中扑面吹来；月色便朦胧在这水气里。淡黑的起伏的连山，仿佛是踊跃的铁的兽脊似的，都远远地向船尾跑去了，但我却还以为船慢。他们换了四回手，渐望见依稀的赵庄，而且似乎听到歌吹了，还有几点火，料想便是戏台，但或者也许是渔火。

“那声音大概是横笛，宛转，悠扬，使我的心也沉静，然而又自失起来，觉得要和他弥散在含着豆麦蕴藻之香的夜气里。”

而读到孩子们欢快应答的场景尤其是田间偷豆一节，就应该读得明快跳跃一些：

“‘阿发，阿发，这边是你家的，这边是老六一家的，我们偷哪一边的呢？’双喜先跳下去了，在岸上说。

“我们也都跳上岸。阿发一面跳，一面说道，‘且慢，让我来看一看罢，’他于是往来的摸了一回，直起身来说道，‘偷我们的罢，我们的大得多呢。’一声答应，大家便散开在阿发家的豆田里，各摘了一大捧，抛入船舱中。”

这两段中虽然有叙述语言，但由于是叙述活泼天真的孩子们的行为，语速仍是较快。

人物语言，因其表达的思想感情不同，语速也要相应变化。

第六节　特音教学

特音是指特殊的发音技巧，是高水平诵读所不可缺少的，是更准确、更深刻、更生动、更艺术地表达思想感情所必需的。

特音技巧教学要充分发挥范读的作用，因为特音难度很大，对学生来说要先求理解，再酌情掌握。

一、拖音

拖音即音节延长，实质是音节的最末尾音素的延长，也称“拖腔”。读出拖音不难做到，小学生的唱读就几乎字字有拖音，而准确、恰当地运用拖音表达特定的思想感情是有一定难度的。这就需要引导学生掌握拖音的不同作用及特殊的发音技巧。

（一）拖音的作用

1. 把需要强调的字词的音节拖长，起到强调、突出的作用。例如，

队列口令中的“立正——（拖音）！”

“他活着为了多数人更好地活着的人，群众把他抬举得很高——（拖音），很高。”（臧克家：《有的人》）

“色素的配合，身段的大小，一切都——（拖音）很适宜。”（郭沫若：《白鹭》）

“美丽的池水，从前淙淙地流过石桥的，现在因为没有人管理，渐渐地干——（拖音）了，干得见底了。”（郑振铎：《荒芜了的花园》）

2. 提示下文，即用拖音引出下文，用拖音引起听者注意。例如，

“‘卖——扇子啦！’声音极轻清，洋琴般地撩人。”（韩起：《荷花》）

“山——朗润起来了，水——涨起来了，太阳的脸——红起来了。”（朱自清：《春》）

3. 把呼唤的字词的音节拉长即起到加强呼唤的作用。例如，

“祖国——我回来了！”

“我们对着高山喊：周总理——”（柯岩：《周总理，你在哪里》）

“小栓——你坐着，不要到这里来。”（鲁迅：《药》）

4. 运用拖音可以表达舒缓、沉思、委婉、恳求等语气。例如，

“不管风吹浪打，胜似闲庭信步，今日得宽馀。”（毛泽东：《水调歌头·游泳》）尾句各字用拖音就形成很明显的舒缓语气，从而突出地展现出作者那悠然自得的心境和宽阔坦荡的胸怀。

“可是从此以后，每逢看见蜜蜂，感情上疙疙瘩瘩的，总不怎么舒服。”（杨朔：《荔枝蜜》）“是”“逢”“总”三处拖音造成的委婉语气，表达出作者的复杂心情，从而为后文的发展设下了悬念。

“‘老Q，’赵太爷怯怯的迎着低声的叫。”（鲁迅：《阿Q正传》）革命的消息传到未庄，赵太爷等人惶惶不可终日；阿Q当众喊出“革命”，俨然成了革命党，赵太爷一反常态给阿Q加上尊称而称之为“老Q”，是希望得到阿Q的庇护而过关，“Q”字就应该带上拖音而露出恳求的语气。

5. 将拖音用于上句尾字，以连贯下句语意从而使语势增强。例如，

“天若有情天亦老，人间正道是沧桑。”（毛泽东：《七律·人民解放军占领南京》）“老”字的拖音把“人间正道是沧桑”的语意连贯起来，一气呵成。

“千声万声呼唤你，——母亲延安就在这里！”（贺敬之：《回延安》）“你”字拖音就把“母亲”与“你”联系起来，从而增强了热爱延安、急于见到延安的语气。

（二）拖音的发音技巧

1. 一般表呼唤、表强调的字词的拖音发音较高，这个较高是相对于同一语境而言。例如，

“他活着为了多数人更好地活着的人，群众把他抬举得很高——，很高。”（臧克家：《有的人》）这个语速整体语音就高，表强调的拖音“高”就更高。

“小栓——你坐着，不要到这里来。”（鲁迅：《药》）这句话的整体语境音低，表呼唤的拖音“栓”也只能是相对地高一点。

2. 用以提示下文和表舒缓、委婉等语气的拖音发音较低。例如，

“山——朗润起来了，水——涨起来了，太阳的脸——红起来了。”（朱自

清：《春》）表提示的拖音“山”“水”“脸”比相对语境的读音都低。

“不管风吹浪打，胜似闲庭信步，今日得宽馀。”（毛泽东：《水调歌头·游泳》）表舒缓语气的拖音“今日得宽馀”比相对语境的读音低。

3. 一般用来表呼唤、舒缓、委婉等语气的拖音较长，其他则较短。例如，“周总理——”“今日得宽馀”。

4. 有时也要根据表达的需要来定拖音的长短。例如，队列口令中的“立正”，如果用于小型队列场合，拖音就短；如果用于大型操练场合则拖音就长。

5. 拖音分为平拖和起伏拖，一般情况下用平拖，表达特别强烈或特殊的情感时有起伏。例如，队列口令中的“立正”，一般在上体育课时，用平拖音，如果指挥大型操练则宜用起伏拖音，即拖音升高再降低。再如“小栓——你坐着，不要到这里来。”（鲁迅：《药》）“栓”字的拖音，可以读成平拖，但读成起伏拖音则更能突出华大妈那近于恳求的语气，因为她们正要烧烤人血馒头，不愿被小栓看见。

“有的人骑在人民头上：‘呵，我多伟大！’”（臧克家：《有的人》）这个“呵”字应该读成起伏拖音，以突出地暴露这种人的狂傲神态。

在教学中要引导学生注意：一般的平拖音是不能改用起伏拖音的。例如，“山朗润起来了，水涨起来了，太阳的脸红起来了。”（朱自清：《春》）“山”“水”“脸”这三个平拖音如果读成起伏拖音，就显得造作，有损于优美、清新的语境。

二、喷口

喷口，即发音时重读音节的声母而形成的一种爆发音，靠唇、舌喷、弹发力，还要有底气的支持。喷口用以表达惊喜、激愤、激情、呵斥、兴奋等情绪。例如，

“俏也不争春，只把春来报。待到山花烂漫时，她在丛中笑。”（毛泽东：《卜算子·咏梅》）在梅花的召唤下，山花已经烂漫，可这时梅花却踪影全无了，在仔细寻找中突然发现她已经变成梅子正在绿叶丛中欣慰地笑呢。“她”用喷口，正好表达了人们在百般寻找中突然发现了“她”的那种惊喜之情。

“周朴园：‘谁指使你来的？’鲁侍萍：（悲愤）‘命，不公平的命指使我来的！’”（曹禺：《雷雨》）周朴园认出鲁侍萍后不念旧情，其阴险、虚伪的本性

暴露无遗。鲁侍萍悲愤交加，针锋相对。“命”字用喷口，正可以准确有力地表现出鲁侍萍那似火山爆发的悲愤之情。

“‘喂！一手交钱，一手交货！’一个浑身黑色的人，站在老栓面前，眼光正像两把刀，刺得老栓缩小了一半。”（鲁迅：《药》）“喂”字用喷口，发音短促而凶猛，活灵活现地突出了刽子手的蛮横与粗鲁。

“她发出惊喜的叫声。‘真的！我倒没想到这个。’”（莫泊桑：《项链》）为追求虚荣而陷入无奈境地中的她，突然柳暗花明，怎能不喜出望外！“真”字用喷口，正能表现她那欣喜若狂的心情。

教师在喷口教学中，要特别注意将喷口与初学诵读者常出现的“爆发音”区别开来：喷口是一种诵读技巧，是有意为之；初学者的“爆发音”是控制不住气息造成的，也达不到喷口那样短促有力。

三、气口

气口即重读音节的韵母并略带拖音上扬，用于表达特别的强调或强烈的情感。气口常用在重音处，但比重音突出的程度要深得多。与喷口比较，喷口侧重于鲜明、激情，常用于句首；气口侧重于深沉、凝重，常用于句中。诵读者在诵读中恰当地运用气口，可以明显地增强其感染力量。例如，

“有的人活着，他已经死了。”（臧克家：《有的人》）这里的“他”是反面人物，虽生犹死。“死”用气口，不仅强调了“他”的必然下场，更生动地突出了“他”令人憎恶。

“周总理，我们的好总理，你在哪里呵，你在哪里？”（柯岩：《周总理，你在哪里》）千言万语难以颂尽周总理的丰功伟绩，千歌万曲难以表尽人们对周总理的深情厚谊，全部情感都凝结在这个“好”字的气口里。

“这几天，大家晓得，在昆明出现了历史上最卑劣最无耻的事情！李先生究竟犯了什么罪，竟遭此毒手？”（闻一多：《最后一次讲演》）穷途末路的国民党反动派疯狂地暗杀进步人士。在追悼李公朴先生的大会上，闻一多面对国民党特务的肆意捣乱，怒不可遏，拍案而起，痛斥敌人的卑劣行径。“什”字用气口，正体现了闻一多先生那义愤填膺的愤慨。其气节，其胆量，令人肃然起敬！

气口教学要注意引导学生将气口与拖音区别开来：虽然气口与拖音功夫都

在韵母上，但气口音长较短且声调上扬，而一般拖音音长较长且平走；在表达程度上，气口比拖音程度深，更显深沉；气口比拖音难度大，教师应引导学生在掌握拖音的基础上去掌握气口。

四、颤音

颤音是在喉腔、胸腔共鸣的基础上颤动声带形成，用以表达特别强烈的悲壮或悲戚的情感。例如，

“山谷回音：‘他刚离去，他刚离去，革命征途千万里，他大步向前不停息……’”（柯岩：《周总理，你在哪里》）“刚离去”读成颤音，体现了“回音”断断续续的特点，一方面突出了人们对周总理的无限思念和恋恋不舍之情，另一方面也隐含着有识之士对“四人帮”的愤恨和忧心国运的悲怆心情。

“她把带血的头颅，放在生命的天平上，让所有的苟活者，都失去了——重量。”（韩瀚：《重量》）此诗是为纪念被“四人帮”以史无前例的手段残害致死的张志新烈士而作，虽然仅仅四行，但它以雷霆万钧之力震撼着每一个人的心。“重量”用颤音，就将这种悲壮升华到顶峰，令人肝胆欲裂。

颤音教学难度较大，教师在教学中关键是要引导学生体会并掌握作品的强烈的情感，才能在诵读中自然、生动地表达出来。学生练习颤音可先不必带共鸣，随着诵读教学的深入，待掌握共鸣后再加上去。

五、气音

气音即放松声带用胸横膈膜送气发声，让气流通过未完全振动的声带时发出。这种声音因带有明显的气流声，而使声音色彩略显暗淡、虚婉，甚至带有一些哑声。这种声音更显自然亲切，具有特殊的感染力，常用于表达夸张、得意、讽刺、婉曲、煞有介事等语气。例如，

“有的人把名字刻入石头，想‘不朽’。”（臧克家：《有的人》）这种人卑鄙无耻，其做法也是痴心妄想，令人嗤之以鼻。“不朽”用气音，就鲜明地表达出对这种人的最强烈的讽刺和嘲笑。

“孔乙己着了慌，伸开五指将碟子罩住，弯下腰去说道，‘不多了，我已经不多了’。直起身又看一看豆，自己摇头说，‘不多不多！多乎哉？不多也。’”

（鲁迅：《孔乙己》）孔乙己用文言文说话已是故弄玄虚，再用气音将“多乎哉？不多也”诵读出来，就更突出了这个落魄文人的酸气，可悲、可叹。

“每逢他听见树林里他同类的大合唱，他就看不起：‘到底不是正宗，只配在此闹闹，上不得台盘的。’”（张天翼：《画眉和猪》）画眉见异思迁，学会了猪叫，丢了本色，却嘲笑同类固有的那美妙的叫声。此处的气音突出了画眉那煞有介事、洋洋自得的神态和对仍保持本色的同类不屑一顾的狂傲态度，从而加强了讽刺效果。

在教学中，教师要引导学生破除对气音的神秘感。掌握气音的技巧其实不难，用气音说话的现象在社会生活中很是常见，教师要引用这些例子启发引导学生。其实学生在诵读中只要进入了“角色”，教师稍加点拨便可水到渠成，不必刻意追求。

六、摹声

摹声即模仿别人的声音，这种声音包括音色、语调、风格等。

摹声是真正的绘声绘色，是较高层次的诵读技巧。摹声在社会交际中很常见，可以使人的口语表达更鲜明、生动；摹声在诵读中恰当运用，可以避免单调雷同，突出人物个性，增强表达的生动性、艺术性。

例如，《周总理，你在哪里》这首诗中有五个对话语境：“山谷回音”“大地轰鸣”“松涛阵阵”“海浪声声”“广场回音”，如果这五个语境读法一样，势必造成朗读的单调、死板，所以，我们应该引导学生进行适当的模仿。比如，“山谷回音”一节可以在长拖音中有起伏，“大地轰鸣”一节可以用气音，“松涛阵阵”一节读出小起伏、跳跃感，“海浪声声”一节可以读出大起伏、猛跳跃的感觉，而“广场回音”一节就要读得轻柔、低缓。

对典型的人物语言要有适度的模仿。例如，在课文《包身工》中，带工老板到乡下去欺骗、游说同乡时说的话：

“还用说，住的是洋式的公司房子，吃的是鱼肉荤腥。一个月休息两天，我们带着到马路上去玩耍。嘿，几十层楼的高房子，两层楼的汽车，各种各样好看好用的外国东西……老乡！人生一世，你也得去见识一下啊！——做满三年，以后赚的钱就归你啦！我们是同乡，有交情。——交给我带去，有什么三差两错，我还能回家乡吗？”

对于这段人物语言，朗读时不可读得平淡，要读得煞有介事，读得诚心诚意，读出亲切感，如此才能深刻地揭露出带工老板的狡猾老练和人面兽心、唯利是图的本性，从而深刻生动地突出文章的主题。

可见，摹声教学有利于学生抓住最直接揭示人物内心世界的艺术手段——人物语言，从而提高学生的阅读分析、鉴赏和评价的能力。摹声教学还有利于培养学生的想象力，因为在摹声教学中，很多语境是学生没见到过却又能想象出来的，这种想象是再造想象，创新也就在其中了。

摹声应适度。学生在诵读中的摹声不可能也没必要做到活灵活现，只要适度模仿就可以了。

另外，还有一种"哭腔"和"笑腔"技巧，哭腔即突出鼻腔共鸣和适度颤音，笑腔即面带笑容地适度用气音和颤音。这些技巧在诵读中很少用，但在生活中是常见的，因为"悲、喜"都属于人的七情，是一种很重要的情感，也需要培养和善于表达，所以在诵读教学中让学生接触一下也是必要的。

第七节　诵读符号的运用

重音"."，次重音"△"，轻音"o"，拖音"——"，重音加拖音"•—"，次重音加拖音"△—"；小停顿"/"，大停顿"//"，特大停顿"///"（用于词语之间）；连读"⌒"（此符号横着用于连读的前后两字上方；竖着用于两行的句首，即将"⌒"符号立起来用）；快速"→"，最快"→→"；慢速"﹏﹏"；气音"══"，连续气音"════"；颤音"V̶"，连续颤音"V̶V̶V̶V̶"；喷口"↑_"，气口"_↑"；平调"→"（平调的符号与快速的符号相同，但平调符号用在字的上方，且短；快速符号用在字的下面，且长），降调"↘"，升调"↗"，曲调"／↘、＼↗、／＼↗、＼／↘、＼↗、／↘"（用于相关词、句的右上方）；高潮号"∧"（用于相关语句的右边或右上角，据表达需要可大可小）未注明标号位置的均用于相关词语下面。

本套诵读符号综合各种诵读符号的优点并加以创新，使之准确、全面、适用。在课堂上，学生可以边听教师范读边在书上随行标记，以便在课中和课后学习、模仿、借鉴；也可以边听同学诵读边标记，以便参与评价和借鉴、学习；教师还可以预先标出，让学生在课外揣摩、交流。尤其是参加朗诵会或是收看电视的朗诵节目，用此符号将其精彩处及时标下来，日后学习、借鉴，确有事半功倍之效。

笔者用此符号辅导学生，既免除了自己反复范读之苦，又给学生以揣摩、内化之机，一举两得。

第八节　技巧案例教学

技巧指导也必须结合诵读教学，离开了语言环境，技巧就是无源之水、无本之木，因而必须让学生在技巧运用中体验技巧的重要作用。

一、　春望

唐代　杜甫

国破//山河在，

城春//草木深。

感时/花溅泪，

恨别//鸟惊心。

烽火//连——三月，

家书//抵万金。

白头/搔更短，

⟶

浑欲//不/胜/簪。

这是杜甫的名诗，韵律和谐，对仗工整，感情深厚，基本上是二、三节拍。前两句借景抒情，深沉悲哀，宜用慢速；三、四句用拟人的方法，以花、鸟之美反衬“感时”和“恨别”，诵读时在悲、忍之中突出“花”和“鸟”字，可用气口；第五句压抑地诵读，“连”字用长拖音，表现对长期战争的不满；

第六句“家书”后停顿，强调“万金”，表明对亲情的思念和重视，要诵读得比较激动；最后两句很形象，要悲伤地表现，重音在“更”，“浑欲”后压住哭腔地停顿，然后欲哭不忍地用颤音诵读出最后三个字。

全诗八句，作两个回环，即第三句和第七句读得稍快且尾字带拖音，第四句和第八句的首字紧接上句的尾字。这样，既避免了单调又增强了语势。

二、 满江红

南宋 岳飞

怒发/冲冠，
凭阑处，
潇潇//雨歇。
抬望眼，
仰天/长啸，
壮怀/激烈。
三十/功名//尘与土，
八千/里路//云和月。
莫等闲，白了//少年头，
空/悲/切。

靖康耻，
犹未雪；
臣子恨，
何时灭。
驾长车，
踏破/贺兰山缺。
壮志/饥餐/胡虏肉，
笑谈/渴饮//匈奴血。
待从头，收拾/旧山河，
朝/天/阙。

这是一首千古传诵的爱国名篇。全篇风格豪迈悲壮，语言朴实大气，志在鼓舞士气，激奋人心。诵读时语气应如江河直泻，气势磅礴。起句一个“怒”字，可用喷口突然爆发，气壮山河，奠定全篇诵读激昂的基调；“潇潇雨歇”和“壮怀激烈”用慢速且一字一顿；“三十功名尘与土”和“八千里路云和月”为二、二、三拍且前快后慢；上阕结束句“莫等闲，白了少年头，空悲切”既是自勉，又是勉人，已成经典箴言，要发自内心、满怀激情又诚恳地诵读，“莫”用轻长拖音，“少年头”三字一字一拖。下半阕的前四句语速较快以形成语势，要咬住牙，字字用力，最好用气口，抒发内心的忧愤。后面几句，表现了作者英雄主义的豪迈气概，诵读时要有气冲霄汉的气势，也要带着对敌人的蔑视。最后两句，语调可转为相对平和但语气要坚决，尾句三字一字一顿，字字千钧，干脆利落，表达作者报效国家和朝廷的一片赤子之心。

三、年轻，真好！

作者不详

年轻，真——好！

全世界/都——在向你微笑。

哼着歌，

迎着/朝霞，

在无尽的田野/自由呼吸，欢快//奔跑。

看！盛开的野菊/向你频频点头。

听！晚秋的蟋蟀//也在为你/欢叫。

年轻，真好！

举起/巨石，

敢于向苍天//叫嚣。

来到旷野，

与狼共舞，与虎/相交。

啊！

年轻，真好！

整个世界/都与我交融，

交融在/爱的//怀抱。

有一天，

我们也许/会被重重/摔倒。
然而，
年轻的我们//怎么会/在困难面前低头，
看着前面彩虹般的路吧，
我们会/猛地爬起来，
拍拍/身上的土，
大吼一声“怕什么，我们——还年轻，
我们/依然是//未来的骄傲!”
年轻，真——好——!

全诗洋溢着年轻人的朝气与热情，豁达与无畏，具有强烈的感染力。四次出现的“年轻，真好!”不要雷同，不要刻板，要有递进，要赋予它不同的神韵。可以这样处理：第一次出现的“年轻真好”轻读，表示陶醉其中；第二次重读，表示激情宣泄；第三次“好”字用气口，表示深沉的感慨；第四次“真好”二字重读带拖音，表示一往直前的坚定。

开始的深情陶醉，之后的激情释放，接下来的感慨自豪以及结尾的坚定决心和勇气，都要通过内心的情感积累和外部的语言技巧加以展现。诵读者可以在不同的部位用技巧点缀。例如，“看”“听”“怕”三字用喷口，以凸显年轻人雷厉风行的朝气；“与狼共舞，与虎相交”，用诙谐语气，以表达年轻人“初生牛犊不怕虎”的气概。

“叫嚣”一词是贬义褒用，旨在突出年轻人一往无前敢向苍天挑战的精神，可以用重音强调。

四、　春

朱自清

盼望着，盼望着，东/风来了，春天的脚//步近了。

一切/都像刚睡醒的样子，欣欣然/张开了眼。山——朗润起来了，水——涨起来了，太阳的脸//红——起来了。

小草/偷偷地从土里/钻——出来，嫩嫩的，绿绿的。园子里，田野里，瞧去，一大片一大片满是的。坐着，躺着，打两个滚，踢几脚球，赛几趟跑，捉几回//迷藏。风——轻悄悄的，草——软绵绵的。

桃树、杏树、梨树，你不让我，我不让你，都开满了花赶趟儿。红的像火，粉的像霞，白的像雪。花里带着甜味儿，闭了眼，树上仿佛已经满是桃儿、杏儿、梨儿。花下成千成百的蜜蜂嗡嗡地闹着，大小的蝴蝶飞来飞去。野花遍地是：杂样儿，有名字的，没名字的，散在草丛里像眼睛，像星星，还眨呀眨的。

“吹面不寒杨柳风”，不错的，像母亲的手抚摸着你。风里带来些新翻的泥土的气息，混着青草味儿，还有各种花的香，都在微微润湿的空气里酝酿。鸟儿将巢安在繁花嫩叶当中，高兴起来了，呼朋引伴地卖弄清脆的喉咙，唱出宛转的曲子，与轻风流水应和着。牛背上牧童的短笛，这时候也成天嘹亮地响着。

雨是最寻常的，一下就是三两天。可别恼。看，像牛毛，像花针，像细丝，密密地斜织着，人家屋顶上全笼着一层薄烟。树叶儿却绿得发亮，小草儿也青得逼你的眼。傍晚时候，上灯了，一点点黄晕的光，烘托出一片安静而和平的夜。在乡下，小路上，石桥边，有撑起伞慢慢走着的人，地里还有工作的农民，披着蓑戴着笠。他们的房屋，稀稀疏疏的，在雨里静默着。

天上风筝渐渐多了，地上孩子也多了。城里乡下，家家户户，老老小小，也赶趟儿似的，一个个都出来了。舒活舒活筋骨，抖擞抖擞精神，各做各的一份儿事去。“一年之计在于春”，刚起头儿，有的是工夫，有的是希望。

春天像刚落地的娃娃，从头到脚都是新的，它生长着。

春天像小姑娘，花枝招展的，笑着，走着。

春天像健壮的青年，有铁一般的胳膊和腰脚，领着我们上前去。

这篇描写、歌颂春天的写景抒情散文，笔调优美，情绪明朗，充满喜悦，充满希望，读来让人从眼到心都有一种春天到来、万物复苏的欢欣和舒畅。

散文从盼望着春天引入，勾起读者对春天的向往，再尽情地描绘春天的景色和随之而来的心情，最后又用三个逐渐递进的排比句总结和歌颂了春天，表明了紧跟春天的脚步努力“上前去”的决心。全篇结构严谨，层次分明，诵读时要注意清楚地表现这个层次。文章的主要部分是描绘和赞美春天，从描写春天刚刚醒来的样子，到万物生长、百花竞放，热情逐渐增加，而且每一个环节都有一个从静到动的演变，诵读的语势也要随之变化，在大的逐渐增强的趋势中，要有起伏跌宕。两个“盼望着”，第一个读得轻缓，第二个读得较快，“盼”字用喷口。“春天的脚步近了”中的“近”字用气口。接下来的三个排比句，语速由慢到快，快至“太阳的脸”后作大停顿，“红”字用重音加拖音。“钻”字带拖音或用气口，以突显“钻”的过程和姿态。“瞧去”用快速，弦外之音是“你还别不信!”“你不让我，我不让你”中的句首字“你、我”用喷口，可显其活泼、调皮。“风筝”一段，要把人们因为春回大地而无限的喜悦尽情地挥洒。“一年之计在于春”的希望，是全篇的点睛之笔，要渲染，应一反上下文清新明快的语调而换以庄重缓顿，可作二、二、三节拍，后三字一字一顿且“春”字重读。结束部分的三个排比句是全文的总结，要注意诵读出差别，无论是语气还是情绪，都应该是逐步加强，给人欢娱、给人信心、给人希望的。

请注意，文中的桃儿、杏儿、梨儿的“儿”字，应单独读出，并读轻声，而不要读成儿化韵，只有这样，才能使这篇散文的音乐性和韵律美更好地加以体现。

五、一件小事

鲁 迅

我——从乡下/跑到京城里，一转眼/已经/六年了。其间/耳闻目睹的/所谓国家大事，算起来/也很不少；但——在我心里，都——不留什么痕迹，倘要我/寻出这些事的影响来说，便/只是增长了我的坏脾气，——老实说，便是教我//一天比一天的/看不起人。

但有一件小事，却于我有意义，将我从坏脾气里拖开，使我至今忘记不得。

这是民国六年的冬天，大北风刮得正猛，我因为生计关系，不得不一早在路上走。一路几乎遇不见人，好容易才雇定了一辆人力车，教他拉到S门去。不一会，北风小了，路上浮尘早已刮净，剩下一条洁白的大道来，车夫也跑得更快。刚近S门，忽而车把上带着一个人，慢慢地倒了。

跌倒的是一个女人，花白头发，衣服都很破烂。伊从马路边上突然向车前横截过来；车夫已经让开道，但伊的破棉背心没有上扣，微风吹着，向外展开，所以终于兜着车把。幸而车夫早有点停步，否则伊定要栽一个大斤斗，跌到头破血出了。

伊伏在地上；车夫便也立住脚。我料定这老女人并没有伤，又没有别人看见，便很怪他多事，要自己惹出是非，也误了我的路。

我便对他说，“没有什么的。走你的罢！”

车夫毫不理会，——或者并没有听到，——却放下车子，扶那老女人慢慢起来，搀着臂膊立定，问伊说：

“你怎么啦？”

“我摔坏了。”

我想，我眼见你慢慢倒地，怎么会摔坏呢，装腔作势罢了，这真可憎恶。车夫多事，也正是自讨苦吃，现在你自己想法去。

车夫听了这老女人的话，却毫不踌躇，仍然搀着伊的臂膊，便一步一步的向前走。我有些诧异，忙看前面，是一所巡警分驻所，大风之后，外面也不见人，这车夫扶着那老女人，便正是向那大门走去。

我这时/突然感到一种异样的感觉，觉得他满身灰尘的后影，刹时高大了，而且愈走/愈大，须——仰视才见。而且他对于我，渐渐的又几乎变成一种威压，甚而至于/要榨出皮袍下面藏着的/“小——”来。

我的活力这时大约有些凝滞了，坐着没有动，也没有想，直到看见分驻所里走出一个巡警，才下了车。

巡警走近我说，“你自己雇车罢，他不能拉你了。”

我没有思索的从外套袋里抓出一大把铜元，交给巡警，说：“请你给他……”

风全住了，路上还很静。我走着，一面想，几乎怕敢想到自己。以前的事姑且搁起，这一大把铜元又是什么意思？奖他么？我还能裁判车夫么？我不能回答自己。

这事到了现在，还是时时记起，我因此也时时熬了苦痛，努力的要想到我自己。几年来的文治武力，在我早如幼小时候所读过的“子曰诗云”一般，背不上半句了。独有//这一件小事，却/总——是浮在我眼前，有时/反——更分明，教我惭愧——，催我/自新，并且/增长我的勇气/和——希望。

鲁迅先生通过复杂社会里一件极平凡的小事，歌颂了劳动人民的高尚品质，也表现了知识分子严于律己的自我批评精神。诵读全篇时语调要朴素自然，不要任何修饰和夸张。开头一段要读得舒缓、平淡，第二段“但”字用喷口或拖音，语速加快，到段尾再慢下来。随着这件小事的情节推进，突出了车夫和“我”对待摔倒的老女人的不同做法和心态，这样才能为最后的“异样感觉”做出自然和必然的铺垫。最后的感觉，要由心而出，只有把车夫的“刹时高大”和“须仰视才见”读得真诚，才能真正反衬出对皮袍下的“小”所作的反思。在诵读技巧上可以这样处理：“异样的感觉”快读，以显其突然；“刹时高大了，而且愈来愈大，须仰视才见”慢读并用气音，以突出强调；“小”字前作停顿，“小”字带长拖音；倒数第四段尾“请你给他……”中的“他”要重读；读结尾一句（独有——希望）时在慢速中要有起伏，还要有点断断续续，以突出我感慨万千的心情。

六、海燕

（苏联）高尔基

在——苍茫的//大海上，狂风//卷集着乌云。在乌云/和大海之间，海燕/像黑色的闪电，在高傲地/飞翔。

一会儿/翅膀碰着波浪，一会儿/箭一般地直冲向乌云，它叫喊着，——就在这鸟儿/勇敢的叫喊声里，乌云/听出了欢乐。

在这叫喊声里——充满着/对暴风雨的渴望！在这叫喊声里，乌云/听出了愤怒的力量、热情的火焰/和胜利的信心。

海鸥在暴风雨来临之前呻吟着，——呻吟着，它们在大海上飞窜，想把自己对暴风雨的恐惧，掩藏到大海深处。

海鸭也在呻吟着，——它们这些海鸭啊，享受不了生活的战斗的欢乐：轰隆隆的雷声就把它们吓坏了。

蠢笨的企鹅，胆怯地把肥胖的身体躲藏在悬崖底下……只有那高傲的海燕，勇敢地，自由自在地，在泛起白沫的大海上飞翔！

乌云越来越暗，越来越低，向海面直压下来，而波浪一边歌唱，一边冲向高空，去迎接那雷声。

雷声轰响。波浪在愤怒的飞沫中呼叫，跟狂风争鸣。看吧，狂风紧紧抱起一层层巨浪，恶狠狠地把它们甩到悬崖上，把这些大块的翡翠摔成尘雾和碎末。

海燕叫喊着，飞翔着，像黑色的闪电，箭一般地穿过乌云，翅膀掠起波浪的飞沫。

看吧，它飞舞着，像个精灵，——高傲的、黑色的暴风雨的精灵，——它在大笑，它又在号叫……它笑那些乌云，它因为欢乐而号叫！

这个敏感的精灵，——它从雷声的震怒里，早就听出了困乏，它深信，乌云遮不住太阳，——是的，遮不住的！

狂风吼叫……雷声轰响……

一堆堆乌云，像青色的火焰，在无底的大海上燃烧。大海抓住闪电的箭光，把它们熄灭在自己的深渊里。这些闪电的影子活像一条条火蛇，在大海里蜿蜒游动，一晃就消失了。

——暴风雨！暴风雨就要来啦！

这是勇敢的海燕，在怒吼的大海上，在闪电中间，高傲地飞翔；这是胜利的预言家在叫喊：

——让暴风雨/来得更猛烈些吧！

《海燕》是苏联作家高尔基发表于1901年的著名的散文诗，是一篇号召和动员俄国人民起来革命的战斗檄文。它用象征和寓意的手法，通过风雨雷电，预示着革命风暴的来临；以海燕展翅搏击雷电，笑迎暴风雨的英姿，热情歌颂了革命的人民。一个世纪过去了，人们仍然喜爱这篇不朽的佳作，因为它展示了一种不畏艰险向上拼搏的永恒精神，这种精神在任何时代都不过时，都应该成为社会和大众永远的追求。

不要把暴风雨和海燕的奋力搏击仅仅作为一种自然现象来欣赏和诵读，要明白景物的指向和寓意。作品中雷声之前与雷声之时的情境不同，海燕的心态和表现也不尽相同，要区别层次和程度，在语势和语调方面都要有所区别。开头三段读法不同：第一段沉缓，第二段欢快，第三段激昂。雷声后诸段有很大的起伏、跳跃，结尾一句中的“让暴风雨”要读得干脆利落，之后小停顿，换气；“来得”快读，“猛烈”用强重音，让全文在激昂的基调下有所起伏，即对海燕的描写要读得激昂，对海鸥、海鸭、企鹅的描写要读得沉缓。不要一味地高声喊叫，更不要为了渲染暴风雨的强烈和可怕而歇斯底里地大喊。

第四章

诵读基调教学

基调是诵读一篇诗文的基本语调、基本语气。之所以将基调单作一章，原因有二：其一是基调同其他各章一样，也是针对全局的，如果放到“诵读技巧”中的“语调”一节内，有失权重；其二是基调具有统领作用，不单作一章就不足以突出其在诵读中的统领地位。

第一节　理念提示

基调是由作品主要的思想感情决定的。“基调是一部作品总的感情色彩和分量。”（张颂：《播音创作基础》）一般喜悦和赞美的内容，要读得轻快、欢跃一些；忧伤或怀念的内容，要读得凝重、深沉一些；严肃或批评的内容，要读得庄重、铿锵一些；诙谐、讽刺的内容，要读得委曲、轻佻一些；激情和热烈的内容，要读得高亢、响亮一些。

从用气的角度来说也有规律可循：爱——气徐声柔，憎——气足声硬，想——气沉声缓，喜——气满声高，惧——气提声凝，欲——气多声放，急——气短声促，冷——气少声平，怒——气粗声重，疑——气细声粘。

抓住了诵读的基调，则高屋建瓴，纲举目张，局部的问题就会迎刃而解。

一、作品的基调

大多数诗文只有一个基调，首先是因为无论诗歌或文章都要求主题鲜明集中，即一篇诗文一般只表达一种主要的思想感情；其次是因为教材要求选文篇幅不能太长。朱自清的《春》，主题是赞美春天，就应该读得清新明快、婉转优美；阿累的《一面》，是怀念鲁迅先生的文章，就要读得深沉、平缓；都德的《最后一课》，表达了对祖国不能割舍的眷恋之情，就要读得凝重、沉缓；萧乾的《枣核》，表达的是一位美籍华人的思乡之情，读得就要深切、悠长；安徒生的《皇帝的新装》，通篇是辛辣的讽刺，读得就要委曲、轻佻一些。

诗歌中，柯岩的《周总理，你在哪里》，作者在深切的呼唤中表达了对周总理深深的怀念，诵读时就要读得低沉起伏、深切悠长；郭小川的《青纱帐——甘蔗林》，表达了作者对祖国和人民炽烈的爱，诵读时就要读得激昂慷慨、热情奔放；陈毅的《梅岭三章》，表达了作者视死如归的英雄气概，诵读时就要读得铿锵、雄浑；郭沫若的《天上的街市》，表达出作者对浪漫的向往，所以诵读时就要读得清新明快。

以一种基调为主。有的诗文，乍一看表达的是两种思想感情，但只要细看，其中必有一种是主要的，而另一种则是起衬托作用。只要抓住了主要的思想感情，就抓住了基调，就能读好。例如，杨朔的《荔枝蜜》，就是以作者的感情变化为线索布局谋篇的，其中有憎，有爱，然而细读全篇就不难看出，其中对蜜蜂的赞美是主要的，而开头对蜜蜂的成见不过是个先抑后扬的手法罢了。由于赞美是基调，那么在读开头对蜜蜂的“憎恶”一节时就不要太“狠”，而应是一种似贬实褒的语调。

两种基调并重。有的诗文是对两种思想感情的对比，可以说是两种基调并重，相辅相成，相得益彰。这种情况很少见，即便遇到也不难把握，因为既是对比，就很鲜明。例如，臧克家的《有的人》，是对高尚与卑劣两种人格的对比，层层深入；其基调也是歌颂与讽刺两两相对。如果细究起来，这首诗应该是以歌颂鲁迅先生为主的，而卑劣的人则是反衬。

二、如何把握作品的基调

抓住作品的基调是诵读教学的关键，而把握住作品的主题和感情又是把握作品基调的关键。

抓住作品的时代背景。教材中的课文一般都署明写作年代，少数未署明的也不难考证。从写作年代入手，这是我们把握作品主题和思想感情的一条重要线索，因为“文以载道”，任何作品都与作者所处的时代息息相关，都会打上时代的烙印，都是时代的产物；脱离了作品的时代背景，就文论文，往往与作者的初衷相悖。例如，鲁迅的《论“费厄泼赖”应该缓行》写于1925年12月29日，正是国内革命形势高涨时期，但革命者如果掉以轻心，不打“落水狗”，革命成果就会毁于一旦，所以“费厄泼赖必须缓行”。但是事隔50年，1980年有人写出了《论“费厄泼赖”应该执行》，提出在革命胜利后的社会主义时代应该淡化阶级斗争，实行革命的人道主义。对于这两篇文章，如果我们不看时代背景就难以正确地理解题意，如果弄不清作品的时代背景，就不能准确地把握作品的思想感情，也就抓不住基调。

了解作者的思想性格。“文如其人”“诗言志”，每篇诗文都是作者个性的表现。我们对其个性则需要认真分析，确切把握。同是“咏梅”，毛泽东笔下的梅花是一个共产主义战士的形象，不怕困难，勇往直前，无私无悔，甘愿奉献；陆游笔下的梅花则是一个失意文人的形象，患得患失，悲观厌世，怨天尤人，孤芳自赏。不同的思想性格就有不同的感受，也就有不同的作品。所以，我们理解、钻研文学作品，联系作者的思想性格才能准确把握作品。

不要被作品的局部现象干扰。例如，李白的《梦游天姥吟留别》，主要是抒发自己的济世理想破灭后的忧愤之情，但如果只看结尾部分中的“世间行乐亦如此，古来万事东流水。别君去兮何时还，且放白鹿青崖间，须行即骑访名山”就很容易理解为他是“贪图享乐，消极避世”，而其实是“万般无奈，不得不如此”之意，这是可以理解的，无碍大局。

深入钻研作品。了解作品的时代背景和作者的思想、个性，有助于深入钻研作品所蕴涵的思想感情，在这一番努力中，学生才会受到感染，才会在感染中进入“角色”而抓住基调。学生深钻作品需要教师的引导和启发，最好的“引导和启发”便是设置问题情境——激疑、质疑、研讨，因为“思源于题”“小疑则小进，大疑则大进”“一番觉悟，一番长进”（宋代朱熹语）。要教给学生质疑的方法，即于无疑处生疑，多问一个为什么。总之，我们要引导学生紧紧抓住作品深入钻研，在此之前不要急于去抓作品基调。

第二节 基调案例教学

一、 将进酒

唐·李 白

君不见，
黄河之水天/上/来，
奔流/到海不复回。
君不见，
高堂明镜悲白发，
朝如青丝暮成雪。
人生得意须尽欢，

莫使/金樽空对月。
天生我材必有用，
千金散尽还复来。
烹羊宰牛且为乐，
会须一饮三百杯。
岑夫子，丹丘生，
将进酒，杯莫停。
与君//歌一曲，
请君为我倾耳听：
钟鼓馔玉何足贵，
但愿长醉不复醒。
古来圣贤皆寂寞，
惟有饮者留其名。
陈王昔时宴平乐，
斗酒十千恣欢谑。
主人何为言少钱，
径须沽取对君酌。
五花马，千金裘，
呼儿将出换美酒，
与尔同销万/古愁。

《将进酒》是一首乐府体的诗歌，全诗气势磅礴、一气呵成，奔放豪迈、酣畅淋漓，充分展现了李白浪漫狂放、旷达不羁的性格特征和蔑视权贵、挑战现实的坦荡情怀。诗人感慨于时光的流逝和生命的短暂，借劝酒发泄对现实的失望，又以诗中歌表达了视金钱如粪土的精神和虽怀才不遇却充满自信的情致。诗的最后，借着飘然的醉意，豪放的酒兴，一吐胸中的抑郁，发泄对时事的愤懑。至此，就不难看出，这首诗的美感是悲壮，基调是慷慨。抓住了这个基调，我们就可以沿着诗歌的脉络，体会诗人汹涌奔腾的思绪，加上诗人浪漫夸张的语言、错综跳跃的韵律和收放变化的节奏，诵读时起伏跌宕、奔泻流淌的诗情音韵，就应该一展无遗了。

开篇就非同小可，大气洪发，读来深沉铿锵，用慢速、气口。行文虽有变化，但傲气不减。结尾先用“快板”，似情急不可收；尾句用“剁板”，似孤注一掷。

二、　教我如何不想她

刘半农

天上飘着些微云，
地上吹着些微风。
啊！
微风吹动了我头发，
教我如何不想她？

月光恋爱着海洋，
海洋恋爱着月光。
啊！
这般蜜也似的银夜，
教我如何不想她？

水面落花慢慢流，
水底鱼儿慢慢游。
啊！
燕子你说些什么话？
教我如何不想她？

枯树在冷风里摇，
野火在暮色中烧。
啊！
西天还有些儿残霞，
教我如何不想她？

这首诗是作者1920年在欧洲留学时写的，那时的中国正值五四运动和第一次国内革命时期，所以诗中的“她”，被看作是故国、故土和亲人的综合。刘半农的诗歌代表了中国早期新诗的风格，既吸收了外国诗歌的特点，也保持了中国传统诗歌的特色。这首诗整齐押韵，具有一种回环柔媚的美；诗歌以比兴的手法，营造了柔美的意境，又用实景引起读者无穷的想象，感情真切，情调高尚。感叹式的反问“教我如何不想她?”，更使思念的情感节节提升。

这首诗的基调是柔缓，诵读时可以像诵读一首情歌一样，宜在悠悠的意境中表达深深的情感，不可大起大落。每段“啊”的前后，特别是后面一句反问，应表现出应有的反差。反差最为强烈的，是最后一段和前面三段之间。在最后一段，枯树、冷风、暮色以及残霞和燃烧的野火，表达了诗人在异国他乡对祖国的深切思念和无尽的爱，情感表现可以比前面稍微强烈一些，即“教我如何”快读，之后大停顿，“不想她”慢读。“有些儿”的“儿”，不读儿化韵，读成轻声，可使诗歌的音乐性更加鲜明。

三、有的人

——纪念鲁迅有感

臧克家

有的人活着
他已经死了；
有的人死了
他还活着。

有的人
骑在人民头上：“呵，我多伟大！”
有的人
俯下身子给人民当牛马。

有的人
把名字刻入石头，想“不朽”；
有的人
情愿作野草，等着地下的火烧。

有的人
他活着别人就不能活；
有的人
他活着为了多数人更好地活。

骑在人民头上的，
人民把他摔垮；
给人民作牛马的，
人民永远记住他！

把名字刻入石头的，
名字比尸首烂得更早；
只要春风吹到的地方，
到处是青青的野草。

他活着别人就不能活的人，
他的下场可以看到；
他活着为了多数人更好地活着的人，
群众把他抬举得很高，很高。

臧克家的这首诗，在中国广为传诵，深入人心，其中的许多诗句，成为人们喜爱的格言。全诗采用对比的手法，写出了理想、境界完全不同的两种人，因而基调是歌颂和批判，褒贬之意极为鲜明。诵读者在诵读时自始至终都要立场清楚，态度鲜明，从情感、声音、语气、语调各方面都要加以区别。例如，第一段，前一个“死了”是指坏人，“死”字用气口，透出一种咬牙切齿的解恨；后一个“死了”是指鲁迅，因而轻读，使惋惜之情溢于言表。再如“不朽”，因为是指坏人，所以就用气音，以表讽刺；“很高”是指鲁迅，因此第一个“很高”用重音来突出，第二个“很高”则轻读以表无限怀念之情，言有尽而意无穷。

综观全诗，两个基调还是有侧重的，即以歌颂为主，批判则是反衬。

四、 母爱

佚 名

故事发生在西部一个极度缺水的沙漠地区。这里，每人每天的用水量只有几斤。饮用、洗漱、洗菜、洗衣，包括喂牲口，全部依赖这几斤珍贵的水。这些水还得靠驻军从很远的地方运来。

人缺水不行，牲畜也一样。终于有一天，一头向来温顺的老牛挣脱了缰绳，闯到运水车必经的公路旁。运水的军车来了，老牛迅速冲上公路，司机紧急刹车，停了下来。老牛立在车前，任凭司机怎么呵斥驱赶，它就是不肯挪动半步。五分钟过去了，十分钟过去了，双方仍然僵持着。运水的战士以前也碰到过牲口拦路索水的情形，但它们都不像这头牛这般倔犟。人和牛就这样对峙着。性急的司机反复按响喇叭，可老牛仍然一动不动。

后来，牛的主人来了，恼怒地扬起长鞭，狠狠地抽打瘦骨嶙峋的老牛。牛被打得哀哀叫唤，但还是不肯让开。它凄厉的叫声，和着沙漠中阴冷的风，显得分外悲壮。一旁的运水战士哭了，司机也哭了。最后，运水的战士说："就让我违反一次规定吧，我愿意接受一次处分。"他从水车上取出半盆水，放在牛面前。

出人意料的是，老牛没有喝水，而是对着夕阳，仰天长哞，似乎在呼唤什么。不远的沙堆背后跑来一头小牛。老牛慈爱地看着小牛贪婪地喝完水，伸出舌头舔舔小牛的眼睛，小牛也舔舔老牛的眼睛。静默中，人们看到了母子眼中的泪水。没等主人吆喝，它们掉转头，在一片寂静中慢慢往回走去。

（选自语文出版社《语文》教科书）

母爱是世界上最伟大的爱。这篇小说写的是牛的母爱和舐犊深情，基调是凄婉，没有大起大落，却给人以震撼。全篇几乎没有人物的语言，都是叙述，而大量的叙述语言是不容易读得生动的。但这篇小说情节感人，催人泪下，读后使人久久难以平静。诵读的语言要朴素自然，顺势发展。开头一段，只要把基本情况介绍清楚就可以了。从第二段起，情节逐渐紧张，节奏逐渐加快，语势逐渐高涨。到最后一段，因为情节的发展完全出人意料，所以声音要完全回落，语速要逐渐减慢，情要浓，意要深。最后一句，要多停顿，要轻、缓、柔，要制造意境，在绵绵深情中给人以回味，给人以遐想。

小说中有一些容易习惯性错读的字如"挣脱""和着""倔犟"等，要读准字音。

五、落花生

许地山

我们家的后园有半亩空地，母亲说："让它荒着怪可惜的。你们那么爱吃花生，就开辟出来种花生吧。"我们姐弟几个都很高兴，买种，翻地，播种，浇水，没过几个月，居然收获了。

母亲说："今晚我们过一个收获节，请你们父亲也来尝尝我们的新花生，好不好?"我们都说好。母亲把花生做成了好几样食品，还吩咐就在后园的茅亭里过这个节。

晚上天色不太好，可是父亲也来了，实在很难得。

父亲说："你们爱吃花生吗?"

我们争着答应："爱!"

"谁能把花生的好处说出来?"

姐姐说："花生的味美。"

哥哥说："花生可以榨油。"

我说："花生的价钱便宜，谁都可以买来吃，都喜欢吃。这就是它的好处。"

父亲说："花生的好处很多，有一样最可贵：它的果实埋在地里，不像桃子、石榴、苹果那样，把鲜红嫩绿的果实高高地挂在枝头上，使人一见就生爱慕之心。你们看它矮矮地长在地上，等到成熟了，也不能立刻分辨出来它有没有果实，必须挖出来才知道。"

我们都说是，母亲也点点头。

父亲接下去说："所以你们要像花生，它虽然不好看，可是很有用，不是外表好看而没有实用的东西。"

我说："那么，人要做有用的人，不要做只讲体面，而对别人没有好处的人了。"

父亲说："对，这是我对你们的希望。"

我们谈到夜深才散。花生做的食品都吃完了，父亲的话却深深地印在我的心上。

这篇叙事散文，自然、朴素，像一幅白描，像聊家常。随意的叙述和一家人的对话，讲出了"做有用的人，不做只讲体面，而对别人没有好处的人"这样一个深刻的道理。可见，其诵读的基调是平实，不急不忙，娓娓道来，透出真挚、朴实、深沉。

文章中虽有人物有情节，但它既不是故事也不是小说，没有完整曲折的情节，是以意取胜，而不需要刻画人物。全文议论花生的主线是有层次的：喜爱花生、花生的好处和做人的道理。做人的道理是全文的核心，诵读时不要刻意夸张人物语言及情节，应像文章本身一样朴素自然。

各种不同人物的对话，一定要自然，用口语，语意确切，符合身份。不必刻意表演，只要在语气和态度上稍加区分就可以了，千万不要因为夸张的人物表演而背离基调。

六、 马 说

唐·韩 愈

世有伯乐，然后有千里马。千里马常有，而伯乐不常有。故虽有名马，祗辱于奴隶人之手，骈死于槽枥之间，不以千里称也。

马之千里者，一食或尽粟一石，食马者不知其能千里而食也。是马也，虽有千里之能，食不饱，力不足，才美不外见。且欲与常马等不可得，安求其能千里也？

策之不以其道，食之不能尽其材，鸣之而不能通其意，执策而临之曰："天下无马。"呜呼！其真无马邪？其真不知马也！

"说"是一种文体，既可用以说明和议论，也可用来抒发感情。这篇《马说》是韩愈的一篇著名的政论性杂文，以具体的形象说明深刻的思想：通过千里马的遭遇，讽刺了封建社会对人才的压抑和埋没，表达了自己怀才不遇、壮志难酬的愤懑心情，其基调是深沉。

在诵读中应表现其思绪跳跃、辛辣嘲讽的特色，在语气上要有一定的夸张。如"天下无马"，可在"下"后停顿，"无"字快读，"马"字带拖音。三段的层次要分明，第一段特别是开头两句，应严正述说，表明自己的观点。第二段可以形象生动地诵读，把千里马不被人识的场景和感慨呈现给听众。最后一段则应该通过感慨和质问，把积压在胸中的愤懑和不平充分爆发出来。当然，这种爆发不应该是大声叫喊，而应该是发自心底的深沉的控诉和呐喊。

第五章

诵读审美教学

众所周知，美育很重要，我国也早就将其列入教育方针。然而，目前关于美育的理论和操作方法却很不完善，现有的文献凤毛麟角且莫衷一是。本章仅从诵读角度，比较系统地阐述了如何对学生进行审美观点和审美鉴赏的培养，希望对整体美育有所贡献。

第一节　诵读与美育相辅相成

在基础教育中，美育同德育、智育、体育一样均为基础教育的育人目标。语文学科蕴涵丰富的美感，具有得天独厚的美育条件，而语文教学中的诵读教学是美育的最好途径。

“美感是对事物的美的体验。它是按照个人所掌握的社会上美的标准，对客观事物进行评价时所产生的情绪体验。凡是客观事物中存在符合于我们美的需要的一切东西都能引起美的体验而且百看不厌，百读不厌。美感具有直觉性，即物体的颜色、形状、线条以及声音方面的特点在美感的产生中起着重要的作用，但是起决定作用的是事物的内容。”（罗大同主编，《实用语文教学词典》，天津：天津教育出版社，1989 年 6 月版）“美育，又叫审美教育或美感教育。它通过审美活动或审美实践有意识地培养人的审美能力，是使人全面发展的一种教育，目的在于提高人的欣赏美和创造美的能力，陶冶情操，使人变得高尚、积极，能以美的方式感受、认识并改造世界。其特点是寓教于乐，感染熏陶、潜移默化。以在校学生为主要对象，通过各种教学、课外活动，教师示范等途径，培养他们感受美、鉴赏美、创造美的能力。”（张鸿苓主编，《简明语文教育辞典》，吉林教育出版社，1992 年 5 月版）看来，所谓审美能力就是感受美、鉴赏美和创造美的能力，并且这三种能力之间的关系是呈由低级到高级的递进关系，但是这三种能力的基础却是一定的审美知识，所以要培养学生具有一定的审美观点、审美知识也是不可忽视的。诵读正是以喜闻乐见的方式培养学生，使之具有正确的审美观点，进而培养他们感受美、鉴赏美、创造美的能力，因而称之为“美读”。“美读，是从感情、重音、停顿、速度、艺术、音调等方面诵读课文的方法。它是感知教材的主要方式，获得美感的主要途径，是美育直觉特征的运用。它把无声的文字变成有声的语言，把抽象的感情变为真实的感情，使作品的人物、情景跃出纸面，把学生带进作品中去体味、感受，毫无障碍地接受感染熏陶。它调动学生所有的感官，使其出于口、闻于耳，记于心，多方面感知课文，形成立体思维，获得丰富的美感。”（《实用语文教学词典》）叶圣陶先生也说："美读，就是把作者的感情在读时传达出来……设身处地，激昂处还它个激昂，委婉处还它个委婉，诸如此类。"

在诵读教学中，学生用心感受并努力模仿教师范读，在教师的讲授和指导下可以形成一定的审美观点，而后就能够应用这些不断深化的审美观点去发现美、感受美，进而就可以对自己及别人的诵读进行审美鉴赏，不断积累审美经验，最终按照自己的审美理想对仅是文字符号的诗文进行再创造，培养自己声情并茂并带有个性色彩的诵读能力。

学生在诵读教学中培养出来的审美能力，还会有力地促进语文教学的深入开展，因为"美"是文学艺术的本质，抓住了诗文的美感，就抓住了语文课程的灵魂，抓住了教学的契机，就能有效地避免语文课的知识化、答题式倾向，就能将学生带入绚丽多彩、趣味盎然的无限美好的文学殿堂，进而有效地提高他们的语文素养。如此，诵读教学促进美育，美育反过来又促进语文教学，形成良性循环。

第二节　诵读审美观点教学

引导学生审美，就要弄清什么是美，即审美观点。

"美，甘也，从羊从大，羊在六畜主给膳也。"（《说文解字》）春秋时代，晏婴用"羹"来比喻审美，认为"声亦如味"。至宋代，人们才在词坛确立了"豪放、婉约"风格，之后又在文坛、画苑确立了"阳刚之美"和"阴柔之美"的审美观点。

纵观近些年的语文杂志、报刊、书籍，谈文学审美的越来越多，当然是好事，但就其审美观点来说，不仅牵强、模糊，而且混乱。例如，曲词美、言语美、语言美、节奏美、修辞美、情感美、精神美、风格美、造型美、格律美、音乐美、情态美、意境美、意蕴美、音韵美、神韵美、情深美、执著美、自由美、自尊美、叛逆美、形象美、心灵美、社会美、自然美、科学美、画面美、肖像美、服饰美、对话美、意象美、意韵美、文学美、艺术美、生活美、情思美、哲理美、含蓄美、理性美、方法美、过程美、人文美、思维美、主题美、题材美、个性美等。似乎不管什么东西，只要后边缀上一个“美”字便是一种审美观点。

目前，美学界最流行的说法是：“美，有自然美、社会美和艺术美。”（刘真福：《审美教育的新尝试——义教课标语文教材编余感想》）更合理的说法是“美的形态：现实美与艺术美”。（王朝闻：《美学概论》）这两种说法是从审美对象的角度来界定的，都未涉及“美”的实质结构——形式美与内容美。从审美感受的角度来谈的，也都是照搬西方观点，即“崇高、优美、悲剧、喜剧（丑、荒诞、滑稽）”；而对祖国传统审美观点，也仅是照搬“阳刚、阴柔、典雅、自然（秀美）”，并无创新。尽管“‘美’的本质尚无定论”，但是基础教育中的美育却急需可操作的、科学、明确、统一的审美观点。

笔者认为，美，是形式与内容的统一，主观与客观的统一，共性与个性的统一。它既是一种客观存在，又是人对客观存在的主观反映；它既受人的个性影响，又有人们公认的共性范畴。通俗地说，作用于人的生理感觉器官的部分，如可以被看到的、听到的、闻到的、尝到的、触摸到的，即“形式”；蕴涵在形式中的能够引起人的精神活动和心理反应的东西，即“内容”。能够使我们的生理感觉器官感觉舒适、放松的形式就是“美的形式”；而能够被我们的心理所接受、认同或引起共鸣的内容就是“美的内容”。

“诗有别趣，非关理也。”（宋代严羽：《沧浪诗话》）我们不应该把任何东西都纳入文学审美中来，比如，主题、题材、方法、个性等，毕竟“美”仅是“德智体美劳”“真善美”中的一项。

笔者从诵读切入，依据多年的教学实践，借鉴中、西传统审美观点，运用对立统一法则，创建了一套明确、系统、实用的审美观点。

一、诵读的形式美

“形式美，客观事物和艺术形象外在形式的美，常指相对于内容美的物质形态之美，例如，对称、平衡、和谐、多样中的统一和黄金分割律等。”（《简明语文教育辞典》）“我在我的《略论语言形式美》里，指出语言形式美有三种：第一是整齐的美；第二是抑扬的美；第三是回环的美。”（王力：《语言与文学》）

诵读的形式美，即体现在诵读方面的文学作品的形式美。诵读的形式美是外显的、相对稳定的，是学生可以直接感受到并容易理解的。

（一）音色美

由发音条件和方法决定，有先天、后天因素。

1. 规范美

音色美首先体现在普通话的规范美。春秋战国时的“雅言”，汉代时的“通语”，元代时的“天下通语”，明清时的“官话”，民国时的“国语”，到现在的普通话，2000年来一脉相承。至今，普通话已通行全国，国人喜闻乐见，因而是一种规范美。这种美，音素简洁响亮，音节清晰流畅，声调升降曲直，是汉语发展的最高成果。这种美，说出来如流泉飞瀑——抑扬顿挫，听起来似铜盘承珠——字正腔圆。诵读必须用普通话，因而具有规范美。

2. 禀赋美

禀赋美是先天性的且因人而异：稚嫩或老成、甜润或铿锵、沙重或清脆、深沉或悠扬、亮丽或淳厚、婉转或高亢，异彩纷呈各得其妙。音色的多样性是人的发音器官及个性差异决定的。

禀赋美，还有性别、年龄上的差异：女性音色则显清脆、亮丽；男性音色则显宽厚、深沉；童声则稚嫩、清脆。几种音色相辅相成、相得益彰。例如，歌曲《吉祥三宝》，就是这几种音色的和谐组合。

3. 共鸣美

共鸣是由声带振动引发口腔、鼻腔、头腔、胸腔共振的现象。一般人只会用声带振动发声，发出的是基音，声音单调、尖细；共鸣发出的是泛音，如同增加了若干不同频率的音箱，声音圆润、浑厚、甜美。诵读时必须用口腔、鼻腔、头腔、胸腔共鸣，因而具有共鸣美。

（二）韵律美

“韵律指诗词中平仄格式和押韵规则。”（《现代汉语词典》）韵律美，首先辉煌在格律诗、词中。

1. 格律美

“格律诗、赋、词、曲等关于字数、句数、对偶、平仄、押韵等方面的格式和规则。”（《现代汉语词典》）

格律美，自魏晋时开始探索，到唐宋已达到顶峰。悠久的发展历程、深厚的文化积淀，使格律成为中国古代诗歌独有的艺术特色。

数以万计的唐诗、宋词洋溢着最辉煌的格律美。唐诗中的五绝、七绝、五律、七律、排律，无不整齐方正、平仄和谐、修辞典雅、朗朗上口，其中不乏经典、绝唱。宋词继承了唐诗的典范，以长短句平添节奏而令人耳目一新。

唐诗、宋词将中国诗歌推到顶峰，源远流长而至今不衰，国人皆耳熟能详的根本原因就是它的格律美！

格律诗在传承中又有新的发展，号称“格律新诗”，业已定型的有郭小川体、贺敬之体，其余大有成就者如闻一多的《死水》、徐志摩的《再别康桥》、余光中的《乡愁》、北岛的《触电》等。

2. 韵辄美

关于押韵，现行的13个辙口有宽辙（涉及字多），如言前、中东、人辰、梭波；有窄辙，如乜斜、由求、灰堆、怀来；有的辙口显阳刚之气，如发花、怀来、江阳、言前、中东，读来声洪气抒；有的辙口透阴柔之美，如灰堆、一七、由求、梭波，读来声柔气缓，真是异彩纷呈。无论诗歌、辞赋、民谣、谚语，只要押上韵，即平添音乐美，就朗朗上口，便于流传。教师在教学中要引导学生抓住诗文的韵脚，这不仅是体会、感受韵辄美的需要，更是进入角色，读好韵脚的需要，因为韵脚往往是表情达意的关键。散文中适当用韵则锦上添花。例如，魏巍的《谁是最可爱的人》一文中，“他们的品质是那样的纯洁和高尚，他们的意志是那样的坚韧和刚强，他们的气质是那样的淳朴和谦逊，他们的胸怀是那样的美丽和宽广！”文章行文至此，积蓄已久的激情喷薄而出，将意境推向高潮，其中韵脚的作用不可低估。

3. 平仄美

关于字调（声调），升、降、曲、平，刚柔相济，长短相协、平仄相调，这是汉字独有的发音特点。一声、二声（阴平、阳平）为“平”，三声、四声（上声、去声）为“仄”，平仄对、黏、拗救，搭配起来便错落有致、前呼后应，抑扬顿挫、起伏回环、悦耳动听。虽然古代的入声字已变为现在的四声之中，但因其为数不多而无碍大局。这种字调美首先体现于古典诗词中。例如，七绝的平起平收式：平平仄仄仄平平，仄仄平平仄仄平。仄仄平平平仄仄，平平仄仄仄平平。

优秀的现代诗歌也是尽量讲究平仄和谐、音韵回环，只是不拘泥于格律的硬性规定罢了。例如，

骑在人民头上的（平仄平平平仄平），（“的”轻读为阴平）

人民把他摔垮（平平仄平平仄）；

给人民作牛马的（仄平平仄平仄平），（“的”轻读为阴平）

人民永远记住他（平平平仄仄仄平）！（“永”变调为阳平）

（臧克家：《有的人》）

唐宋八大家之一的欧阳修写过一篇《砚山亭记》，他的朋友章子厚读到“元凯铭功于二石，一置兹山，一投汉水”时，便建议将其改为“一置兹山之上，一投汉水之渊”。欧阳修一听，连称“改得好，真是妙笔!”其实加两个字，意思并没变，但每一句增加了两个音节，又平仄相对，读起来显得分外和谐。

平仄的风采也展现在优秀的文章里。例如，课文标题《虎吼雷鸣马萧萧》，就是仄仄平平仄平平，读起来铿锵跌宕，平添冷峻遒劲，张口就为文章的发展渲染出了雄壮氛围；《荷塘月色》是平平仄仄，以仄作尾，平静中有曲折，曲折中隐委婉，暗示出文章幽美的意境；毛泽东文中的“自从盘古开天地，三皇五帝到于今”是仄平平仄平平仄，平平仄仄仄平平，语词豪壮又工于平仄，读起来如行云流水、酣畅淋漓，令人叹为观止。

（三）节奏美

“节奏是音乐或诗歌中交替出现的有规律的强弱、长短的现象。”（《现代汉语词典》）节奏美是一种更为细腻的形式美，指语句的节拍（停顿）和语音的高低、强弱、长短，语速的快慢及以上诸因素有规律地回环。节奏美首先体现在节拍上。

1. 节拍美

主要体现在停顿的间隔长短和停顿的大小上，这不仅是诵读者表情达意和换气的需要，也是听者准确地接收语音信息和有时间进行感受、回味的需要。

旧体诗词的节拍有规律可循——三字句为两拍，如“龟蛇/静，起//宏图”；四字句为两拍，如“北国//风光，千里/冰封，万里//雪飘”；五字句为三拍，如“白日//依山/尽”“看//万山/红遍”；六字句也是三拍，如“千古//风流/人物”“万里/长江//横渡”；七字句为四拍，如“死去/原知//万事/空”“欲与/天公//试/比高”。教师在引导中要抓住一条规律——以词或短语为单位停顿，停顿大小依据表情达意需要而定。

现代诗歌也要讲究节拍，例如，

远远的/街灯//明了，

好像是/闪着/无数的//明星。

天上的/明星/现了，

好像是//点着/无数的//街灯。（郭沫若：《天上的街市》）

古典散文因单音节词和生僻词多而造成节拍偏多，例如，

“予//尝求/古/仁人之心，或/异//二者之为，何哉？不/以物喜，不/以己悲；居/庙堂之高//则/忧其民；处/江湖之远//则/忧/其君。”（范仲淹：《岳阳楼记》）

现代散文中的节拍比较自然，例如，

“山，好大的/山啊！起伏的/青色群山//一座/挨一座，延伸到远方，消失在/迷茫的//暮色中。”（彭荆风：《驿路梨花》）

无论诗歌还是散文，只要读好节拍，语词便跳跃，读者便从容，听者便共鸣。

2. 起伏美

主要体现在语音的高低、长短和语速快慢的变化上。

“文似看山不喜平”，诗歌更甚，这是由诗文内在的思想感情变化决定的。用哲学观点看，起伏是事物内部矛盾斗争在外部的反应：矛盾缓和则读来舒缓，矛盾冲突则读来跌宕。不仅一篇文、一首诗中的节拍有起伏，诗文中的每一段也有起伏。例如，苏轼的《江城子·乙卯正月二十日夜记梦》上阕写作者对亡妻的思念，语气多悲凉，语调高——低——高——低，语速慢——快——慢；下阕写夜梦回乡见妻，情意缠绵，语调高——低——高——低，语速快——慢——快——慢。请看：

十年/生死//两——茫茫，（“两”字重读）

不——思量，

自——难忘。

千里孤坟，（整句语速快）

无处//话——凄凉。（“无处”二字语速快）

纵使相逢/应不识，（“应”重读）

尘——满面，

鬓——如——霜。

语句的起伏一般称为“语势”。“语势是语气的声音形式，它包括上山类、下山类、波峰类、波谷类、半起类等几种类型。”（张颂：《播音创作基础》）其实就是前文所说句调中的昂上调、降抑调、曲折调。例如，杨慎的《临江仙》一词下阕：

白发渔樵江渚上，（慢速、上山类）

惯看秋月春风，（下山类）

一壶浊酒喜相逢。（先快后慢、波峰类、“喜”重音）

古今多少事，（半起类、“事”次重音）

都付笑谈中。（慢速、下山类）

散文中也处处荡漾着起伏美，例如，课文《最后一课》的结尾，眼看就要下课，韩麦尔先生情绪激动，悲愤之情溢于言表，悲则抑，怒则扬，因而节拍起伏变化很大，读来具有非常强烈的感染和震撼力量。

排比句读法类似于七绝，即一个波峰接一个昂上调。

引导学生感受起伏美，难度较大。教师的范读必须随着诗文情感起伏的脉络，自然而生动地对诗文的节拍进行恰当处理，切不可为片面地突出起伏而去装腔作势、矫揉造作，因为一旦感情失真，起伏再大也不美。

3. 回环美

主要是指语词轻重缓急、抑扬顿挫的有规律的再现，即所谓“一唱三叹”，于是，上述种种美感就可以在回环中得到突出和升华。

古典诗词体现着更多的回环美，例如，格律诗中的平仄“对、粘”的反复出现，韵脚的反复出现，词中的上下阕反复等。最早的文学作品《诗经》就首先运用了回环。例如，《硕鼠》共三节，每节四句，三节的句式相同，形成一种回环美。例如，七律，这一类型的诗诗句大多前四字快，后三字慢；前四字轻，后三字重。全诗一般第三、第七句快、高，第一、第五句慢、低；第四、第八句最慢、最高，第二、第六句取中。如此两个大回环，多个小回环。

现代诗歌将回环美发扬光大。如柯岩的诗《周总理，你在哪里》中，或各节相似，或句式相同，如“我们对着高山喊”“我们对着森林喊”等；或同一句子反复出现，如“他刚离去”。

现代散文也不乏回环美，如魏巍的《谁是最可爱的人》一文中“朋友们，当你听到这段英雄事迹的时候，你的感想如何呢？你不觉得我们的战士是可爱的吗？你不以我们的祖国有这样的英雄而自豪吗？”这样的段落反复出现多次，对课文开头所提出的问题“谁是最可爱的人”，念念不忘，时时提起，反复强调。

在引导学生感受回环美时，要指出回环不是简单的重复，而是在反复中升华，犹如螺旋式上升。学生感受这种美，要靠教师范读点拨，更要靠他们自己潜心诵读才能达到理想的效果。

（四）音乐美

音乐美是格律美和节奏美的有机融合，其中较为突出的是押韵和节拍，所以，音乐美首先展现于诗歌中。

格律诗词最具有音乐美。因为格律诗词要求平仄和谐、韵脚分明，语句或整齐或长短错落；节拍匀称，大小停顿适当，语音轻重有别、长短交错，读来顺畅自然、朗朗上口；句中有起伏，上下阕有回环，再加上拖音的连读、停顿、重音、喷口等，因而就更具有音乐美。

现代诗歌也具有音乐美，如徐志摩的《再别康桥》，每节四行，每行三顿或两顿；逢双句押韵，每节换韵；诗句排列，整齐中有错落；语速自然变化，快慢中显和谐，读来似一首徘徊缠绵的小夜曲。

优秀的散文具有诗化的语言，也具有音乐美。例如，朱自清的《春》的开头几段，读起来清新明快、亲切自然，起伏跳跃、曲折回环，像一曲童声小合唱。

（五）修辞美

“修辞修饰文字词句，运用各种表现方式，使语言表达得准确、鲜明而生动有力。”（《现代汉语词典》）诗文中最典型的修辞被誉之为诗眼、文眼。

1. 词语美

指对词语进行选择和推敲，使其表达得准确、鲜明、生动。古今中外的优秀作家，在他们的作品中展示人物性格、描绘生活图景时，都非常重视词语的选择和推敲。正如清代的文学评论家袁枚所说：“余尝谓：一切诗文，总须字立纸上，不可字卧纸上。”例如，古诗中“春风又绿江南岸”的“绿”字、“红杏枝头春意闹”的“闹”字、“云破月来花弄影”的“弄”字，戏词中“晓来谁染霜林醉”的“醉”字；朱自清的《春》中“小草偷偷地从土里钻出来”的“偷偷”和“钻”；鲁迅的《孔乙己》中“便排出九文大钱”的“排”等，这些字词，在诵读中都要运用重音、拖音、气口等适当的技巧加以突出，主要表现为：

简约与细腻：简约则坚实、有力，细腻则形象、生动，都是美。读简约的，音调响亮，语速较慢，如诗词、文言；读细腻的，语调委婉，起伏小，如鲁迅的《祝福》一文中对祥林嫂的三次肖像描写。

平淡与绚丽：平淡则通俗、质朴，绚丽则明媚、多彩，也都是美。读平淡的内容时，语调起伏小，语气平实、真切，如陶渊明的《归田园居》、朱自清的《背影》；读绚烂的内容时，语调起伏多变，如李白的《梦游天姥吟留别》、朱自清的《春》。

2. 修辞格

常见的修辞方法有：比喻、比拟、借代、夸张、对偶、排比、反复、反语、反问等十多种。

(1) 比喻：例如，“共产党像太阳。”“困难是弹簧，你软它就强。”“一旦把敌人消灭干净，鲜红的太阳照遍全球。”喻体“太阳、弹簧、鲜红的太阳”都要读得重些。

(2) 借代：例如，“不拿群众一针一线。”“不要大锅饭。”“花白胡子坐在墙角里吸旱烟。”代体“一针一线”“大锅饭”“花白胡子”都要读得重些。

(3) 比拟：例如，“做人不可翘尾巴。”这句话是拟物。“硬币正悄然‘退休’。”这句话是拟人。拟体“翘尾巴、退休”要读得重些。

(4) 夸张：例如，“白发三千丈，缘愁似个长。”“三千丈”为扩大夸张。“芝麻粒儿大的事，不必放在心上。”“芝麻粒儿”是缩小夸张。“三千丈、芝麻粒儿”要读得重些。

(6) 对偶：例如，“横眉冷对千夫指，俯首甘为孺子牛。”“欲穷千里目，更上一层楼。”上句“横眉冷对千夫指”“欲穷千里目”均缓读；下句的“俯首甘为”“更上”均要快读，“孺子牛”“更上”均要读得缓、重。

(7) 排比：例如，“但这回却很有几点出于我的意外。一是当局者竟会这样地凶残，一是流言家竟至如此之下劣，一是中国的女性临难竟能如是之从容。”排比的第一句读得沉缓，第二句语速逐渐加快，第三句前快后慢、前轻后重。

(8) 反复：例如，“敌人从哪里进攻，我们就要它在哪里灭亡，敌人从哪里进攻，我们就要它在哪里灭亡。”第一、第二句读得沉缓，第三句提速，第四句前快后慢且在“哪里”后停顿，“灭亡”二字重读。

(9) 反语：例如，“‘友邦人士’从此可以不必‘惊诧莫名’，只请放心来瓜分就是了。”整个反语要读得起伏较大，语调特殊：“友邦人士”几个字一字一顿，“从此”后停顿，“可以不必”快读后停顿，“惊诧莫名”一字一顿，“请”字带拖音，“放心来瓜分”稍快且“分”字拖音上扬，“就是了”读成降抑调。

(10) 反问：例如，“难道中学老师和小姐骑自行车还成体统吗?”(《装在套子里的人》)“难道”后大停顿，“中学老师和小姐”快读后略顿，“骑自行车”后停顿，“还成”快读，“体统吗”读成昂上调。

此外，教材中出现较多的修辞格还有：引用、双关、顶针、呼告、叠字、警策、通感、婉曲、讳饰等，都有其相应的诵读技巧。

3. 表现手法

如托物言志、借景抒情、叙事抒情、直抒胸臆、顺叙、倒叙、插叙、对比、衬托、卒章显志、象征、衬托、想象、联想、照应、寓情于景、托物起兴、渲染、虚实结合、动静结合、侧面描写、正面描写、直接抒情、间接抒情等。

例如，动静结合：“动”，就是对事物的动作形态进行描绘；“静”，就是对事物的静止状态进行描绘。“蝉噪林逾静，鸟鸣山更幽”，蝉鸟的鸣唱反而把深山密林的那种寂静表现了出来，这就是动与静的辩证关系。文学作品中可以运用对比、反衬等手法，以动写静，或以静写动，以求得动中显静，静中有动，从而深刻地表现人物的思想感情，使人物形象更有魅力，使情节波澜起伏，引人入胜。诵读这两句时，要凸显动静的对比。“蝉噪”“鸟鸣”要读得响亮，“静”“幽”用轻拖音。

再如衬托：“我喜欢花，却没有侍弄花的闲情。因有自知之明，不敢邀名花居留，只有时要点草花种种。有一种太阳花又名死不了，开时五色缤纷，杂在草间很好看。种了几次，都不成功。‘连死不了都种死了’，我常这样自嘲。

“玉簪花却不同，从不要人照料，只管自己蓬勃生长。往后院月洞门小径的两旁，随便移栽了几个嫩芽，次年便有绿叶白花，点缀着夏末秋初的景致。我的房门外有一小块地，原有两行花，现已形成一片，绿油油的，完全遮住了地面。在晨光熹微或暮色朦胧中，一柄柄白花擎起，隐约如绿波上的白帆，不知驶向何方。有些植物的繁茂枝叶中，会藏着一些小活物，吓人一跳。玉簪花

下却总是干净的。可能因气味的原故，不容虫豸近身。”（宗璞：《抱秋》）

在写玉簪花之前，作者先写自己种花的经历，尤其写到把有“死不了”之称的太阳花都种死了，这样写反衬了玉簪花生命力之强。诵读第一段，要读得沉缓，以表“无可奈何”的心情。第二段的前多半段，要读得响亮而有激情；后少半段，又是反衬，也要读出反差。

（六）结构美

指优秀诗文篇章、语句的结构安排得美。

1. 起承转合美

起承转合是古典诗文的章法，讲究合情合理、有条不紊，符合中国人的审美习惯，因而是一种美。

如王维的《相思》：“红豆生南国”是“起”;“春来发几枝”是“承”;“愿君多采撷”是“转”;“此物最相思”是“合”。诵读这首诗时，要读出一个大起伏：第一句读得沉缓；第二句读得较缓，音量有所提升；第三句语速加快，“多采撷”重读，“撷”字带拖音；第四句在“此物”后大停顿，“最”字用气口，“相思”二字轻读并带拖音。

再如魏巍的《谁是最可爱的人》，提出一个问题——谁是最可爱的人？是“起”；回答这个问题——志愿军战士是最可爱的人，是“承”；讲述志愿军的三段事迹，是“转”；启发读者——要爱志愿军战士，是“合”。因为本文涉及一个重要的命题，所以诵读的基调是深沉，众多议论、抒情的段落要读出激情。三个故事虽然都体现了壮美的特点，但读法不同：第一个故事是壮美中的“壮烈”，要读得深沉；第二个故事是壮美中的“急迫”，读时语速较快；第三个故事是壮美中的“崇高”，读时语调沉缓而透出坚定。

其实，文坛特别推崇的“凤头、猪肚、豹尾”之说，就是从审美角度来谈“起承转合”的标准，“猪肚”即“承、转”。

2. 线索美

线索，即把诗、文材料串联起来的人、事、物。之所以称之为美，是因为它将人、事、物串联得自然、合理、巧妙。之所以将线索美纳入诵读审美的范畴，是因为“美读”离不开线索的支持。首先，朗诵、背诵（都得脱稿）要依据线索来记忆和展开。其次，诵读技巧要依据线索的发展来酌情设计。尤其是以感情发展变化为线索的诗文，其线索更是设计诵读技巧的依据；即便是以其他人、事、物为线索的诗文，也需要设计适当的诵读技巧。

以人物思想感情的变化为线索。朱自清的《荷塘月色》以感情变化为线索："心里颇不宁静"→淡淡的月光下，有淡淡的哀愁→在自然美景中，有淡淡的喜悦→发出"我什么也没有"的慨叹→惦念江南，欲超脱而不可得，具体细腻地描绘出素淡朦胧、和谐宁静的荷塘月色，展示了偷得片刻自由的淡淡的喜悦，流露出终究无法摆脱现实的隐隐哀愁，抒发了不满黑暗的社会现实、向往自由宁静生活的思想感情。因而，本文的诵读基调是沉缓，但沉缓中也有起伏，如"淡淡的喜悦"之处要读得明快一些。

以人物为线索。施耐庵在《水浒传》中写到"林冲雪夜上梁山"时，头绪庞杂，于是就构思了一个线索人物——李小二，否则"刺配沧州""陆谦密谋""火烧草料场""雪恨天王堂""雪夜上梁山"等这些纷繁的头绪等够施耐庵忙了。但有了这个线索人物，陆谦与管营密谋，高太尉的千里谋害，无一不水到渠成。单就李小二这个线索人物来说，他也是有思想感情的。他知恩图报，对林冲忠心耿耿，因而诵读时的语气要诚恳；然而他又不是深谙世事的大人物，就有点紧张，所以说话就不太沉稳，语速要较快。

以景物为线索。毛泽东的《沁园春·雪》是以"雪"为线索，纵横捭阖，演绎出当代绝唱的。壮观的雪景——江山多娇——英雄竞折腰——还看今朝。景语即情语，所以诵读描写雪景的词句时，要用激昂的语调。

3. 对称美

对称美是中国传统的审美观点，体现在格律中的对仗及平仄的对黏，主要应用于文体中的骈文，修辞中的对偶、对比、对照和章法中的呼应以及比较、互文等具有对应关系的文句。

对称美在格律诗词中表现得最为突出。律诗和排律要求除首联、尾联外中间各联均必须对仗。对仗是严格的对称，要求后联的出句与前联的对句字数相等、词性相同、平仄相对。

不少词牌要求词中的某些句对仗，如"浣溪沙"要求后阕头两句对仗，"西江月"要求前后阕头两句对仗，甚至有的词牌和诗歌是通篇对称。例如，词牌中的"浪淘沙""渔家傲""临江仙""蝶恋花""卜算子""一剪梅""采桑子""望海潮""长相思""破阵子""江城子"等都要求上下阕相同。

现代诗歌也很崇尚对称美。例如，

"哦，我的青春、我的信念、我的梦想……

无不在北方的青纱帐里染上战斗的火光！

哦，我的战友、我的亲人、我的兄长……

无不在北方的青纱帐里浴过壮丽的朝阳！”（郭小川：《青纱帐——甘蔗林》）

文章中也不乏对称美。例如，

“……增之一分则嫌长，减之一分则嫌短，素之一忽则嫌白，黛之一忽则嫌黑。”（郭沫若：《白鹭》）

还有两种思想感情的对比，例如，

“几年来的文治武力，在我早如幼小时候所读过“子曰诗云一般，背不上半句了。独有这一件小事，却总是浮在我眼前，有时反更分明，教我惭愧，催我自新，并且增长我的勇气和希望。”（鲁迅：《一件小事》）这一段中，前一句要读得平淡、沉缓，后一句要读得激昂、起伏，一反一正泾渭分明。

4. 整齐美

整齐美也是传统审美观点，是指句子排列整齐或比较整齐。

整齐美首推格律诗和古体诗。格律诗和古体诗在中国文学史上取得了辉煌的艺术成就，其中就结构的整齐美已是空前绝后、无与伦比，如五绝、五律、七绝、七律、排律。

整齐美也是现代诗歌遵循的审美标准，一般诗歌都有较为整齐的结构。

5. 错落美

与整齐美相对。

以整齐美著称的格律诗在唐朝达到顶峰之后，人们又需要与之相对的一种美，于是，宋词应运而生，以其错落美与唐诗交映生辉、相得益彰。

现代诗歌的语句排列没有任何限制，但多为错落中见整齐。例如，课本中余光中的《乡愁》中的前两节。

最具错落美特色的当数近几十年受外国诗歌影响出现的“阶梯式”。例如，贺敬之的《放声歌唱》中的诗句排列。

（七）和谐美

是指构成诵读形式美的诸因素配合得适当和匀称，呈高度的对立统一状态。注重和谐是中国人的审美习惯，成语“琴瑟和鸣”就是例证。正如《淮南子》中所说“绣以为裳则宜，以为冠则讥”。例如，余光中的《乡愁》，全诗押由求辙 ou 韵，显柔和，表深沉，并且每行的字调都是平仄相错，是韵律美；每节都是长短句结合，是错落美；上一节与下一节结构相同，是对称美也是整齐美；每节大小停顿相间，是节拍美；每一节各句的语调均有变化并且全诗四节也有变化，是起伏美也有回环美……全诗融各种美于一身，且浑然天成。

二、诵读的内容美

客观事物和艺术形象的内在内容的美，常指相对于形式美的主观感受之美，即优美和壮美。古典词论里讲的“豪放”“婉约”，文坛、画苑中讲的“阳刚之气”“阴柔之美”指的就是这两种美。据《吹剑录》载，苏轼做翰林学士时，曾问幕下士：“我词何如柳七?”幕下士答道：“柳郎中词只合十七八女郎，执红牙板，歌‘杨柳岸晓风残月’；学士词须关西大汉，铜琵琶、铁绰板，唱‘大江东去’。”这虽是一段故事，却也道出了优美和壮美的本质特征，同时也证明了中国美学源远流长。

“其得于阳与刚之美者，则其文如霆，如电，如长风之出谷，如崇山峻崖，如决大川，如奔骐骥；其光也，如杲日，如火，如金镠铁；其于人也，如凭高视远，如君而朝万众，如鼓万勇士而战之。其得于阴与柔之美者，则其文如升初日，如清风，如云，如霞，如烟，如幽林曲涧，如沦，如漾，如珠玉之辉，如鸿鹄之鸣入寥廓；其于人也，漻乎其如叹，邈乎其如有思，暖乎其如喜，愀乎其如悲。”（清桐城派姚鼐：《复鲁絜非书》）

至于西方现代美学讲的崇高、诙谐、悲剧美、喜剧美等，都无外乎优美和壮美这两大范畴。

诵读的内容美，即体现在诵读方面的文学作品的内容美。诵读的内容美是内隐的，有共性规范，也因人而异，需要深入体验才能感悟到。

（一）优美

“优美，审美对象处于矛盾相对统一的和谐平衡状态，呈现出来的具有柔媚、秀丽、幽雅、宁静等特征的审美素质。常被人称之为纤丽、典雅、阴柔、秀美等，等于人们一般所理解的狭义的美的概念。广泛存在于自然景物、社会生活和艺术作品等审美对象中，以清秀、妩媚、娇弱、婉约等引起人们的愉悦。”（《简明语文教育辞典》）

“优美，优雅柔和的美。以清秀、小巧、娇嫩、典雅等引起人们的愉悦和爱恋。”（《教师百科辞典》）

因审美对象的特点不同，优美可以分为柔美、秀美、幽美、凄美、华美、娇美、典雅美、诙谐美等。

1. 柔美：“柔美，柔和而优美。”（《现代汉语词典》）即温柔的美。如《荷花淀》中水生嫂的形象：

月亮升起来，院子里凉爽得很，干净得很。白天破好的苇眉子湿润润的，正好编席。女人坐在小院当中，手指上缠绞着柔滑修长的苇眉子。苇眉子又薄又细，在她怀里跳跃着。

月明、气爽，还有那柔、长、薄、细的苇眉子，正映衬着温柔、贤淑的水生嫂。所以，这一段没有重音，语速较慢，语调也平和、柔缓。

这女人编着席。不久，在她的身子下面就编成了一大片。她像坐在一片洁白的雪地上，也像坐在一片洁白的云彩上。她有时望望淀里，淀里也是一片银白世界。

洁白的雪，洁白的云，这纯洁正是温柔的根基。原来她是在借编席等丈夫。“有时望望淀里”的快读，是她柔和、平静的心态翻起的一朵浪花。

很晚丈夫才回来了。……

女人抬头笑着问：“今天怎么回来得这么晚？”站起来要去端饭。

本来是个急问题，不仅“笑着问”，而且还不是立等回答，而是要先去端饭，使其温柔性格再展。

女人就又坐在席子上。她望着丈夫的脸，她看出他的脸有些红涨，说话也有些气喘。她问：“他们几个呢？”

“望”用拖音和“脸”用一点气口，透出她对丈夫的关心和细心——脸色最能暴露内心。第二个“脸”和“话”用拖音，表明她观察得细。“他”用气口是强调“他们”的下落，这是水生嫂在用婉转的办法去实现她对丈夫的关心——因为只要知道了“他们”的下落，也就知道丈夫是怎么回事了。聪慧又给温柔加上一个美丽的光环。

女人的手指震动了一下，想是叫苇眉子划破了手。她把一个手指放在嘴里吮了一下。

得知丈夫就要离家参军，这个消息太突然了，以致动作反常刺伤了手。她居然没有本能地叫一声——因为此时已有更大的心事在困扰着她。

过了一会，她才说："你走，我不拦你。家里怎么办?"

面对水生的擅自决定，她没有闹一下，她知道保卫家乡是最重要的，只是感到自己的压力太大了。

……"家里的事，你就多做些，爹老了，小华还不顶事。"

女人鼻子里有些酸，但她并没有哭，只说："你明白家里的难处就好了。"

只要丈夫体谅自己，她就什么都担起来。

至此，一个温顺、柔情、贤惠的水生嫂的形象已经十分丰满了。

2. 秀美："秀美，清秀美丽。"(《现代汉语词典》) 例如，《荷花》一文写小姑娘"声音轻清""细细的眉""水灵灵的眼""荧荧的目光""黑亮的齐眉耳短发""金黄的小耳环""清瘦的身材""有种梦一般的韵味"，这种韵味正是秀美。因为文字描写的是秀美，所以诵读语调要清新明快，没有突出的起伏和重音。

秀美还体现在景物描写中，如漓江山水、南国翠竹等。例如，

渔歌子

张志和

西塞山前白鹭飞，

桃花流水鳜鱼肥。

青箬笠，

绿蓑衣，

斜风细雨不须归。

这首词以清新明快的笔调，描绘出一幅江南水乡的清丽、秀美的画面，画中那位悠然自得的渔翁则是这个秀美画面的点缀。诵读时应取清新明快的语调，并透出一种欣慰和怡然的语气。

在引导学生感受柔美与秀美时，教师要结合审美对象指出这两种美感的区别——柔美侧重于心理，秀美侧重于外表。

3. 幽美："幽美，幽静美丽。"(《现代汉语词典》) 例如，《荷塘月色》一文开篇第一句就定下了全文幽美的基调。诵读这一句要语调沉缓、语速很慢，"颇"字用拖音，表明作者心底苦闷难抑，以至夜深人静，他仍静不下来，于是才独身夜游荷塘。

接下来写荷塘四周的幽静环境。荷塘四周之所以幽静，一是"白天也少人走"，何况没人的夜晚。二是树多，还有一些"不知道名字的树"。三是如果没

有月光，这里就不是幽静，而是阴森森的；而今晚有月光，那就是名副其实的幽静了。由于幽静的环境衬托着不宁静的夜游人，这就造成本段诵读语调的沉缓，语速也很慢，拖音多、起伏小、没有重音。

文章的第四段依次写了荷叶、荷花、荷香、荷波在幽静月夜中独有的特点。整个荷塘笼罩在一种静谧、幽美、和谐的氛围中，也表明作者开始被美景感染，心情也有了一点开朗，产生了对美好的向往之情。所以读这一段时，语调就逐渐要有一些明快。

文章的第五段写荷塘上的月色——从月光写到月影，最后总写月色。荷叶、荷花更美了，再加上如水的月光流泻其上，就仿佛是笼着轻纱的梦——更添一分幽美而令人神往。至此，可见作者已经暂忘了烦恼而有些陶醉于这深邃、静谧的美之中了。所以诵读这一段时，停顿要减少，更见明快。

文章的第六段写荷塘四周的幽静，作为对荷塘的衬托，全方位地描写了“荷塘月色”的幽美的意境，但具有社会因素的路灯却使作者从陶醉中清醒过来，超脱不成，又泛起失望与无奈的情绪。所以，最后一句的读法与前边大不一样，要从中流露出对现实社会的不满。幽静是荷塘月色的外部特征，委婉是作者借景抒情，忧愁是淡淡的，喜悦也是淡淡的，正体现着幽美的内涵。

教师在引导学生感受幽美时要指出：幽美可以体现在景物中，也可以体现在人物的内心里。体现在景物中，侧重在幽静；体现在人物的心理上，侧重在委婉。

4. 凄美：是指凄切怅惘的美。它之所以是美，是因为其中有“真、善”，能引起人们的爱怜。凄美，内含悲剧色彩，有着深刻的感染、启迪作用。例如，《孔雀东南飞》中刘兰芝与焦仲卿的爱情悲剧：

孔雀东南飞，五里一徘徊。

（以比兴开篇，给全诗奠定了缠绵悱恻的哀怨气氛。全句连用 7 个拖音和一个气口）

“十三能织素，十四弹箜篌，十六诵诗书。……鸡鸣入机织，夜夜不得息。三日断五匹，大人故嫌迟。非为织作迟，君家妇难为！妾不堪驱使，徒留无所施，便可白公姥，及时相遣归。”

这是兰芝对仲卿说的话，强调自己是有教养、有知识、有才能的女性，但是嫁给仲卿后，虽然辛勤劳作，却仍受到婆婆的刁难和挑剔，只好主动提出遣归。其实兰芝本无过错，是婆婆故意制造矛盾，在这种情况下，兰芝只能回避，可见兰芝有理有节。“三日断五匹”的快速与下句的慢速形成对比，就更突出了兰芝的悲剧原因——“故嫌迟”。

府吏得闻之，堂上启阿母：“儿已薄禄相，幸复得此妇，结发同枕席，黄泉共为友。共事二三年，始尔未为久，女行无偏斜，何意致不厚？”

仲卿的辩护，表明他对兰芝有深厚的感情，这一点就更增加了他们的悲剧色彩，为兰芝的凄美重重地添了一笔，也为全诗的结尾加上一个浪漫的光环。作品读来曲折缠绵、如泣如诉。兰芝和仲卿的遭遇扣人心弦、催人泪下，读者、听者无不动容，同情、怜爱之心油然而生。

凄美，不仅仅体现在爱情悲剧中，还体现在具有柔性悲剧色彩的事件、故事中。例如，课本中龚自珍的《病梅馆记》一文，是借“病梅”抒发了“万马齐喑究可哀”的怅惘之情；鲁迅的《祝福》一文中善良而麻木的祥林嫂的悲惨遭遇，以及作者“哀其不幸，怒其不争”的惆怅，都属凄美。

在引导学生感受凄美时，教师要强调，凄美是柔性的悲剧色彩，而刚性的悲剧色彩则是“悲壮”，属于“壮美”的范畴。

5. 华美：是指华美，华丽。（《现代汉语词典》）例如，杜牧的《阿房宫赋》中对“阿房宫”华美建筑的描写：

二川溶溶，流入宫墙。五步一楼，十步一阁；廊腰缦回，檐牙高啄；各抱地势，钩心斗角。盘盘焉，囷囷焉，蜂房水涡。长桥卧波，未云何龙？复道行空，不霁何虹？高低冥迷，不知东西。歌台暖响，春光融融；舞殿冷袖，风雨凄凄，一日之内，一宫之间，而气候不齐。

此段读来字字响亮，可谓流光溢彩；起伏较大，“矗不知其几千万落”一句要读成波峰调，是羡慕语气。

再如《孔雀东南飞》中刘兰芝再嫁时的排场：

青雀白鹄舫，
四角龙子幡，
婀娜随风转。
金车玉作轮，
踯躅青骢马，
流苏金镂鞍。

如此排场，堪称华丽美艳。其审美效果是以华美衬凄美，则凄美主调更为彰显。

6. 娇美：是指娇嫩美丽、活泼可爱。例如，彭荆风的《驿路梨花》一文中哈尼小姑娘的形象：

正走着，他突然指着前面叫起来："看，梨花！"白色梨花开满枝头，多么美丽的一片梨树林啊！

几位迷路的游者在深山荒野、投宿无门的困境中突然看到了希望，无不喜出望外。这纯洁、娇美的梨花就是哈尼小姑娘的象征。"看"用喷口，以表惊喜。

我们正在劳动，突然梨树丛中闪出了一群哈尼小姑娘。走在前边的约莫十四五岁，红润的脸上有两道弯弯的修长的眉毛和一对晶莹的大眼睛。我想：她一定是梨花。

行文几经曲折，给迷路人提供住宿方便据说叫梨花的哈尼小姑娘才突然出现。"闪出、十四五岁、红润的脸、弯弯的修长的眉毛、晶莹的大眼睛"，多么可爱的娇美形象！此段读来清新明快、起伏跳跃，与小姑娘活泼的性格完全一致。"一定"重读，表肯定、欣慰的语气。

7. 典雅美：是指典雅，优美不粗俗。(《现代汉语词典》)经典诗文都属于典雅的范畴，例如，

嗟夫！予尝求古仁人之心，或异二者之为，何哉？不以物喜，不以己悲；居庙堂之高则忧其民；处江湖之远则忧其君。是进亦忧，退亦忧。然则何时而乐耶？其必曰'先天下之忧而忧，后天下之乐而乐'乎。噫！微斯人，吾谁与归？(范仲淹：《岳阳楼记》)

对这一段的诵读，语气要深沉、庄重，彰显出一种高雅的精神境界，笔者每每诵之，必有新得，堪为座右铭。

8. 悠闲美：是指悠闲，闲适自得。(《现代汉语词典》)例如，

陶渊明"田园诗"中的意境——"采菊东篱下，悠然见南山。"

再如，民主斗士马寅初遇挫时的胸怀——"宠辱不惊，闲看庭前花开花落；去留无意，漫观天外云展云舒。"

9. 诙谐美：是指幽默讽刺、诙谐滑稽的美。例如，

一只画眉在一棵树上唱歌，看见斜对面猪圈里的猪们对它的歌声非常冷淡，它觉得很不舒服，它就决计把自己要唱的全部丢开，专门来模仿猪叫。

几个月后之后，他叫得很像了，于是在猪圈里当众表演，猪们大为激赏，喝彩之后，立即开了个会，议决颁发给画眉一笔奖金，以示鼓励。

这画眉觉得自己地位陡然增高了。每逢他听见树林里他同类的大合唱，他就看不起：

“到底不是正宗，只配在此闹闹，上不得台盘的。”（张天翼：《画眉和猪》）

本文的诵读要领是煞有介事，很多句子的读法反常，拖音多，气口多，快慢悬殊。尤其是尾句的气音处理，更要充分暴露出画眉的狂傲。沾沾自喜实则弄巧成拙的画眉就这样在人们的笑声中为人们提供了深刻的启示——人各有所长，才成其为社会，万不可邯郸学步、弃长就短。

诙谐可以直接给人以愉悦，但我们在引导学生感受这种美时，切不可满足于一笑了之，而要注意挖掘其深刻内涵，这才是诙谐的真谛。

（二）壮美

“壮美，审美对象处于矛盾冲突中所呈现出来的雄浑豪放的美。具有形象上或精神上伟大的特点，令人惊心动魄，感到势不可当，从而心向神往。”（《简明语文教育辞典》）

“壮美，（崇高）豪放雄浑的美。壮美是阳刚之美，以体积上的巨大，力量上的强大或精神上的雄伟令人惊心动魄，感到势不可当。”（《教师百科辞典》）

因审美对象的特点不同，壮美可分为雄壮、悲壮、豪壮、崇高、粗犷、热烈、壮烈、紧张、惊险、急迫等。

1. 雄壮：“雄壮，是指气魄和声势上的强大。”（《现代汉语词典》）例如，《沁园春·雪》一词，乃是毛泽东博大胸怀激荡、喷薄出的黄钟大吕之声，非诵读无以显其雄伟气魄。此词读来慷慨激昂、气吞山河。

雄壮也体现在文章中，例如，李健吾的《雨中登泰山》中的景物描写：

我们才过岱宗坊，震天的吼声就把我们吸引到虎山水库的大坝前面。七股大水，从水库的桥孔跃出，仿佛七幅闪光的黄锦，直铺下去，碰着嶙嶙的乱石，激起一片雪白水珠，脱线一般，撒在回旋的水面。

这是高坝水库泄水的壮观。“震天的吼声”一鸣惊人，“就把我们吸引”。关于对泄水过程的描写，诵读时语速要明显加快，透出一种势不可当的力量。

2. 悲壮：“悲壮，（声音、诗文等）悲哀而雄壮，（情节）悲哀而壮烈。”（《现代汉语词典》）例如，李瑛的《一月的哀思》一文字里行间都洋溢着对周总理的深切哀悼和由衷的敬意，以及对“四人帮”刻骨的仇恨和誓死的抗争。对这一内容的诵读基调要深沉，但更侧重于激昂，深沉是一种压抑，激昂是压抑不住的爆发！

再如鲁迅的《“友邦惊诧”论》中的两段：

好个/友/邦/人/士！日本帝国主义的兵队//强占了/辽吉，炮轰/机关，他们//不惊诧；阻断/铁路，追炸/客车，捕禁官吏，枪毙人民，他们/不惊诧。中国国民党治下的//连年/内战，空前/水灾，卖儿救穷，砍头示众，秘密杀戮，电刑逼供，他们//也不惊诧。在学生的请愿中//有一点/纷忧，他们//就/惊诧了！

好个/国民党政府的/“友邦人士”！是些/什么东西！

开头“好”字用重音加气口，是火山爆发般的怨忿；“友邦人士”取次重音且一字一顿，是咬牙切齿的怨恨；后边语速加快，是悲愤交加，忍无可忍；前三个“他们”，第一个慢读是情绪的酝酿，第二个快读是情绪的递增，第三个快读加喷口是情绪的爆发；第四个“他们”“他”用次重音加气口表明对他们的怨恨已经到了咬牙切齿的程度了；三个“不惊诧”读得越来越重，是怨愤情绪的升级；“也”用重音加气口，是强调这是他们的一贯伎俩；末尾的“惊诧”用重音加拖音是鲜明的对比和讽刺。此段读来铿锵有力、掷地有声，势如电闪雷鸣、摧枯拉朽，令人恶气长出、摩拳擦掌；在仗义执言的揭露和鞭笞中针针见血又讽刺连珠，更令人义愤填膺、同仇敌忾，这段议论就以势不可当的力量激奋人心、振聋发聩！

3. 豪壮：“豪壮，雄壮。”（《现代汉语词典》）即程度较低的雄壮。例如，高尔基的《海燕》的前三段：

在苍茫的大海上，狂风卷集着乌云。在乌云和大海之间，海燕像黑色的闪电，在高傲地飞翔。

一会儿翅膀碰着波浪，一会儿箭一般地直冲向乌云，它叫喊着，——就在这鸟儿勇敢的叫喊声里，乌云听出了欢乐。

在这叫喊声里——充满着对暴风雨的渴望！在这叫喊声里，乌云听出了愤怒的力量、热情的火焰和胜利的信心。

这是一首“战斗的革命诗歌”，读来激情飞扬、痛快淋漓！语调欢快顺畅、起伏跌宕，整体语速较快。字里行间激扬着一种无坚不摧的力量和一种无所畏惧、勇往直前的战斗豪情。

4. 崇高：“崇高，最高的，最高尚的。”（《现代汉语词典》）即以高尚的精神震撼人的心灵。例如，王愿坚的《七根火柴》：

“记住，这，这是，大家的！”他蓦地抽回手去，深深地吸了一口气，用尽所有的力气举起手来，直指着正北方向，“好，好同志……你……你把它带给……”

话就在这里停住了。卢进勇觉得自己的臂弯猛然沉了下去！他的眼睛模糊了。远处的树、近处的草、那湿漉漉的衣服、那双紧闭的眼睛……一切都像整个草地一样雾蒙蒙的；只有那只手是清晰的，它高高地擎着，像一支路标，笔直地指向长征部队前进的方向……

在长征过草地的途中，一位掉队的生命垂危的红军战士，为了把自己保存完好的七根火柴交给部队，顽强地活着。当他把火柴交给掉队战士卢进勇手里后，手指着部队前进的方向，没有一丝悲哀，放心地“去”了。是崇高的意愿，维持着这位红军战士的生命；而这延续了的生命，刚够完成他那崇高的意愿；这崇高的意愿又化成一种崇高的精神，深深地感动卢进勇和每一位读者。

崇高，是隐在文字背后的精神，须对文章内容深入体味才能感受到，所以我们在引导学生感受崇高美时，要重在对文章内容的深入理解和开掘；要努力引导学生用“心”去感受，而不是教师自己的“讲深、讲透”。

5. 粗犷：“粗犷，粗豪；豪放。”（《现代汉语词典》）例如，乐府诗《敕勒歌》，全诗朴实无华，除“天似穹庐”这样一个通俗的比喻外全是白描，读来自由奔放、铿锵有力，豁达胸怀、豪爽之气跃然纸外，壮丽、辽阔的草原风光如在眼前，令人心旷神怡、豁然开朗。

6. 热烈：“热烈，兴奋、激动的场景或氛围。”（《现代汉语词典》）例如，杜甫的《闻官军收河南河北》，为避“安史之乱”，数年流浪在四川的杜甫得知战乱平息怎能不欣喜若狂，真是恨不得一下子飞回家乡。这本来是一首整整齐齐的七律，但读起来却一反常规——节拍不定、语速不齐，重音多、气口多，而且越读越快——正是作者喜出望外和归心似箭心情的直露，其热烈意境非常感人。引导学生感受热烈美，教师要强调热烈不是“热闹”，要抓住热烈美中的感人之处深入体味，才能读出热烈美的魅力。

7. 壮烈：“壮烈，勇敢有气节。”（《现代汉语典》）例如，抗日英雄吉鸿昌的《就义诗》：“恨不抗日死，留作今日羞。国破尚如此，我何惜此头。”语出惊人，正是英雄的独到思维——不仅视死如归，还要死得壮烈，即渴望死在杀敌战场上。何等气节！何等壮烈！读来气冲霄汉、声震四野！可谓感天地，泣鬼神！我们仿佛看见——一位戎装将军顶天立地，迈着稳健的步伐，慷慨高歌，大义凛然地走向刑场……

壮烈与热烈不同，壮烈突出英雄视死如归的气节，而热烈则没有；壮烈与悲壮也不同，悲壮有“悲”的情感因素，而壮烈没有。

8. 紧张：“紧张，精神处于高度准备状态；兴奋不安。”（《现代汉语词典》）例如，《从百草园到三味书屋》中“长妈妈”给“我”讲的故事中所描述的场景，使“我”特别紧张，因而语速较快。再如《最后一课》中韩麦尔先生忽然叫“我”背书时，“我”的紧张状态：“可是开头几个字我就弄糊涂了，我只好站在那里摇摇晃晃，心里挺难受，头也不敢抬起来。”这一段不可快读，可用诙谐的语气。

9. 惊险：“惊险，场面、情景危险，使人惊奇紧张。”（《汉代汉语词典》）因为惊险能满足人们尤其是青少年学生的好奇和尝试心理，因而也是一种美。例如，

秭归正面有一大片铁青色礁石，森然耸立江面。经过很长一段急流才绕过沙滩。在最急峻的地方，“江津号”用尽全副精力，战抖着、震颤着前进。……“江津号”驶下崆岭滩时，只见一片乱石林立，我们简直不像在浩荡的长江上，而是在苍莽的丛林中寻找小径跋涉前进了。（刘白羽：《长江三峡》）

惊险段落的诵读应有快有慢，快读是对惊险的描述，慢读是对惊险的感受，快慢结合则是从“眼”“心”两个角度来烘托出惊险的美感，如此才能使听者触目惊心，心有余悸。

10. 急迫：“急迫，马上需要应付或办理，不容迟延。”（《现代汉语词典》）急迫也是一种美，因为它能通过感受引起人的“共鸣”，从而受到感染和得到启迪。例如，

“‘长途！我是中共山西平陆县委，我们这里有六十一名民工/发生食物中毒，急需一千支/‘二巯基丙醇’，越快越好，越快越好！’听筒里的声音/十分响亮而焦灼。”（《为了六十一个阶级弟兄》）

语速很快，仅有的两个小停顿也比一般情况下小得多，但要做到吐字清楚、响亮。

感受急迫美，必须引导学生理解内容、想象场景，做到“心临其境”。

（三）和谐美

和谐美，是优美和壮美的和谐。具体到一篇优秀文学作品中，纯优美、纯壮美的情况是不多见的。例如，毛泽东的《沁园春·雪》，是壮美中的雄壮，

但词中的“须晴日，看红妆素裹，分外妖娆”，就是优美中的华美。再如朱自清的《春》，是优美中的秀美，但文中的“春天像健壮的青年，有铁一般的胳膊和腰脚，领着我们上前去”，就是壮美中的豪壮。

优美和壮美的和谐，可以形成起伏和回环，避免单调，因为“文似看山不喜平”。例如，春节晚会上一炮走红的联唱《吉祥三宝》，就是优美中的娇美与壮美中的深沉、粗犷的和谐组合。

三、诵读美是其内容与形式的统一美

诵读艺术的内容与形式本来就是对立统一、相辅相成的，我们仅是为了讨论的方便才分开来讲。“美的感染性总是从内容与形式的统一中表现出来，如果离开美的内容孤立地谈美的形式，将会对形式美产生片面的理解。美的内容是易变的，而美的形式则相对稳定。”（《简明语文教育辞典》）“形式美与内容美密切相连，一切美的内容都必须以一定的形式展现出来，一定的形式美也不能脱离内容而存在。”（《实用语文教学词典》）“只有内容与形式都须得彻底统一的，才是真正的艺术品。”“内容非他，即形式之回转到内容，形式非他，即内容回转到形式。”（黑格尔：《小逻辑》）

首先，内容决定形式，作品是什么样的内容就必须选用与之相适应的诵读形式。诵读优美的内容或选用清新明快或选用悠扬舒缓或选用委婉轻柔的语调，如果采用急迫的节拍、太大的起伏、过重的音节和共鸣，就会使内容面目全非，有哗众取宠之嫌而无感染陶冶之效。其次，形式也影响内容，即适当的诵读形式有利于表现作品美的内容；反之，不适当的诵读形式不仅不能表现美的内容，还会损伤美的内容。试想，如果用底韵十足、气贯长虹的语气和节奏，去读一个委婉缠绵的作品，其结果就可想而知了。“我们不能用一个箩筐来装珍珠，也不能用一个皮箱来装垃圾。”可见，形式为内容服务的关键在于适当；而在“适当”的前提下，“形式”的表现水平起重要作用。因为如果学生抓住了作品的内容美，也知道选择什么样的诵读形式，但诵读的技巧水平不高，也读不好这个作品。

人们常说的“意境”正是内容与形式的统一美。所谓“意”，即思想感情；所谓“境”，即场景、形象。它们的辩证关系是：境，体现意；意，依赖境；意，是矛盾的主要方面，起决定作用。然而，意境绝不是简单地“意”加

“境”，而是意和境有机的融合，其内涵、外延远远超出了字面意思，甚至是只可意会，不可言传。因此，有人称之为含蓄美。我国优秀的文学遗产之所以能流传千古，魅力不减，是因为其蕴涵了独特的审美内涵。中国人在表现主观世界时，受儒家观点“温柔敦厚”“怨而不怒”“发乎情，止乎礼”的影响。因而中国的诗文显得更含蓄，经典文学作品也大多采用含蓄手法，如赋比兴手法、惜景抒情、借意象抒情、寄托言志等，创设出无数美好而深刻的意境。审美主体往往借助较高的悟性，才能对文学做出审美判断。诗歌最讲究意境，例如，陶渊明的“采菊东篱下，悠然见南山”堪称千古名句。虽然文辞并不出奇，但反复诵读，其味无穷，却说不出好在哪里。中国古代的经典诗词都有这个特点，都需要在反复诵读中去体验、感悟。

散文也讲意境，如朱自清的《背影》，文风再朴实不过了，但那浓浓的亲情融在字里行间，感人至深。这种意境，光靠默读是体验不透的，而在轻柔舒缓的娓娓道来中，那亲情就像涓涓细流浸入听者的心田。

要引导学生去认识诵读美是其内容与形式的统一美：

第一步，确定作品具体的内容美，即抓住作品的思想感情、定下诵读基调。这一步的工作是不太容易的，有时即便是水平较高的人也须费些功夫。据诵读家瞿弦河讲：“我读《团泊洼的秋天》时，找到冯术（郭小川的战友）和郭小川的女儿郭梅梅。我先读了一遍，她们不表态，却讲郭小川的经历。我明白了，我的基调错了。我原觉得此诗很美，有景，是抒情。其实诗是郭小川受迫害时写的，前十二句是揭示在‘四人帮’统治下的一切，就受压抑——死一般的静。基调是冷冰冰的，揭示当时形势。……如诵读《大堰河——我的保姆》时，我向艾青请教中心思想，从而定下歌颂的基调。”为了定准作品的基调，连诵读家都需要去请教作者，可见在诵读前确定作品基调的难度和重要。我们当然很难像瞿弦河那样去请教作者，这就更需要我们引导学生去深钻作品的内容，抓准思想感情。

抓作品的思想感情可以从三个方面入手。第一个方面是弄清作品的时代背景。因为优秀作品都是“因时而作”，即作者受时代感染而产生思想感情，再通过作品将这种思想感情表达出来。例如，郭沫若的《炉中煤》，根据诗的副标题和课本中的提示，学生不难认识到，这是作者以“炉中煤”自喻，用“年青的女郎”象征五四时期朝气蓬勃的祖国；以“炉中煤”的口气，向“年青的女郎”倾诉衷肠，一唱三叹地倾吐了对祖国的热爱和思念的情感。但是，也有学生提出："为什么不以'年青的母亲'象征祖国而非要用'年青的女郎'？且诗中还有'我心爱的人儿'等，似有矫揉造作之嫌。"这个问题不解决，直接影响学生对本诗思想感情的深入理解。针对这个问题，教师解释道，五四运动是以反封建为主题，而反封建就包括反对封建的男女之间的伦理观念，所以当时敢公开说出"心爱的人儿，年青的女郎"等，其本身就是一种对封建伦理的反抗和示威。可以说，这种现象在当时进步的作品中都普遍存在。

第二个方面是从自己的感受出发去抓作品的思想感情。例如，王愿坚的《七根火柴》，课文标题对其思想感情没有任何暗示，但当学生读完课文中那个动人心弦的故事后，教师就可以用以下问题进行引导：无名战士要把这七根火柴交给谁？这七根火柴有什么用？为什么仅为交这七根火柴就延长了这位无名战士的生命？这样一点拨，学生就能深刻感受到红军战士对党的事业无限忠诚的崇高品质，这就是这篇文章的思想感情。

第三个方面是从作者的写作目的的角度去抓作品的思想感情，即学生读过课文后，自问作者写这个作品是想达到什么目的，要给读者什么启迪。例如，朱自清的《春》，作者描写春天是为了什么？是为了展示春天的美好。那么展示春天美好又是为什么呢？是为了让我们去热爱春天、热爱自然，并且像春天那样充满生机和朝气。

第二步，根据作品的思想感情确定诵读基调和具体的诵读技巧，以实现作品的审美效果。这个问题在上文的诵读的内容美及形式美中举例很多，这里不再赘述。

第三步，在确定了一篇作品的内容美和形式美之后，就可以引导学生在反复诵读中体验这二者之间的统一，也就是要看一看这种美的内容能不能通过这种美的形式表现出来，反过来再看一看这种美的形式能不能表现这种美的内容。如此，我们就能发现这二者是密不可分的，是"我中有你，你中有我"。

第三节　诵读审美鉴赏教学

何谓鉴赏？“鉴赏，鉴定和欣赏。”（《现代汉语词典》）鉴赏是理解的进一步深化，使认知达到理智上的深化和感情上的升华及审美上的体验。

诵读审美鉴赏，其内涵有二：其一是专指在诵读方面的审美鉴赏，而不是一般文学作品的审美鉴赏；其二是指用本书创新的诵读审美观点去鉴赏，而不是一般的审美鉴赏。

经典诗文都是其形式美与内容美的最完美的统一，为我们的诵读审美鉴赏提供了丰富多彩的材料。

一、鉴赏诵读美的意义

引导学生运用正确的审美观点去鉴赏美，就为诵读教学乃至语文教学开辟出一个全新的天地。“美”是优秀诗文的灵魂，而我们过去却偏偏抛弃了这个灵魂，将语文教学“理科化”，将生动有趣的诗文割裂成若干“知识点”进行答题训练，使学生感受不到诗文的“美”，从而使其丧失了学习语文的乐趣，也使语文教学丧失了应有的深度。将诵读美引进课堂，就为语文教学增添了一条重要的审美途径，一片葱茏、锦绣的鉴赏园地。“口诵心惟”，就是对诗文的认读——理解——诵读——领会——品味的过程。

问题是，目前的中学语文教学，虽然有些同行们已经开始重视审美鉴赏，但由于还没有一种正确、系统、统一的审美观点，都是各行其是，不仅不能收到实效，甚至还会产生误导。再者，就其中具有较为正确的审美观点的审美鉴赏教学来说，由于仅是说教而没有审美诵读作载体，其教学效果也大打折扣。

我们完全可以将诵读美的审美观点迁移到语文教学中，因为任何文学艺术都是形式美与内容美的统一，且诵读教学与语文教学在本质上是一致的，如此就不仅搞好了诵读教学，也有效地促进了语文教学，还有效地促进了对学生的美育，何乐而不为？

同时，针对当前越来越严重的“女孩男性化、男孩女性化”乃至“男孩危机”倾向，运用诵读审美教学，可以使这种现象在潜移默化中得到有效的矫正，从而重塑男孩、女孩的性别本色。

二、鉴赏诵读美的方法

（一）例文比较

课本里的诗文都是开展鉴赏活动的好材料，或优美、或壮美、或刚柔相济。在一篇诗文的诵读教学中，教师可以先指导学生诵读，然后自己范读，最后播放对课文的诵读教学录音。这样，每个学生包括自己在内都可以感受到不同的人的诵读效果。之后再针对每个人的诵读进行热烈的质疑和讨论，教师也要参与其中，相机引导。如此让学生在切身感受中比较，在具体比较中鉴别，因为有比较有鉴别就有发展。

教师也可以针对同一课文故意采取不同的读法，让学生鉴别优劣。例如，对于峻青的《党员登记表》一文的开头，可用沉抑和激昂的语调分别读一遍。乍一听，两种读法虽然截然不同，但都很有味道，都符合诵读的形式美；但是当学生联系时代背景读完课文后，就会感到后者的读法与全文的基调不符；接着在教师的点拨下，学生就会认识到，本文的开头是象征写法，“风”象征着敌伪恶势力，整个开头都在暗示着抗日战争严峻的斗争形势，所以，前者的读法是正确的，渲染出了一种残酷、严峻的气氛，衬托着本文主人公黄淑英及她的母亲不畏牺牲的斗争精神。

对题材相同而主题不同的两个作品的鉴赏也是一个极好的办法。例如，同是“咏梅”，毛泽东的词和陆游的词，内容与格调却有很大的差异。因此，读法也迥然不同。毛泽东笔下的梅花是一种不畏艰险、光明磊落、襟怀坦荡、乐观向上的光辉形象，从内容美上看是“豪壮美”；而陆游是以梅自比，处在封建统治阶级向外来侵略势力委屈求和的时代，自己的爱国抱负不能实现，只好孤芳自赏、自怜自叹，从内容美上看是“凄美”。

（二）自录自赏

学生在鉴赏别人诵读的同时也要时时鉴赏自己的诵读效果，方能提高诵读能力和鉴赏能力。

准确地了解自己的诵读效果是不容易的，虽然自己在诵读中也可以凭“反馈”听到自己的诵读，但是这种反馈是在一心多用的情况下进行的，不仅反馈得不够准确，而且也没有时间和精力对自己的诵读效果进行深入的评价。解决这个矛盾的最好办法是录下自己的诵读，然后专门进行自我鉴赏，是优是劣一听便知。此法对矫正学生诵读缺点有特效。教师在诵读教学中有时反复矫正某些同学的错误，但他们有的不以为然，有的表面接受而实际不改，应用此法后，这些学生就都心服口服了。

（三）同学互赏

学生在教师引导下鉴赏和自赏也有其不足的一面：教师的时间和精力都有限，难以照顾到更大的范围；学生自赏角度单一，缺乏参照。开展同学之间的相互鉴赏正可以弥补上述的不足，并且还具有独到的优势。

首先，是广泛而多样的借鉴效果。在各种诵读的场合，学生们各自的才华得到尽情展现，这就有利于同学们各尽鉴赏才能，比较鉴别，取长补短。其次，是激励效应。在诵读教学和诵读训练中，每个学生不论性别、考试成绩如何都可参与，因而这种情况下的竞争是广泛的、公平的，即都在同一起跑线上，所以这种竞争具有极强的激励作用。再者，同学之间的互相帮助是以他们的“共同语言”进行的，这种共同语言的激励效果有时比教师的点拨、引导更为准确、有效、及时。

为了促进同学之间的互相帮助，教师可以在学生中组织各种诵读小组，促进组员与组员和组与组之间的互相帮助、竞争。

（四）刚柔导鉴

一般的说，男生的审美倾向是壮美，女生的审美倾向是优美，选取这两种美的典型材料分别让男生、女生去诵读，同学们就可以从中鲜明地感受到这两种美的不同特点，从而更有效地提高自己的鉴赏能力。

三、审美鉴赏案例教学

（一） **沁园春·雪**

毛泽东

北国//风光，
千里/冰封，
万里//雪飘。
望//长城｜内外，
惟余//莽莽；
大河/上下，
顿失//滔滔。
山舞银蛇，
原驰蜡象，
欲与天公//试/比/高。
须/晴日，
看//红装/素裹，
分外//妖娆。

江山//如此多娇，
引/无数英雄//竞/折/腰。
惜/秦皇汉武，
略输/文采；
唐宗宋祖，
稍逊//风骚。
一代天骄，
成吉思汗，
只识弯弓//射/大/雕。
俱往矣，
数//风流/人物，
还看//今朝。

这首词深受国内外大众的喜爱，因为无论从艺术性还是从作品内涵上分析，它都可以称作上乘精品。词作以横括千万里、纵贯几千年的宏大气魄，描写了祖国的壮丽山河，抒发了作者的雄奇感叹。整首词豪放雄浑，意境高妙，是壮美中的雄壮和豪壮。

前半阕写雪景气象万千，分外妖娆，诵读时要读得开阔高远。首句至“顿失滔滔”，速度不要快，要充满自豪。“山舞银蛇”至“原驰蜡象”作连读处理，以形成语势，之后大停顿，运气，一字一顿地强力推出“试比高”三字。“须晴日”后，更要通过语言的跃动，展现色彩的美；“分外妖娆”要读出欣慰、自豪、骄傲的意味，可将妖娆读成气口。后半阕抒豪情气吞山河，雄视千古。一句“江山如此多娇”连贯前后阕，起到了承上启下的作用，要由心而生感叹。接下来的几句，要藐视群雄，有威慑力，但立点要高，气要正。“俱往矣”三个字，适当延长音长，声不要高，但要有万钧之力，可用气音。“今朝”是最高潮，用强重音，且一字一顿，不带拖音。

如此读来，无论读者听者，都为之振奋、引以为豪，从而使心灵得以洗礼，情趣得以升华，胸怀得以宽广。

（二）　春夜喜雨

唐·杜甫

好雨知时节，
当春乃发生。
随风潜入夜，
润物细无声。
野径云俱黑，
江船火独明。
晓看红湿处，
花重锦官城。

这首五言律诗，全篇洋溢着“喜”，这也是诵读这首诗要贯穿始终的基本情绪，其主要美感是优美中的幽美。开头一声“好雨”，就把作者对春雨的喜爱宣泄了出来，可用平拖音强调；一个“知”字更用拟人的方法夸赞了“好雨”的善解人意，可用一点气口突出，这样，就以高扬的声调开篇。前四句每句中间的一个字，在音高、音长上细心处理，适当延长音长，并使声音的高低随情景和情感的变化交替出现，既可把作者喜悦的心情和春雨润物的特征淋漓地表现出来，又可使诵读高低起伏尽显诗歌的音乐美。第五、六两句景象比较昏暗，诵读时可以略微沉缓一些，但这两句是为了进一步衬托“晓看”的美妙而作的伏笔，是“抑”。最后两句，一个“湿”字和一个“重”字，把雨后春花的娇媚写活了，“重”字重读后大停顿，“锦官城”一字一顿而不带拖音，总之，这两句应该是明快而舒展的。

此诗读来令人惬意、愉悦，对春雨、对自然的爱意便油然而生，从而更热爱生活，热爱生命。

（三）　再别康桥

徐志摩

轻轻的我走了，
正如我轻轻的来；
我轻轻的招手，
作别西天的云彩。

那河畔的金柳，
是夕阳中的新娘；
波光里的艳影，
在我的心头荡漾。

软泥上的青荇，
油油的在水底招摇；
在康河的柔波里，
我甘心做一条水草！

那榆荫下的一潭，
不是清泉，是天上虹，
揉碎在浮藻间，
沉淀着彩虹似的梦。

寻梦？撑一支长篙，
向青草更青处漫溯，
满载一船星辉，
在星辉斑斓里放歌。

但我不能放歌，
悄悄是别离的笙箫；
夏虫也为我沉默，
沉默是今晚的康桥！

悄悄的我走了，
正如我悄悄的来；
我挥一挥衣袖，
不带走一片云彩。

这首诗是我国现代著名诗人徐志摩于1928年写就的，康桥就是英国剑桥。徐志摩曾于20年代初就读于英国剑桥大学，将剑桥大学视为“知己”，在那里他“惊见真美浩瀚的光华”，确立了建立欧美式社会的理想，也结识了自己心仪的恋人。多年后诗人重返剑桥，在美丽的校园里徘徊，寻觅当年的青春年华，景是人非，感慨万千。这首诗在诗人心中酝酿了很久，写就于回国途中。

整首诗写得淡淡的，静悄悄的，但蕴涵的深情却浓得让人化解不开，这是在向人们娓娓道来，诉说衷肠。开头几句在宁静的氛围中就带着怀旧的情绪，在诗歌的结尾处，与开头呼应，更加深了郁结心中难解难分的眷恋和惆怅，因而在美感上是以优美中的幽美为主，还融合了一些柔美、秀美，也就十分难得。

这首诗音律轻盈和谐，规整中富于变化。每四行一小节，每小节押韵，各小节的韵脚又有不同，参差错落，韵味无穷。几次“轻轻”和“悄悄”这种叠字的使用，更使诗歌诵读时增加了静谧气氛中语调的跳跃和回环。

诵读时，要注意突出诗人在幽幽美景之中的绵绵情意，有对往昔的追忆，有对故园的眷恋，有对梦想的寻找，也有带不走一片云彩的失落，但在整体的基本情绪里，也要注意变化，前面几段在追寻中有对往昔美好的回忆、感动和希望，有金柳，有彩虹，有星辉，从“但我不能唱歌”开始，要转而为不得不离别而伤感，全诗悄悄地结束，把诗人的飘逸淡雅、余味渺渺，淋漓尽致地表现出来。全诗用语浅近，没有大起大落，也没有明显的重音，只有柔缓的起伏。此诗读来令人缠绵不已，进而对诗人如此的痴情感慨万千，从而更珍惜亲情、友情、爱情。

（四） 友邦惊诧论

鲁 迅

只要略有知觉的人就都知道：这回学生的请愿，是因为日本占据了辽吉，南京政府束手无策，单会去哀求国联，而国联却正和日本是一伙。读书呀，读书呀，不错，学生是应该读书的，但一面也要大人老爷们不至于葬送土地，这才能够安心读书。报上不是说过，东北大学逃散，冯庸大学逃散，日本兵看见学生模样的就枪毙吗？放下书包来请愿，真是已经可怜之至。不道国民党政府却在十二月十八日通电各地军政当局文里，又加上他们“捣毁机关，阻断交通，殴伤中委，拦劫汽车，攒击路人及公务人员，私逮刑讯，社会秩序，悉被破坏”的罪名，而且指出结果，说是“友邦人士，莫名惊诧，长此以往，国将不国”了！

好个“友邦人士”！日本帝国主义的兵队强占了辽吉，炮轰机关，他们不惊诧；阻断铁路，追炸客车，捕禁官吏，枪毙人民，他们不惊诧。中国国民党治下的连年内战，空前水灾，卖儿救穷，砍头示众，秘密杀戮，电刑逼供，他们也不惊诧。在学生的请愿中有一点纷扰，他们就惊诧了！

好个国民党政府的“友邦人士”！是些什么东西！

即使所举的罪状是真的罢，但这些事情，是无论那一个“友邦”也都有的，他们的维持他们的“秩序”的监狱，就撕掉了他们的“文明”的面具。摆什么“惊诧”的臭脸孔呢？

可是“友邦人士”一惊诧，我们的国府就怕了，“长此以往，国将不国”了，好像失了东三省，党国倒愈像一个国，失了东三省谁也不响，党国倒愈像一个国，失了东三省只有几个学生上几篇“呈文”，党国倒愈像一个国，可以博得“友邦人士”的夸奖，永远“国”下去一样。

几句电文，说得明白极了：怎样的党国，怎样的“友邦”。“友邦”要我们人民身受宰割，寂然无声，略有“越轨”，便加屠戮；党国是要我们遵从这

“友邦人士”的希望，否则，他就要“通电各地军政当局”，“即予紧急处置，不得于事后借口无法劝阻，敷衍塞责”了！

因为“友邦人士”是知道的：日兵“无法劝阻”，学生们怎会“无法劝阻”？每月一千八百万的军费，四百万的政费，作什么用的呀，“军政当局”呀？

写此文后刚一天，就见二十一日《申报》登载南京专电云：“考试院部员张以宽，盛传前日为学生架去重伤。兹据张自述，当时因车夫误会，为群众引至中大，旋出校回寓，并无受伤之事。至行政院某秘书被拉到中大，亦当时出来，更无失踪之事”。而“教育消息”栏内，又记本埠一小部分学校赴京请愿学生死伤的确数，则云：“中公死二人，伤三十人，复旦伤二人，复旦附中伤十人，东亚失踪一人（系女性），上中失踪一人，伤三人，文生氏死一人，伤五人……”可见学生并未如国府通电所说，将“社会秩序，破坏无余”，而国府则不但依然能够镇压，而且依然能够诬陷，杀戮。“友邦人士”，从此可以不必“惊诧莫名”，只请放心来瓜分就是了。

本文为经典之作，其美感是壮美中的悲壮。全文脉络大起大落，语言干脆利落，情感或悲或怒或讽，语调或深沉或激昂或犀利，正是一篇战斗檄文。

首段以深沉起笔，情绪逐步升级；尾句“友邦人士，莫名惊诧，长此以往，国将不国了”是讽刺，应作煞有介事的夸张：即“莫”字用重拖音，“将”后大停顿，“不国了”速读，一带而过。第二段的“好个友邦人士”似惊雷乍响，“好”字用气口；之后两组排比都在尾句顿住，至本段尾句形成对比和讽刺；“纷扰”用长拖音，“他们”用喷口，“就”字轻读，“惊诧了”三字重读且拖音。第三段一句中的“什么”用气口，“东西”重读。第四段转入深沉。第五段越读越急，到尾句放慢，第六段转为激昂。第七段是讽刺。第八段从平实叙述起，至尾句是用反语讽刺，语调放低放缓。

注意，文中两个“读书呀”中的“呀”读成“wā”，“作什么用的呀”和“军政当局呀”中的“呀”读成“yē”。

此文读来似惊雷滚滚，又似警钟长鸣，给人以震撼和感慨，最终使人振奋和激昂，从而热爱新时代，努力上进。

（五） 只拣儿童多处行（节选）

冰 心

从香山归来，路过颐和园，看见成千盈百的孩子，闹嚷嚷地从颐和园门内挤了出来，就像一只大魔术匣子里，飞涌出一群接着一群的小天使。

这情景实在有趣！我想起两句诗："儿童不解春何在，只拣游人多处行。"反过来也可以说："游人不解春何在，只拣儿童多处行。"我们笑着下了车，迎着儿童的涌流，挤进颐和园去。

走进玉澜堂的院落里，眼睛突然一亮，那几棵大海棠树，开满了密密层层的淡红的花，这繁花从树枝开到树梢，不留一点儿空隙，阳光下就像几座喷花的飞泉……

春光，竟会这样地饱满，这样地灿烂！它把一冬天蕴藏的精神、力量，都尽情地释放出来了！

我们在树下大声赞叹，引得一群刚要出门的孩子又围聚过来了，他们抬头看看花，又看看我们。我拉住一个额前披着短发的女孩子，笑着问："你说这海棠花好看不好看？"她忸怩地笑着说："好看。"我又笑着问："怎么好法？"当她说不出来低头玩儿着纽扣的时候，一个在她后面的男孩子笑着说："就是开得旺嘛！"于是他们就像过了一关似的，笑着推着跑出门外去了。

对，就是开得旺！只要管理得好，给它适时地浇水施肥，花儿和儿童一样，在春天的感召下，就会欢畅活泼地以旺盛的生命力，舒展出新鲜美丽的四肢，使出浑身解数。这时候，自己感到快乐，别人看着也快乐。

朋友，春天在哪里？当你春游的时候，记住"只拣儿童多处行"，是永远不会找不到春天的！

这篇散文的字里行间都洋溢着作者对春天、对孩子、对未来的爱，而这种爱正是通过描写娇美的儿童实现的，也正因为描写娇美，以致作者文笔轻松活泼，心态年轻而阳光，快乐和喜悦迎面扑来，具有很强的感染力。我们诵读时就要以一颗童心充分展现这种快乐和希望，把春天的气息和美好的心态传递给每一个人。该文宜以清新的感觉、轻快的节奏、轻柔的声音诵读，在几处感慨的地方，如"春光，竟会这样地饱满，这样地灿烂！"可以用扬起的语调、坚实的声音来变化其节奏，给人更强烈的感染和更深刻的印象。

这篇散文以娇美为主，柔美为辅，就儿童来说是娇美，就"我"来说是柔美。“娇美”让人感到一种蓬勃的生命力，激发出向往和追求；“柔美”使人顿生爱怜，对未来充满希望。

（六） 跳 蚤

从前，有个大跳蚤，不知怎么跑到了黄牛的鼻子尖上。它轻轻地抖动了一下后腿，又用前腿擦了擦嘴唇，然后郑重地宣布：

“我确信，在这个世界上，没有比我更大的动物了！”

正巧一只小蜜蜂从它身边飞过，连忙说：“哟，我的小乖乖，你也不看看，你是站在什么地方？”

“嗯？嗯……嗯！从我这个方面来看，这是一座高山呐。”

人越是无知，越是自命不凡。

这篇寓言，以几个动作和两句话，把自命不凡的跳蚤刻画得惟妙惟肖，形成一种诙谐美。跳蚤的话，可以略加夸张，突出逻辑重音和感情重音。“我确信，在这个世界上，没有比我更大的动物了！”这句话可以拉开、放慢或用气音读出，以显示跳蚤的傲慢和无知，但不要忘了从跳蚤的角度来说，这些话并不是故意的做作，而是很认真的。三个“嗯”的潜台词是“你说什么？”“我看看。”和“噢，知道了！”这样就自然会产生语气的变化。最后的结束语，要用严肃而郑重的语气道出，语速较慢，语调铿锵，且与前面的故事之间应有一个明显的停顿。文中“这个”的“这”按口语读（zhèi），“这是”的“这”仍读（zhè）音。

如果不运用诵读技巧，仅凭着几句文字符号，其讽刺效果会大打折扣，其诙谐美也就不突出了。

第四节 创造诵读美

创造在诵读中并不神秘，只要学生一张口便是创造，因为他们是把一篇文字符号，运用所学知识，经过自己的努力，变成了有声语言；如果他们还能结合自己的生理条件和审美理想声情并茂地诵读作品，那就是更高层次的创造，所以诵读本身就是在创造美。

正确处理诵读材料就是创造。例如，臧克家的《有的人》，从内容美来说，这是在高尚与丑恶的鲜明对比中，突出地歌颂了高尚的人格和情操，极其强烈地感染、震撼和启迪着人们的心灵。那么，根据这种内容美如何选用诵读技巧去创造诵读美？下面以本诗第一节为例来说明。第一句“有的人活着，他已经死了”，该怎么去创造？可以引导学生去研究、讨论、探索。因为“他”是反面人物，虽生犹死，所以前半句就要读得平淡；“他”用次重音，以鲜明我们批判的矛头所向；“已经”用快速，表明“他”像流星般地消失了；之后大停顿，是为强调其必然的结局——死了；“死”用次重音加气口，以突出地暴露这种卑劣的死态；“了”字一带而过，给人以轻如鸿毛的感觉。第二句“有的人死了，他还活着”。因为这句是指正面人物，前半句就要读得沉缓，以表达人们无限的沉痛和惋惜之情；后半句第一个字“他”用响亮干脆的喷口，使崇高形象凸显于眼前；“还”用拖音并与下一词连读，径直托出“活着”，以表达人们的强烈愿望并突出这个愿望必然实现的自信；“活”用强重音加长拖音，以表达人们无限敬佩、不胜感叹之情，也将本节诗境推到高潮；“着”字戛然而止并用次重音，从而使本句意境收到意犹未尽、余音绕梁之效。一首诗如此处理下去，诵读美就这样被创造出来了。

形成自己的诵读风格是高层次的创造。诵读风格即诵读者在深谙诵读规律的基础上结合自身生理和心理条件形成的较为稳定的诵读特色。特色即个性，而诵读规律则是共性，所以诵读风格即诵读共性与个性的统一。

“由于美的多样性，由于时代、民族、地域、阶级不同，每个人的思想感情、文化修养、个性爱好等不同，使美感具有差异性。共同的物质依据和心理、生理机能及在审美关系中的相同因素，又使美感具有共同性。”（《教师百科辞典》）

“仁者见仁，智者见智”，针对同一作品，不同的审美经验和理想会创造出不同的诵读效果。例如，苏轼的经典之作《念奴娇·赤壁怀古》中的“小乔初嫁了”中的“了”字，不是词眼，也不是重点词，却有极大的创新空间。读“le”，是助词，显得青春、活泼，读来清新明快，与“雄姿英发”合拍；读“liao”，是动词，显得庄重、深沉，读来铿锵有力，与全词基调相符；读“la”，是变读为口语，显得亲切、欣慰，读来柔缓、自然，是在豪放美感中添一首小夜曲，也算和谐。几种读法截然不同，这就是创新，都是对诵读美的创造。

可见，创造诵读美就是在共性基础上个性的发挥，就是在把握作者、作品主旨前提下独到的解读，所以，创造诵读美，不仅要准确把握作者、作品的思想感情，更要致力于独到的解读。

在诵读教学中，我们固然应该重视引导学生掌握诵读规律，但更应该在此基础上鼓励学生发扬创新精神，根据各自的生理、心理条件创造出自己的诵读风格，从而使学生的诵读园地异彩纷呈。正如拉丁谚语所说“趣味无争辩”。

第六章

诵读宗旨教学

宗旨即“主要的目的和意图”(《现代汉语词典》)。诵读宗旨不同于诵读教学宗旨，诵读宗旨是单指诵读的目的和意图，而诵读教学宗旨则是下一章要讨论的问题。诵读是手段、是目，诵读教学是目的、是纲。朗诵家们都强调语言的“行动性”，行动性本来是戏剧表演中的术语，意思是说语言表达要有目的。有了这种目的和意图，诵读者则具有了自主性，就会有的放矢地去努力。

第一节　第一宗旨——诵读是为作者代言

一、理念提示

悠远而浩瀚的中华文学艺术孕育出了唐诗、宋词、元曲、明清小说等艺术成就，身为炎黄子孙就必须继承发扬这些。继承与发扬，继承是前提，没有继承，何谈发扬？幸好这些文学艺术瑰宝体现在一位位作者的作品中，因而诵读作为一种教学方式就必须把握作品，否则诵读便是无源之水、无本之木；而任何作品都是在表达作者的思想感情，所以诵读作品就是在为作者代言。艾青说："朗诵者可以说是'解释的艺术家'。"如果诵读者不顾作者的思想感情而各行其是、任意发挥，也就葬送了民族文化，更谈不上继承发扬。

为作者代言，就要走进文本，走进文本就要与作者进行心灵上的沟通和碰撞直至共鸣。然而我们又见不到作者，那么这种沟通和碰撞只能通过对作者的语言文字的认读、辨析、理解进而揣摩、感悟作者的思想感情来进行。"朗读《史记》能发现太史公的胸襟，朗读《论语》能领会孔夫子的性情，朗读韩文能学到韩愈的气势，朗读杜诗能感悟杜甫的心灵。要把朗读古诗古文，看做是古人在说话，看做是古人在借你的嘴来表情达意，那就好了。"（商友敬：《语文教育退思录》）走进文本，还要想象、联想，在脑中描绘作品中人物的音容笑貌乃至事情发生的具体场景、情境。例如，读李白的《早发白帝城》，就会产生一种驾驭大自然的痛快淋漓之感。

为作者代言，还要了解作者的生平、个性和作品的写作背景。例如，前边说过诵读家瞿弦和读郭小川的《团泊洼的秋天》时，开始认为这首诗有景有情，就定下歌颂的基调，结果不被郭小川的女儿和郭小川的朋友所接受；后来了解到郭小川写这首诗时正是他受迫害而被下放改造的时候，于是便改为深沉、压抑的基调，才得到各方面的认可。再如唐诗主要作者的风格：李白——飘逸，杜甫——沉郁，白居易——晓畅，王维——清雅，岑参——奔放，李贺——奇丽，孟浩然——闲淡，韩愈——雄奇，杜牧——俊逸，温庭筠——浓艳。

为作者代言，就要感同身受，想作者之所想，急作者之所急，与作者同呼吸、共命运。也许我们的思想感情与作者有出入，但诵读时必须努力从作者的立场出发，内心深处要有“我就是作者”的意识。至于作者思想感情中的某些不足之处，也是可理解的，将之展示出来，以供鉴赏评价，大可不必耿耿于怀非给作者改过来不可。走进文本进而为作者代言的过程，就是诵读者学习语文的过程，因为语文素养的形成靠听讲、死记是不行的，必须在大量的语文实践中才能形成，诵读则是最喜闻乐见并且行之有效的语文实践活动。这个过程走好了，语文学习自然水到渠成。

总之，能不能为作者代言进入文本角色，从而运用与之适当的技巧绘声绘色、绘情绘景地诵读出来，是诵读成功与否的第一标志。

二、为作者代言的案例教学

（一） 卜算子·咏梅

毛泽东

风雨/送春归，
飞雪//迎春到。
已是/悬崖//百/丈/冰，
犹有///花枝俏。

俏也//不争春，
只把//春来报。
待到｜山花//烂漫时，
她//在/丛/中/笑。

这首词创作于1961年，是“读陆游咏梅词，反其意而用之”。与陆游的原词一样，这也是一首托物言志的作品，但立意截然不同，不仅没有了不得志的哀怨，更昭示了一代人应崇尚的气节和品格。全篇歌颂了梅花的高贵品质，上阕写梅花独立于冰雪的顽强个性，下阕转而颂扬了梅花不妒群芳不争春的谦逊品格。喻示着做人既要勇于拼搏，又要把个人置于民众之中的精神。诵读时要把作者的主旨即“梅花”的这种精神充分表达出来。上阕前三句是描述严峻的冬天，要读得沉重，“迎”字用长拖音，“百丈冰”一字一顿且字字迸出；第四句是梅花亮相，与严冬形成截然反差，要读出欣慰、自豪的感觉，用停顿和拖音强调而不用强重音。整个上阕要读出柳暗花明的意味。下阕要以钦佩、颂扬的语气诵读。我们会因急于了解梅花的归宿而要将“待到”读成快速；“山花烂漫”用慢速，是在欣赏这无比壮观的场景；读到“时”字，因惦念梅花的下落而若有所思并开始寻找，所以读成长拖音；“她”字奇峰突起，用喷口，是因为一下子找到梅花的踪迹（梅子）而惊喜；“在”字轻读并带长拖音，是读者正在端详这新奇的梅子；“丛中笑”三字均用重音，“笑”字最好用气口，欣慰、敬佩、赞叹之情达到高潮。此时我们已经被梅花那博大无私的情怀和高尚纯真的情操所倾倒，不禁心潮澎湃、感慨万千。

（二）　　乡　愁

台湾　余光中

小时候
乡愁是一枚小小的邮票
我在这头
母亲在那头

长大后
乡愁是一张窄窄的船票
我在这头
新娘在那头

后来呵
乡愁是一方矮矮的坟墓
我在外头
母亲在里头

而现在

乡愁是一湾浅浅的海峡

我在这头

大陆在那头

这首诗作者以乡愁为主题，情深意长，音韵动人，具有深厚的历史沉重感和民族向心力。

诵读时要突出代表乡愁的四个意象："邮票""船票""坟墓"和"海峡"，四个意象直观而丰富，令人能清晰地感觉到，又能令人产生丰富的联想，因而在这四个词前要作停顿，然后悠缓地读出。

前三节的情感越来越浓烈，音高相应的要越来越高，音速也要越来越快，因而第一节要以沉缓起步，二三节递增，第四节可以突然转低声音，音速也突然放慢，这样反衬出的情感愈加深沉，将一种不可排遣的乡愁引向更绵长的思绪中。每一节的四句读得要有变化，大体上是长句、尾句要缓一些。

全诗用语朴实无华，情感真挚深厚，要把作者的这种风格和意向读出来。

（三）　　　最后一课（节选）

（法）都　德

那天早晨上学，我去得很晚，心里很怕韩麦尔先生骂我，况且他说过要问我们分词，可是我连一个字也说不上来。我想就别上学了，到野外去玩玩吧。

天气那么暖和，那么晴朗！

画眉在树林边婉转地唱歌；锯木厂后边草地上，普鲁士兵正在操练。这些景象，比分词用法有趣多了；可是我还能管住自己，急忙向学校跑去。

我走过镇公所的时候，看见许多人站在布告牌前边。最近两年来，我们的一切坏消息都是从那里传出来的：败仗啦，征兵啦，司令部的各种命令啦。——我也不停步，只在心里思量："又出了什么事啦？"

铁匠华希特带着他的徒弟也挤在那里看布告，他看见我在广场上跑过，就向我喊："用不着那么快呀，孩子，你反正是来得及赶到学校的！"

我想他在拿我开玩笑，就上气不接下气地赶到韩麦尔先生的小院子里。

平常日子，学校开始上课的时候，总有一阵喧闹，就是在街上也能听到。开课桌啦，关课桌啦，大家怕吵捂着耳朵大声背书啦……还有老师拿着大铁戒尺在桌子上紧敲着，"静一点，静一点……"

我本来打算趁那一阵喧闹偷偷地溜到我的座位上去；可是那一天，一切偏安安静静的，跟星期日的早晨一样。我从开着的窗子望进去，看见同学们都在自己的座位上了；韩麦尔先生呢，踱来踱去，胳膊底下挟着那怕人的铁戒尺。我只好推开门，当着大家的面走进静悄悄的教室。你们可以想象，我那时脸多么红，心多么慌！

可是一点儿也没有什么。韩麦尔先生见了我，很温和地说："快坐好，小弗郎士，我们就要开始上课，不等你了。"

……

我听了这几句话，心里万分难过。啊！那些坏家伙，他们贴在镇公所布告牌上的，原来就是这么一回事！

我的最后一堂法语课！

……

接着，韩麦尔先生从这一件事谈到那一件事，谈到法国语言上来了。他说，法国语言是世界上最美的语言——最明白，最精确；又说，我们必须把它记在心里，永远别忘了它，亡了国当了奴隶的人民，只要牢牢记住他们的语言，就好像拿着一把打开监狱大门的钥匙。说到这里，他就翻开书讲语法。真奇怪，今天听讲，我全都懂。他讲得似乎挺容易，挺容易。我觉得我从来没有这样细心听讲过，他也从来没有这样耐心讲解过。这可怜的人好像恨不得把自己知道的东西在他离开之前全教给我们，一下子塞进我们的脑子里去。

语法课完了，我们又上习字课。那一天，韩麦尔先生发给我们新的字帖，帖上都是美丽的圆体字："法兰西""阿尔萨斯""法兰西""阿尔萨斯"。这些字帖挂在我们课桌的铁杆上，就好像许多面小国旗在教室里飘扬。个个那么专心，教室里那么安静！只听见钢笔在纸上沙沙地响。有时候一些金甲虫飞进来，但是谁都不注意，连最小的孩子也不分心，他们正在专心画"杠子"，好像那也算是法国字。屋顶上鸽子咕咕地低声叫着，我心里想："他们该不会强迫这些鸽子也用德国话唱歌吧！"

我每次抬起头来，总看见韩麦尔先生坐在椅子上，一动也不动，瞪着眼看周围的东西，好像要把这小教室里的东西都装在眼睛里带走似的。只要想想：四十年来，他一直在这里，窗外是他的小院子，面前是他的学生；用了多年的课桌和椅子，擦光了，磨损了；院子里的胡桃树长高了；他亲手栽的紫藤，如今也绕着窗口一直爬到屋顶了。可怜的人啊，现在要他跟这一切分手，叫他怎么不伤心呢？何况又听见他的妹妹在楼上走来走去收拾行李！——他们明天就要永远离开这个地方了。

可是他有足够的勇气把今天的功课坚持到底。习字课完了，他又教了一堂历史。接着又教初级班拼他们的 ba，be，bi，bo，bu。在教室后排座位上，郝叟老头儿已经戴上眼镜，两手捧着他那本初级读本，跟他们一起拼这些字母。他感情激动，连声音都发抖了。听到他古怪的声音，我们又想笑，又难过。啊！这最后一课，我真永远忘不了！

忽然教堂的钟敲了十二下，祈祷的钟声也响了。窗外又传来普鲁士兵的号声——他们已经收操了。韩麦尔先生站起来，脸色惨白，我觉得他从来没有这么高大。

“我的朋友们啊，”他说，“我——我——”

但是他哽住了，他说不下去了。

接着，他转向黑板，拿起一支粉笔，使出全身的力量，写了两个大字：

“法兰西万岁！”

然后他呆在那儿，头靠着墙壁，话也不说，只向我们做了一个手势：“放学了，你们走吧。”

这篇世界著名的短篇小说，讲述了普法战争时期法国战败，被迫割让了阿尔萨斯和洛林两省后，阿尔萨斯一所小学最后一堂法语课的情景。全篇体现了作者的亡国之痛和强烈的爱国之情。“我”虽顽皮，但也被周围强烈的爱国氛围感染，也有强烈的爱国心，因此后悔过去的不努力，而加倍认真地听课；老师韩麦尔更是因为亡国之痛，而变得和蔼、认真，希望能为祖国法兰西再多做一些什么，及至最后时刻到来时的极度伤感和无力，这就是贯穿全篇的情。“我”和“老师”的人物处理要从年龄和情感的深度加以区别，并且都有一个发展变化的过程。前半部分的“我”不谙世事，“少年不识愁滋味”，但随后在“老师”和环境的感染下，心情也逐渐沉重起来；而“老师”的感情则由沉重发展到悲怆。

小说最后的情节：“老师”听到普鲁士军队的军号声后，因强烈的悲痛造成的语噎；他在黑板上写字的郑重和无声的呼喊；最后因亡国而伤心至极的无力挥手，这是在一根爱国红线牵引下的心理和外部行为的跌宕起伏。诵读者要运用情感调动语言的技巧，诵读出这种强烈的大起大落的变化。最后一句中的“课上完了”要读得特别沉缓，“走”字用长拖音，以表恋恋不舍之情。而“我”的叙述，应该带着肃然起敬的庄重，声音不要高，语速不要快，和对

“老师”语言的诵读形成鲜明的对比。全文开头与结尾要读出巨大反差，前者明快，后者沉重。

（四） 战斗的春天

陈 毅

从旧历二月起，江南很快脱去了冬日的萧索景象，换上艳丽的春装。菜黄、麦秀、柳青、桃红、墙白，到处组成一幅色彩鲜明的图画，远山似在雾中漂浮着。每一人家常常是流水萦回和垂柳环绕，当面又是一块明镜似的池塘，这仿佛是经过人工安排的花园；尤其是湖泊地区，在月光之下湖水盈盈，景物更为秀丽。就连我们部队同志过去认为毫无战术价值的茅山，现在也富有生气了。

我幼年在成都受中小学教育，成都盆地的风景，我很熟悉。拿它来比江南，两地差不多，江南麦地碧绿如油的风景，恐在川西还见不到。哈哈，我真幸运，亲眼看到了秀丽的江南。江南人听见我说这话，就说：“你还没有到过苏州、无锡啊！那一带才是真正的江南！”这样的话，又引导我转而展望太湖沿岸。是的，我们部队的先遣队已经挺进太湖东岸与当地人民游击队结合起来了，我是部队指挥员，我应该亲自到那一带去看一看，看看那新扩大的游击区和美丽的江南风光！

在一天傍晚散步的时候，我跟同伴们跑上一个高高的浅山，大家向远处瞭望，指认云树：那是茅山，那是乾元观，再过去就是宝华山脉，山脉的西头就是有名的龙潭。再往东南方面看，便是太湖沿岸，那边是长荡湖，那边是宜兴山区，正东就是苏州、无锡，往北过铁道就是长江到江北的线路。夕阳的红光平铺地照着金黄色的油菜花，河堤上边的杨柳，成线式地向远处延伸。河内的舟船，远看上去，那张挂着的风帆，慢慢地移动着，笔直地擦过树梢。还有点缀在这些场子里最生动的景象，是十几个儿童骑着牛，兴高采烈地向疏落的农舍加鞭。同伴中有一人突然高叫：“好一幅阳春烟景！”

这时，我记起一个同志写给我的信，信中说：“我爱这战斗的春天，我爱这春天的战斗！”这句话很好，我们确实在与日本军队顽强地战斗着，当着这美好的春天！

趁着大地春回、柳垂风和之际，我们于绿茵草地上轮流检阅部队，整训部队，准备战斗。

这篇记叙江南春景的抒情散文，出自我国一代儒将陈毅元帅之手，写于艰苦的战争年代，充分展现了作者对祖国山河的热爱和为国而战的豪情，显示了其作为军事家和诗人的豁达乐观的胸怀和气度。

这幅江南春景图，有色彩，有形象，有平凡而生动的生活，更有军人的激情；由近及远，静中有动，刚柔相济，虚实结合，令人动情，令人陶醉。诵读时要从作者的角度设身处地地对这幅春景图，既赞叹又自豪，既抒描绘美景之情，又抒军人战斗之情，同时要抒对祖国美好明天的希望和责任。语言要流畅，语调要明朗。文章中不时插入的军人的感慨，使整篇文章的诵读有了鲜明的跌宕和变化。虽然题目是“战斗的春天”，但文中没有战火硝烟，全篇总的基调是从容的，所以诵读这些军事的情况和军人的感慨时不必过于慷慨激昂，相反更要着意表现出陈毅元帅看似淡定实则坚定的大将风度。结尾四字中间停顿一下，读出沉稳和坚定。

（五）　　傅雷家书（节选）

（1954 年 11 月 23 日夜）

聪，亲爱的孩子：

为了艺术的修养，感情过多的人还需要尽量自制。中国哲学的理想，佛教的理想，都是要能控制感情，而不是让感情控制。假如你能掀动听众的感情，使他们如醉如狂，哭笑无常，而你自己屹如泰山，像调度千军万马的大将军一样不动声色，那才是你最大的成功，才是到了艺术与人生的最高境界。你该记得贝多芬的故事，有一回他弹完了琴，看见听的人都流着泪，他哈哈大笑道：“嘿！你们都是傻子。”艺术是火，艺术家是不哭的。这当然不能一蹴即成，尤其是你，但不能不把这境界作为你终生努力的目标。罗曼·罗兰心目中的大艺术家，也是这一派。

我前晌对恩德说：“音乐主要是用你的脑子，把你朦朦胧胧的感情（对每一个乐曲，每一章，每一段的感情）分辨清楚，弄明白你的感觉究竟是怎么一回事；等到你弄明白了，你的境界十分明确了，然后你的技巧自会跟踪而来的。”你听听，这话不是和李赫特说的一模一样吗？我很高兴，我从一般艺术上了解的音乐问题，居然与专门音乐家的了解并无分别。

凡是一天到晚闹技巧的，就是艺术工匠而不是艺术家。一个人跳不出这一关，一辈子也休想梦见艺术！艺术是目的，技巧是手段：老是只注意手段的人，必然会忘了他的目的。甚至一些有名的演奏家也犯这个毛病，不过程度高一些而已。

傅雷（1908～1966），我国著名的文学翻译家、文艺评论家，译作约500万言，共34部。他的艺术造诣十分深厚，在古今中外的文学、绘画、音乐各个领域，都拥有极渊博的知识。他一生苦心孤诣培养两个孩子。从1954年到1966年，傅雷夫妇给远在异国他乡读书和生活的大儿子傅聪写了数百封信，教育儿子不忘国家，超脱小我，独立思考，正直为人。其中200封信集结成《傅雷家书》，该书出版后，感动和教育了无数人。这里节选的一封信，是傅雷写给当时在波兰留学的傅聪的。年轻时的傅聪多次在国际钢琴比赛中获奖，目前是世界著名的钢琴大师。

傅雷在这封信里谈到的对音乐艺术的见解，在整个艺术范畴内都是相通的，对学习诵读艺术，也有实际的指导意义。这封信里，傅雷对儿子既有长者的谆谆教导，又像与朋友在侃侃交谈；字里行间，既有对儿子的亲情显现，又有对艺术的真知灼见。诵读这封信，就要站在傅雷的角度，使诵读语调兼有父亲的慈爱、长者的气度和艺术家的风范。究竟怎么处理，傅雷先生已经在信中作了最精辟的说明：分辨清楚感情，艺术是目的，技巧是手段，即如何表达出作者的思想感情是第一位的。因而，整体的语气是娓娓道来，语调是平和的。

（六）　陋室铭

唐·刘禹锡

山不在高，有仙则名；水不在深，有龙则灵。斯是陋室，唯吾德馨。苔痕上阶绿，草色入帘青。谈笑有鸿儒，往来无白丁。可以调素琴，阅金经。无丝竹之乱耳，无案牍之劳形。南阳诸葛庐，西蜀子云亭。孔子云："何陋之有？"

"铭"是古代的一种文体，这种文体讲究押韵，句式工整，多用对偶句、排比句，常用于记述功德或规劝告诫的文字，通常刻铸在器物或碑碣上。这篇《陋室铭》是一篇托物言志的铭文，是作者写出来放在座位右边用以自警的，称为"座右铭"。

文章虽不长，诵读时也要注意层次清楚。前面三句，以山水引入，类比自己的陋室，由远及近，由虚而实；第二部分，描述自己陋室的情景，情绪可以稍微高扬一些，但应保持自我欣赏和略恃清高的飘逸；最后两句以古代先贤的居所作类比，引用孔子的话表明自己甘居陋室而不以为陋的情操，要心怀坦荡，略带自豪。全文诵读宜舒缓不宜急切，在从容中显示出变化，若能控制好气息和共鸣，以情带声，适当延宕，表现出些许的仙骨和灵气，那就更加精彩了。例如，第二句，可以在慢读“有仙”二字后作大停顿，然后响亮而快速地将“则名”二字读出，因为这是“陋室”的暗喻，要读出作者的清高和自得。结尾四字，“陋”字作长拖音后轻快地带出“之有”，“有”字略上扬，用疑问语气将“陋”彻底否定。

第二节　第二宗旨——诵读是个性化解读

一、理念提示

文学作品是作者的创造，诵读则是诵读者对文学作品的再创造。这是因为诵读者对作品有一个认读——再现（想象、联想该作品中的场景）——理解（把握作品的思想感情和艺术特点）——感悟（被作品感染而产生新的认识和情感）——定调（确定作品的美感、基调、技巧）——表达（诵读）的过程。这个创造的过程，是以诵读者的水平、阅历、价值观和审美取向为前提的，正所谓“仁者见山，智者见水”，所以“一百人读《哈姆莱特》就有一百个哈姆莱特”，也正如著名文学家王国维所说：“有我之境，以我观物，故物皆着我之色彩。”（王国维：《人间词话》）可见诵读是没有标准答案的，因而就有利于开展个性化诵读，进而培养学生的创新精神。例如，辛弃疾《青玉案·元夕》中“众里寻他千百度，蓦然回首，那人却在灯火阑珊处。”大多数人认为这首词是描写爱情；王国维却将它引申为学习的一大境界；梁启超则说它“自怜幽独，伤心别有怀抱”，是自身高洁的写照。再如陶渊明的名句“采菊东篱下，悠然见南山。”出世者读出闲适、自在，辉煌者读出得意、逍遥，失意者读出无奈、忧伤。这种现象是正常的，甚至是必然的。因为好的文学作品能使任何一位读者都受到感染、启迪和激发，而形成多种多样的解读和诵读。相反，如果一个作品让人一眼看透，没有任何可引发读者思考、想象、联想的空间，那么读起来则味如嚼蜡，也就毫无艺术性可言了。

但是，也不可对文学作品任意解读。每一个文学作品都是有其特定的主题思想和艺术特点的，必须得到尊重，这在上一节“诵读是为作者代言”的理念中强调过。至此就可以明确地说，诵读是作品的共性与读者的个性的辩证统一。可见，诵读必须忠实于原著，这是诵读者个性发挥的基础，否则任何个性发挥都是无源之水、无本之木。然而也必须有诵读者的个性发挥，因为诵读的亮点就是在共性基础上的个性发挥，否则万人一腔，这样的诵读还有什么意思！笔者几十年来执著于诵读，特别关注来自各种媒体的诵读案例，确实发现不同的人读同一个作品，其读法各个不同，这除了诵读者个人风格（如李默然大气、瞿弦和平实、王凯风趣）的因素外，另一个原因就是每个人对作品都有独到的个性化解读。即便是本书中几十个案例的诵读指导，也不过是笔者的个性化解读，仅供参考罢了。

那么，诵读者如何进行个性发挥而展示自己的诵读亮点呢？道路只有一条：那就是对作品共性进行深刻而独到的解读，这既是共性，更是个性。诵读家读得好，是因为他们对作品的思想感情理解得不仅深刻而且独到，以及由此而采取了合适的诵读技巧。可以说，诵读是读者的个性化解读，甚至还可以说抓共性易，展个性难。所以，提高学生的语文素养和弘扬他们的创新精神是实现个性化诵读的必经之路。

二、诵读个性化解读的案例教学

（一）　蝶恋花·答李淑一

毛泽东

我失骄杨//君失柳，
杨柳轻扬直上——重/霄/九。
问讯/吴刚//何所有，
吴刚/捧出//桂/花/酒。

寂寞/嫦娥//舒广袖，
万里长空//且为//忠/魂/舞。
忽报人间/曾伏虎，
泪飞/顿作//倾盆雨。

这首词是作者写给当时的湖南长沙第十中学语文教师李淑一的。词中的“柳”指李淑一的爱人柳直荀烈士，他是作者早年的战友。1957 年 2 月，李淑一把她写的纪念柳直荀的《菩萨蛮》一词寄给作者，作者于是写了这首词答她。这首词虽然为悼念两位烈士而作，但是全词并无悲痛之情，而是以一种浪漫手法表达了作者对烈士的怀念和颂扬。抓住了这个主题，我们就可以在诵读上进行个性化处理。第一句应读得沉缓，切不可用哭腔和颤音。尤其是第二句，第四字后可不作停顿而作连读处理，“直上”用强重音且“上”字作长拖音，之后换气，后三字用重音且一字一顿。这样，就能让听众感受到杨花柳絮飘然升空的壮美场景。第三、四句要读得悠缓、诙谐，“何所有”可用笑腔，以表现革命者的豁达、潇洒；“桂花酒”三字可用气音且一字一顿，以表现吴刚对革命者的敬重、景仰。第五、六句要读得舒展豪气，“万里长空”后作中等停顿，“且为”用快速，之后一字一顿。第七、八句要读出欣慰和激动，第七句要读得快一点。

（二） **浪淘沙·北戴河**

毛泽东

大雨落幽燕，

白浪滔天，

秦皇岛外打鱼船。

一片汪洋都不见，

知向谁边？

往事越千年，

魏武挥鞭，

东临碣石有遗篇。

萧瑟秋风今又是，

换了人间。

这是毛泽东于 1954 年夏伫立海岸，远望大海，触景生情，有感而发的。词意感慨万千，抒发了作者对劳动人民的深情关爱和由衷颂扬。这首词起伏变化很大，有很多个性化处理的空间。第一句是最初感观，要读得深沉。第二句是险象乍现，奇峰突起，“滔天”用重音。第三句是渔民与风浪搏斗的壮观场景，作者的欣慰、赞赏之情溢于言表，因而要读舒缓、自豪，“打”字用重、长拖音。第四句是惊呼，语速要快。第五句是极目寻找，是个过程，读得要慢，字字带拖音，“谁”字用气口拖音上扬，虽是有惊无险，但也有一个寻找的过程。之后作特大停顿，这时诗人触景生情，思接千载，引发出另一番联想，因而是个大转折。第六、七、八句是联想，对曹操是肯定的，要读得庄重、沉缓，“有”字带拖音。第九句又是一个奇峰突起，要读得干脆利落，“今”字重读。最后一句前两字用重音，之后补气；后两字用强重音，“间”字不带拖音，将诗境推向最高潮。

（三） **雨巷**

戴望舒

撑着油纸伞，独自
彷徨在悠长，悠长
又寂寥的雨巷，
我希望逢着
一个丁香一样地
结着愁怨的姑娘。

她是有
丁香一样的颜色，
丁香一样的芬芳，
丁香一样的忧愁，
在雨中哀怨，
哀怨又彷徨。

她彷徨在这寂寥的雨巷，
撑着油纸伞
像我一样，
像我一样地
默默彳亍着，
冷漠，凄清，又惆怅。

她默默地走近
走近，又投出
太息一般的眼光，
她飘过
像梦一般地，
像梦一般地凄婉迷茫。

像梦中飘过
一枝丁香地，
我身旁飘过这女郎；
她静默地远了，远了，
到了颓圮的篱墙，
走尽这雨巷。

在雨的哀曲里，
消了她的颜色，
散了她的芬芳，
消散了，甚至她的
太息般的眼光，
丁香般的惆怅。

撑着油纸伞，独自
彷徨在悠长，悠长
又寂寥的雨巷，
我希望飘过
一个丁香一样地
结着愁怨的姑娘。

戴望舒是中国现代派诗歌的代表人物，这首《雨巷》，是他在 1927 年第一次国内革命战争失败的压抑环境下，以自己深爱着一个姑娘又得不到丝毫回应为比拟写成的。当时作者心情非常复杂、微妙，这就是我们进行个性化解读乃至个性化技巧处理的基础。

《雨巷》在低沉而凄美的调子里，抒发了作者浓重的失望和彷徨的情绪。我们首先看到的是一幅梅雨季节江南小巷的阴沉景像。许多带有情绪色彩的双音节词，如寂寥、愁怨、冷清、太息、凄婉、颓圮、忧愁等，表达着诗人蒙眬而又感伤的情感，构成了迷离、缥缈的意境，读时应语气低沉、语速舒缓，给人一种淡淡的忧伤。这首诗的节奏感很强，每一节起句音量要压低，缓慢深情地读出第一句后，音调越压越低，语速渐渐放慢。每一节的最后一句，要一词一顿，最后一个词要拖长音调，如"哀怨/又/彷——徨——"。

诗中运用了一唱三叹的手法，造成回环往复的旋律，如"在雨中哀怨/哀怨又彷徨"一句中的两个"哀怨"在读法上要有区别。第一个"哀怨"要比第二个"哀怨"读得重且第一个"哀"字要加拖音或颤音。同时，还要注意诗的最后一节和开头一节，除"逢着"变为"飘过"之外，其他语句完全一样，但在诵读中语气语调应有所变化，因为在第一节中诗人怀着一种落寞、惆怅的情绪和一丝微茫的希望，撑着油纸伞在悠长寂寞的小巷中独行。"我希望逢着一个丁香一样地姑娘"，果然，梦幻般的姑娘出现了，出现的姑娘并没有停下来，而是"像梦中飘过"最终消失在雨巷尽头，最终只剩下"我"一个人孤独地行走，继续渺茫地希望着、期待着。因此，虽然这两节结构基本相同，但最后一节情感应更加忧愁、伤感、彷徨。所以在诵读最后一节时语调应更加低沉哀婉，但又不是彻底的绝望。所以最后一句拖音不要太长，要给听者留下更多属于自己的想象空间，诗有尽而意无穷。

（四）　　白杨礼赞（节选）

茅　盾

白杨树实在是不平凡的，我赞美白杨树！

汽车在望不到边际的高原上奔驰，扑入你的视野的，是黄绿错综的一条大毡子。黄的是土，未开垦的荒地，几十万年前由伟大的自然力堆积成功的黄土高原的外壳；绿的呢，是人类劳力战胜自然的成果，是麦田。和风吹送，翻起了一轮一轮的绿波，——这时你会真心佩服昔人所造的两个字"麦浪"，若不是妙手偶得，便确是经过锤炼的语言的精华。黄与绿主宰着，无边无垠，坦荡如砥，这时如果不是宛若并肩的远山的连峰提醒了你（这些山峰凭你的肉眼来判断，就知道是在你脚底下的），你会忘记了汽车是在高原上行驶。这时你涌起来的感想也许是“雄壮”，也许是“伟大”，诸如此类的形容词；然而同时你的眼睛也许觉得有点倦怠，你对当前的“雄壮”或“伟大”闭了眼，而另一种的味儿在你心头潜滋暗长了——“单调”。可不是？单调，有一点儿吧？

然而刹那间，要是你猛抬眼看见了前面远远有一排——不，或者只是三五株，一株，傲然地耸立，像哨兵似的树木的话，那你的恹恹欲睡的情绪又将如何？我那时是惊奇地叫了一声的。

那就是白杨树，西北极普通的一种树，然而实在是不平凡的一种树。

那是力争上游的一种树，笔直的干，笔直的枝。它的干通常是丈把高，像加过人工似的，一丈以内绝无旁枝。它所有的丫枝一律向上，而且紧紧靠拢，也像加过人工似的，成为一束，绝不旁逸斜出。它的宽大的叶子也是片片向上，几乎没有斜生的，更不用说倒垂了。它的皮光滑而有银色的晕圈，微微泛出淡青色。这是虽在北方风雪的压迫下却保持着倔强挺立的一种树，哪怕只有碗那样粗细，它却努力向上发展，高到丈许，两丈，参天耸立，不折不挠，对抗着西北风。

这就是白杨树，西北极普通的一种树。然而决不是平凡的树。

它没有婆娑的姿态，没有屈曲盘旋的虬枝。也许你要说它不美，如果美是专指“婆娑”或“旁逸斜出”之类而言，那么，白杨树算不得树中的好女子；但是它伟岸，正直，朴质，严肃，也不缺乏温和，更不用提它的坚强不屈与挺拔，它是树中的伟丈夫！当你在积雪初融的高原上走过，看见平坦的大地上傲然挺立这么一株或一排白杨树，难道你就只觉得它只是树？难道你就不想到它的朴质，严肃，坚强不屈，至少也象征了北方的农民？难道你竟一点也不联想到，在敌后的广大土地上，到处有坚强不屈，就像这白杨树一样傲然挺立的守卫他们家乡的哨兵？难道你又不更远一点想到，这样枝枝叶叶靠紧团结，力求上进的白杨树，宛然象征了今天在华北平原纵横决荡，用血写出新中国历史的那种精神和意志？

白杨树是不平凡的树，它在西北极普遍，不被人重视，就跟北方的农民相似；它有极强的生命力，折磨不了，压迫不倒，也跟北方的农民相似。我赞美白杨树，就因为它不但象征了北方的农民，尤其象征了今天我们民族解放斗争中所不可缺的朴质、坚强，力求上进的精神。

让那些看不起民众、贱视民众、顽固的倒退的人们去赞美那贵族化的楠木

（那也是直挺秀颀的），去鄙视这极常见、极易生长的白杨树吧，我要高声赞美白杨树！

这篇既有描写抒情又夹叙夹议的散文发表于皖南事变发生不久后的重庆。鉴于当时的时局特点，作者要歌颂在北方坚持抗日的军民，只能采用曲笔、象征的手法，于是作者选择了北方极普通的白杨树。

全篇用较多的笔墨描绘了白杨的形态，目的是借以歌颂抗日军民的精神和意志，这是诵读的共性，所以诵读时要分析清楚哪些地方是最能提示和体现作者意图和作品主题的，要注意那些弦外之音和言外之意，着重而又慎重地加以处理。除了白杨树形中的笔直、靠拢和向上，“当你在积雪初融的高原上走过”后面的几个诘问句，更是提示文章主题的重要部分，诵读时不必张扬，但要有气势，有激情。

全文多处直接呼喊出了对白杨树的赞美，仅这里节选的部分，就在开头、中间两处用了“我赞美白杨树”这样的语句，结尾更是热情洋溢的高呼“我要高声赞美白杨树！”这正是我们进行个性化解读及个性化诵读所需要的空间。白杨树是我们民族精神和气节的象征，要注意这几句赞美的前后呼应和递进，要赋予它们深刻的内涵，要把积压在胸中的激情有层次地迸泻出来，千万不要苍白地喊叫。当然还可以进行更深入的个性化解读和处理，例如，“白杨树实在是不平凡的，我赞美白杨树！”一句，可以读成“白杨树/实在是//不平凡的，我赞美//白/杨/树！”或“白杨树//实在是/不平凡的，我——//赞美/白杨树！”前者旨在突出白杨树的可贵，因而“实”字用气口，“白杨树”三字用重音；后者旨在突出“我”的感受，因而“不平凡的”均用重音，“我”字用重音加拖音。

还有，我们可以遵照原文的时代背景，读得娓娓道来而不张扬；也可以立足现代，将本文读得慷慨激昂。

（五）　　荷塘月色（节选）

朱自清

沿着荷塘，是一条曲折的小煤屑路。这是一条幽僻的路；白天也少人走，夜晚更加寂寞。荷塘四面，长着许多树，蓊蓊郁郁的。路的一旁，是些杨柳，和一些不知道名字的树。没有月光的晚上，这路上阴森森的，有些怕人。今晚却很好，虽然月光也还是淡淡的。

路上只我一个人，背着手踱着。这一片天地好像是我的；我也像超出了平常的自己，到了另一世界里。我爱热闹，也爱冷静；爱群居，也爱独处。像今晚上，一个人在这苍茫的月下，什么都可以想，什么都可以不想，便觉是个自由的人。白天里一定要做的事，一定要说的话，现在都可不理。这是独处的妙处，我且受用这无边的荷香月色好了。

曲曲折折的荷塘上面，弥望的是田田的叶子。叶子出水很高，像亭亭的舞女的裙。层层的叶子中间，零星地点缀着些白花，有袅娜地开着的，有羞涩地打着朵儿的；正如一粒粒的明珠，又如碧天里的星星。微风过处，送来缕缕清香，仿佛远处高楼上渺茫的歌声似的。这时候叶子与花也有一丝的颤动，像闪电般，霎时传过荷塘的那边去了。叶子本是肩并肩密密地挨着，这便宛然有了一道凝碧的波痕。叶子底下是脉脉的流水，遮住了，不能见一些颜色；而叶子却更见风致了。

月光如流水一般，静静地泻在这一片叶子和花上。薄薄的青雾浮起在荷塘里。叶子和花仿佛在牛乳中洗过一样；又像笼着轻纱的梦。虽然是满月，天上却有一层淡淡的云，所以不能朗照；但我以为这恰是到了好处——酣眠固不可少，小睡也别有风味的。月光是隔了树照过来的，高处丛生的灌木，落下参差的斑驳的黑影；弯弯的杨柳的稀疏的倩影，却又像是画在荷叶上。塘中的月色并不均匀；但光与影有着和谐的旋律，如梵婀玲上奏着的名曲。

荷塘的四面，远远近近，高高低低都是树，而杨柳最多。这些树将一片荷塘重重围住；只在小路一旁，漏着几段空隙，像是特为月光留下的。树色一例是阴阴的，乍看像一团烟雾；但杨柳的丰姿，便在烟雾里也辨得出。树梢上隐隐约约的是一带远山，只有些大意罢了。树缝里也漏着一两点路灯光，没精打采的，是渴睡人的眼。这时候最热闹的，要数树上的蝉声与水里的蛙声；但热闹是它们的，我什么也没有。

忽然想起采莲的事情来了。采莲是江南的旧俗，似乎很早就有，而六朝时为盛；从诗歌里可以约略知道。

于是又记起《西洲曲》里的句子：

采莲南塘秋，莲花过人头；低头弄莲子，莲子清如水。

今晚若有采莲人，这儿的莲花也算得“过人头”了；只不见一些流水的影子，是不行的。这令我到底惦着江南了。——这样想着，猛一抬头，不觉已是自己的门前；轻轻地推门进去，什么声息也没有，妻已睡熟好久了。

这篇描绘清华园内荷塘月夜的散文，发表于1927年。朱自清先生借写清华荷塘之景抒自己苦闷之情，表达了先生面对现实的忧虑，流露出淡淡的哀愁。

这篇散文运用了多种艺术表现手段，从内到外，由上及下，动静相济，虚实相生地营造了一种静穆朦胧的意境。文字委婉细腻、清新幽雅，读来情意绵绵，令人回味不绝。

绝不要把这篇散文当作单纯的描绘景色的文章来诵读，要体会当时先生的心情，于恬静中见深沉，于喜悦中隐藏淡淡的哀愁，虽有隐约飘渺的希望，但最终却是“我什么也没有”的失落。诵读全篇时要不失文人的优雅和清淡，总的基调是沉缓和舒缓。可见，能够准确地把握本文复杂、微妙的思想感情而运用恰当的诵读技巧是很不容易的，但如果做到了，也不失为一种个性化诵读。

就美感来说，本文是幽美和凄美的交融；明线为幽美，暗线为凄美。就个性化诵读来说，侧重于幽美，则读得清新幽雅；侧重于凄美，则读得委婉缠绵，这都是读者不同的审美取向决定的。

（六）　乌鸦和狐狸

一只乌鸦得到了一块奶酪，躲在一棵大树上，准备好好地享享口福了。

正在这时候，大树下来了一只狐狸。一阵香味钻进了它的鼻子，它停下脚步，舔舔嘴巴，眼珠子一转，计上心来。它卷起尾巴，细声细气地说：

“哎呀，这是一只多么美丽的鸟啊！那脖子，那眼睛，简直像天堂上的梦！那羽毛，太迷人啦。”

乌鸦听了这几句奉承，心里美滋滋的，真想张开嘴说一声谢谢，可是又舍不得嘴里的奶酪。狐狸清了清嗓子，又说上了：

“你是神仙，你是天使。你唱出歌来，一定比天使还好听。唱吧，亲爱的，别害臊啊，小妹妹。你长得这么漂亮，再一唱歌，就变成鸟里的皇后啦！”

听了这些话，乌鸦什么都忘了。它扇扇翅膀，把嘴张开，亮出美妙的歌喉：“啊——”

随着这一声刺耳的声调，奶酪掉下去了，一转眼，奶酪和狐狸都没有了。

记住，千万别让拍马屁的人，钻了我们心里的空子。

这篇寓言里的狐狸，竭尽阿谀拍马之能事，它察言观色，巧舌如簧，目的却非常明确：要把乌鸦的奶酪骗到手。它说的全是假话，但是表现得“真诚”；

它随时观察乌鸦的动态，不断编造骗人的谎话，一旦得手，绝不会再多说一句赞美的话。抓住这一点，就可以使它的所有行为和语言都生动鲜活而且合理化。千万不要忙着把狐狸的“台词”像连珠炮一样急着背出来，那样就会失去狐狸说话时对乌鸦潜心揣摩的情态，就不真实了。诵读时要注意表现狐狸那煞有介事的“神”，可以在诙谐的语气上略有夸张，以突出讽刺效果。

从个性化解读来说，诵读者诵读时完全可以站在对乌鸦虚荣的批判和对狐狸聪明（兵不厌诈嘛）的赞赏的立场上，这时诵读语气就大不一样了。例如，“奶酪掉下去了”一句，就可以在“奶酪”后作大停顿，“掉”字用气口，这样对乌鸦爱慕虚荣的讽刺意味立现。

第三节　第三宗旨——诵读是与听者对话

一、理念提示

互动是现代人际交流的本质，也是教学的本质。诵读作为一种教学方式，当然也要讲究互动，具体来说就是诵读者要与听者、听众对话。对话是人类情感的需要，是人本精神的体现，是理智解决问题的途径，是现代文明的标志。将“与听者对话”作为诵读宗旨，就为诵读增加了人本内涵，从而使人们对其更加喜闻乐见，同时也促使诵读者尽快获得成功。

其实，任何一位成功的作者在创作的时候，都是抱着与读者对话的心态的，因为作品是写给读者的，一切都要根据读者的需要来定夺，如此方能与读者产生心灵共振，作者才算成功。

诵读的宗旨是感染听众以求得听众和读者在思想感情和美感上的共鸣，从而实现互补、共享。诵读成功的标志是听众的认可，乃至赞赏。所以，诵读者必须与听众进行对话，即心灵上的沟通。这种与听者对话的意识，还会促使诵读者尽快调整心态，进入角色。

与听者对话，最重要的是以真情动人。这就是本书前面所强调的走进文本与作者对话，进而对文本进行深入而独到的个性化解读。通俗地说，如果你还没有被作品打动，你就没有资格上台诵读，因为这样的诵读不能打动听众的心，也就实现不了与听者的对话，而任何矫揉造作、哗众取宠的做法也是不得人心的。

与听者对话，就要心装听众，设身处地，推己及人，对每一字、每一技巧的处理，都要想听众之所想，都要以听众的需要为前提，都要以打动听众的心为目标。例如，要弄清楚听者的认知水平、情感基础等。

与听者对话，就要关注听众的反应，及时调整自己的诵读状态，如与麦克风的距离、技巧的变化、情绪的调控等。

与听者对话，就必须面向听众，与听众的目光正面接触，用眼神组织、调动、激发听众，不可左顾右盼或偏向一角，要使全场听众都感觉到你正在关注他。

与听者对话，最好有适度的表情和手势，用以辅助思想感情的表达，仿佛在与每一位听众在进行面对面的交流，亲切而自然。如果是朗读，就不要表情、手势，因为一般是看书读；如果是朗诵，就必须有丰富、到位的表情、手势。

最后还要强调，诵读只能在与听者的对话中才能发展。且不说临场经验、勇气和自信必须在集体场合才能获得，单说诵读水平的提高，就是绝对离不开听众的批评、指正和向听众的学习、借鉴的。即便是看着书朗读或是在背地里练习诵读，也一定要心装听众，每一字、每一句的技巧的处理都要以听众的感受为依据。可见，诵读者与听众是相辅相成、互动相长的关系。

二、与听者对话的案例教学

（一） 水调歌头

北宋·苏 轼

丙辰中秋，欢饮达旦，大醉。作此篇，兼怀子由。

明月几时有？

把酒问青天。

不知天上/宫阙，

今夕是何年。
我欲乘风归去，
又恐琼楼玉宇，
高处不胜寒。
起舞弄清影，
何似在人间。

转朱阁，
低绮户，
照无眠。
不应有恨，
何事常向别时圆？
人有悲/欢/离/合，
月有阴晴圆缺，
此事古难全。
但愿人长久，
千里共婵娟！

这首词构思奇特，既写景又抒情，是作者与天上和人间、现实和虚幻、自然和社会的对话，极富浪漫色彩。

前半阕要把诗人似醉却醒的状态诵读出来，颇为急切地向青天发问，从“又恐”一句开始转而用空灵的声调和感觉来表现明月的孤高旷远，实则是表现自己的孤独清高，所以不仅是客观地诵读，还应该带着内心的感触。“几”字、“何”字用气口，以突出迷茫。

后半阕借明月寄托对亲人的思念，但由于不是单纯的悲切切的思念，诵读时不要过于低沉。“人有悲欢离合，月有阴晴圆缺，此事古难全”是对生活的感悟，要读得深沉，“古难全”一字一拖以表无奈和委婉。“但愿人长久，千里共婵娟”是对美好未来的希望和祝愿。这两句诗已经成为传世佳句，无数的人在月明之日、思乡之时反复吟诵，寄托对亲人的思念和美好的祝愿，诵读时要读得豁达乐观并且明朗。“共婵娟”三字要读得舒缓、响亮。思亲之情人皆有之，如此读来就能打动听者而实现读者与听者之间的共振，即实现了对话。

在诵读中，我们还可以把作者与天上和人间、现实和虚幻、自然和社会的对话，变为诵读者与听众的对话，绘声绘色、绘情绘景地把词中的意境展示给听众，在感染中求得思想感情上的共鸣。

（二）　　　　　　　　**微　笑**

杨钧炜

微笑是心灵上无声的问好，
微笑是淡雅友爱的花苞。
它是像蓝天一样宁静的小诗，
它是试探性的信任和礼貌。

不要只在上级面前才把微笑慷慨馈赠，
不要见了关系户才咧开嘴角，
不要为了谋求私利就去廉价拍卖，
不要为了失望和惆怅就把它扔进了地窖。

在繁忙的柜台，在拥挤的车厢，
在摩肩接踵的人行道，
越是那火星容易燃爆的地方，
越是需要微笑。

我们的事业展开了金色的翅膀，
喜悦溢出了嘴角，漫上了眉梢。
微笑应该成为我们经常的面容，
微笑应该成为我们共同遵守的一个信条。

朋友们，微笑吧，微笑是沉静的美，
朋友们，微笑吧，微笑是文明的桥。
让全世界都投来羡慕，
在中国充满了微笑。

这首诗以平和的心态、善意的劝解和热情的呼唤，歌颂和倡导微笑这个人类最美好的表情。诵读时应该采用平缓的基调和娓娓道来的情态，不必过于激昂，无须刻意夸张，以抒情的赞美开场，随着规劝和引导的进展，语调逐渐开朗，最后一段应该比较热情自豪。当然，除了第二段的劝解，在颂扬微笑的同时，诵读者不要忘了自己也要保持微笑的表情，并且一定要让听众看见。

从对话的角度讲，第一段是直白，是抛砖引玉，仿佛在问听者：你们赞成我的看法吗？第二段是劝诫，使人不由得检点自己平时的为人处世。第三段是强调，是严于律己的最高境界，是对听者的殷切期望。第四段是对未来美好情景的展望，就好像看到了广大听众的笑容。最后一段又直面听众，发出热情的号召。可见，读好这首诗的关键是与听众对话的姿态是否真诚，是否友善，是否热情。

（三） **祖国啊，我亲爱的祖国**

舒 婷

我是你河边上破旧的老水车，
数百年来纺着疲惫的歌；
我是你额上熏黑的矿灯，
照你在历史的隧洞里蜗行摸索；
我是干瘪的稻穗；
是失修的路基；
是淤滩上的驳船，
把纤绳深深
勒进你的肩膀；
——祖国啊！

我是贫困，
我是悲哀。
我是你祖祖辈辈
痛苦的希望啊，
是“飞天”袖间
千百年来未落在地面的花朵；
——祖国啊！

我是你簇新的理想，
刚从神话的蛛网里挣脱；
我是你雪被下古莲的胚芽；
我是你挂着眼泪的笑窝；
我是新刷出的雪白的起跑线；
是绯红的黎明
正在喷薄；
——祖国啊！

我是你的十亿分之一，
是你九百六十万平方的总和；
你以伤痕累累的乳房
喂养了
迷惘的我，深思的我，沸腾的我；
那就从我的血肉之躯上
去取得
你的富饶、你的荣光、你的自由；
——祖国啊，
我亲爱的祖国！

这首诗是作者与祖国的对话，诵读起来，就是诵读者与听众的对话，从而使作者、读者、听者共同感受和抒发对祖国深沉、真挚和热烈的爱。这首诗发表于1979年7月，从十年浩劫中走过，有着太多坎坷经历的青年诗人，面对有着深重灾难和获得新生的祖国，很自然地产生出一种为个人的不幸而哀伤，为祖国的不幸而忧虑的情愫，同时又对个人与祖国的未来充满信心和希望。本诗展现了我们祖国历史的演变，从苦难深重、贫困、悲哀到充满希望，再到为了富饶、荣光的奋斗。诵读时应把握住这种历史的脉搏，尽显中华儿女对祖国母亲的赤子深情。情感要由悲哀深沉到明朗热烈继而推进到豪迈激昂。几个“——祖国啊”是诵读的难点，因为它们积淀了不同的情感，承载着太多的爱恋，要由低到高，由深沉到激昂。“啊”字是轻声，要读得自然。

（四）　人生的两个机会

李智红

美国加州有位刚毕业的大学生，在获知自己被海军陆战队选中服役的消息后，便显得忧心忡忡。祖父见到孙子一副魂不守舍的模样，便开导他说："孩子啊，这没什么好担心的。到了海军陆战队，你将会有两个机会，一个是留在内勤部门，一个是分配到外勤部门。如果你分配到了内勤部门，就完全用不着去担惊受怕了。"

年轻人问爷爷："那要是我被分配到了外勤部门呢？"

爷爷说："那同样会有两个机会，一个是留在美国本土，另一个是被分配到国外的军事基地。如果你被分配到美国本土，那又有什么好担心的？"

年轻人问："那么，若是被分配到了国外的基地呢？"

"那也还有两个机会，一个是被分配到和平而友善的国家，另一个是被分配到维和地区。如果把你分配到和平友善的国家，那也是件值得庆幸的好事。"

"爷爷，那要是我不幸被分配到维和地区呢？"

"那同样还有两个机会，一个是安全回来，另一个是不幸负伤。如果你能够安全回来，那担心岂不多余？"

年轻人问："那要是不幸负伤了呢？"

"你同样拥有两个机会，一个是依然能够保全性命，另一个是完全救治无效。如果尚能保全性命，还担心它干什么呢？"

年轻人再问："那要是完全救治无效怎么办？"

爷爷说："还是有两个机会，一个是作为敢于冲锋陷阵的国家英雄而死，一个是唯唯诺诺躲在后面却不幸遇难。你当然会选择前者，既然会成为英雄，有什么好担心的？"

是啊，无论人生遇到什么样的际遇，都会有两个机会，一个是好机会，一个是坏机会。好机会中，藏匿着坏机会，而坏机会中，又隐含着好机会。关键是我们以什么样的眼光，什么样的心态，什么样的视角去对待它。

如果用乐观旷达、积极向上的心态去看待，那么坏机会也会变成好机会。如果用消极颓废、悲观沮丧的心态去对待，那么，好机会也会变成坏机会。对那些乐观旷达、心态积极的人而言，两个都是好机会。对那些悲观沮丧、心态消极的人而言，则两个都是坏机会。

本文通过祖孙二人自然而生动的对话，深入浅出地揭示了对待人生机会的态度，充满了浓郁的哲学意味，却又丝毫没有死板的教训人的言辞。诵读时要体会祖孙二人的心态：爷爷是既有生活阅历，又保有旷达乐观心态的老人；孙子是涉世不深，对未来带有迷茫和恐惧的年轻人。一个是亲切的祖父诚心诚意的开导（千万注意，他不是先知先觉的哲人在普度众生），一个是惶恐的孙子诚心诚意的请教（他不是无理取闹，只是心怀忐忑和疑虑）。虽有年龄的差异，但真诚是两个人的共同之处。这既是祖孙对话的根本，也是诵读者与听众对话的根本。不过，诵读者是代表祖孙二者与听者对话。既然爷爷一直是循循善诱地开导，那么诵读者在诵读最后两段时也完全不必板着面孔教训人，而只要以平和的心态、平等的身份表述自己对人生的感悟。如此，方能打动听众的心。

（五） 济南的冬天（节选）

老 舍

对于一个在北平住惯的人，像我，冬天要是不刮风，便觉得是奇迹；济南的冬天是没有风声的。对于一个刚由伦敦回来的人，像我，冬天要是能看得见日光，便觉得是怪事；济南的冬天是响晴的。自然，在热带的地方，日光是永远那么毒，响亮的天气，反有点叫人害怕。可是，在北中国的冬天，而能有温晴的天气，济南真得算个宝地。

假若单单是有阳光，那也算不了出奇。请闭上眼睛想：一个老城，有山有水，全在天底下晒着阳光，暖和安适地睡着，只等春风来把它们唤醒，这是不是个理想的境界？小山整把济南围了个圈儿，只有北边缺着点口儿。这一圈小山在冬天特别可爱，好像是把济南放在一个小摇篮里，它们安静不动地低声地说："你们放心吧，这儿准保暖和。"真的，济南的人们在冬天是面上含笑的。他们一看那些小山，心中便觉得有了着落，有了依靠。他们由天上看到山上，便不知不觉地想起："明天也许就是春天了吧？这样的温暖，今天夜里山草也许就绿起来了吧？"就是这点幻想不能一时实现，他们也并不着急，因为有这样慈善的冬天，干啥还希望别的呢！

最妙的是下点小雪呀。看吧，山上的矮松越发的青黑，树尖上顶着一髻儿白花，好像日本看护妇。山尖全白了，给蓝天镶上一道银边。山坡上，有的地方雪厚点儿，有的地方草色还露着；这样，一道儿白，一道儿暗黄，给山们穿上一件带水纹的花衣；看着看着，这件花衣好像被风儿吹动，叫你希望看见一点更美的山的肌肤。等到快日落的时候，微黄的阳光斜射在山腰上，那点薄雪好像忽然害了羞，微微露出点粉色。就是下小雪吧，济南是受不住大雪的，那些小山太秀气！

古老的济南，城里那么狭窄，城外又那么宽敞，山坡上卧着些小村庄，小村庄的房顶上卧着点雪，对，这是张小水墨画，也许是唐代的名手画的吧。

那水呢，不但不结冰，倒反在绿萍上冒着点热气，水藻真绿，把终年贮蓄的绿色全拿出来了。天儿越晴，水藻越绿，就凭这些绿的精神，水也不忍得冻上，况且那些长枝的垂柳还要在水里照个影儿呢！看吧，由澄清的河水慢慢往上看吧，空中，半空中，天上，自上而下全是那么清亮，那么蓝汪汪的，整个的是块空灵的蓝水晶。这块水晶里，包着红屋顶，黄草山，像地毯上的小团花的小灰色树影；这就是冬天的济南。

"人民艺术家"老舍先生善于驾驭语言，作品通俗易懂，具有浓郁的地方特色和强烈的生活气息。这篇散文是老舍先生在英国伦敦大学任教5年后，1930年回国任济南齐鲁大学教授时写就的。

作者运用巧妙贴切的比喻手法，形象生动地描绘了济南不同于江南、北京和伦敦的冬天特色，景物栩栩如生，比喻朴实无华，色彩缤纷艳丽，心情欢欣喜悦，在娓娓道来中与读者诚恳地对话。本文之所以感人，首先是出于对济南的爱，否则观察得就不会那么细；其次是平和的心态，这是老舍先生一贯的为人处世之道。

诵读者首先要与作者对话，从而把握作品的思想感情和语言特点，进而在诵读中运用适当的语调、语速技巧实现与听众的对话。所以，诵读应该是亲切喜悦的，平实舒缓的，自然生动的，情趣盎然的，就像拉家常一样娓娓道来，切不可大起大落，慷慨激昂。

（六） 桃花源记

东晋·陶渊明

晋太元中，武陵人捕鱼为业。缘溪行，忘路之远近。忽逢桃花林，夹岸数百步，中无杂树，芳草鲜美，落英缤纷。渔人甚异之，复前行，欲穷其林。

林尽水源，便得一山。山有小口，仿佛若有光。便舍船从口入。初极狭，才通人。复行数十步，豁然开朗。土地平旷，屋舍俨然，有良田、美池、桑竹之属。阡陌交通，鸡犬相闻。其中往来种作，男女衣著，悉如外人。黄发垂髫，并怡然自乐。

见渔人，乃大惊，问所从来，具答之。便要还家，设酒杀鸡作食。村中闻有此人，咸来问讯。自云先世避秦时乱，率妻子邑人来此绝境，不复出焉，遂与外人间隔。问今是何世，乃不知有汉，无论魏、晋。此人一一为具言所闻，皆叹惋。余人各复延至其家，皆出酒食。停数日，辞去。此中人语云："不足为外人道也。"

既出，得其船，便扶向路，处处志之。及郡下，诣太守，说如此。太守即遣人随其往，寻向所志，遂迷，不复得路。

南阳刘子骥，高尚士也。闻之，欣然规往。未果，寻病终。后遂无问津者。

陶渊明是东晋著名诗人，诗文辞赋成就都很大。因"不能为五斗米，折腰向乡里小人"而归隐田园，诗文多写田园生活，画面淳朴，感情真切，成为田园诗派的开创者。这篇《桃花源记》运用丰富的想象和自然朴素的语言，描绘出一个作者想象中的理想生活境界，表现了他对现实生活的不满和对平等美好生活的向往。诵读的风格要与作品本身的风格一致，即以真挚的情感、淳朴的态度、平实的语气、内敛的语调去描述——桃花源里的景色是美丽的，气氛是平和的，生活是幸福的，人们是友好的。诵读者应该像陶渊明一样，在娓娓道来中去引导、感染听众，使他们心驰神往，从而实现心灵的共振。然而最后寻找无果，最终无问津者，自然是极其遗憾的。"后——遂/无问津者"就这最后一句要用极其遗憾的语气，"言有尽而意无穷"，必然引发听众的深思。

第七章

『以读促学』教学模式

模式，就是某种事物的标准形式或使人可以照着做的标准样式。(《现代汉语词典》) 教学模式，即相对固定的教学方式。由于教学模式有相对固定的特点，因而有利于落实和推广。经过十几年的教学实践证明：本模式切实可行且行之有效。

第一节 模式界定

以读促学，即通过教师的范读、导引、感染、熏陶和学生的练读、体验、感悟，以及师生在诵读美感、基调、技巧上的自主、合作、探究，直指文本的思想感情、字词句段篇、语修逻文标，进而结合学生实际，培养其口语交际、阅读、写作能力，乃至陶冶其道德情操、审美、个性等各种品质。

读，主要指诵读（教师的范读和学生的练读），包括默读。由于汉字音、形、义三位一体的特点，即便是默读，文字也是以语音形式进入人的认知系统的，诵读有素者必然会从语音的艺术效果更深入地去感受、体验、解读文学作品，所以，无论诵读、默读我们都强调艺术语音的建构作用。

学，主要指学生在教师导引下、在练读基础上的体验、感悟，以及在诵读美感、基调、技巧上的自主、合作、探究式学习，包括课外的诵读拓展。学的内容是语文知识、语文能力以及培养情感、态度、价值观、个性、审美等素养。语文知识必须随文学习，语文能力及其他素养必须在包括诵读在内的语文实践活动中培养。

促，主要指教师的范读、导引、感染、熏陶，包括适度的讲授和情境设置。无论导引还是讲授，我们都强调由“读”向“学”的迁移。

“读”是手段，“学”是目的，“促”是保障。

第二节 模式操作

模式操作包括宏观（环节操作）和微观（课堂常规操作）两部分，它们是理与法的关系。理大于法，重在宏观，因为课堂教学是生成的，没有一成不变的方法，掌握了理念，方法便随机生成。

一、环节操作

环节操作是处理读、促、学之间相互依存又互为因果的关系，但为了讨论的方便，还得分开来说。

（一）读

1. 教师的范读

首先，语文教师应该具有较高的范读能力，否则就不称职！退一步说，即便在方言区，教师一时不能做到字正腔圆，但也要有韵味（美感、基调、技巧），非此不能实现以读促学。教师不仅要能范读，而且要讲究范读的时机以及指导学生听范读的方法。魏巍的《我的老师》一文中，那位喜欢朗读的蔡老师给我们留下了深刻的印象，正所谓亲其师才信其道；梁实秋先生在《我的一位国文老师》一文中谈老师上课的情景："徐先生介绍作品之后，朗诵全文一遍。这一遍朗诵可很有意思……不论是古文或白话，一丝不苟地吟咏一番，好像是演员在背台词，他把文字里蕴藏着的意义好像都给宣泄出来了。他念得很有腔有调，有板有眼，有感情有气势，抑扬顿挫，我们听了之后，好像已经理会原文意义的一半了。"

特级教师韩军在激情朗诵《致大雁》后问学生："是作家写得好，还是我朗读得好？"学生答："您没有朗读之前，我没觉得文章有这么好，您一读我感觉文章写得真好。""韩军老师注重诵读，认为诵读是诵读人之'心'与文本之'心'共鸣，他读杜甫的《登高》时，就化身杜甫，有了'不尽长江滚滚来'的悲愤苍凉；读李商隐的《隋宫》时，就直入隋炀帝魂魄，嬉笑怒骂出神韵；读《大堰河，我的保姆》时就与艾青心脉相通，上千听课人潸然泪下。"（袁爱国：《诗意的消解与建构》）

总之，范读是从形式美入手，培养学生对优秀诗文的兴趣，引导学生去感悟其更深层次的内容美。

（1）范读要因人制宜

对低水平的学生，教师的范读重在音节的准确、清晰，停顿要鲜明，节奏要放慢，起伏要小，这是由学生的理解能力、接受能力决定的。如果教师与学生之间的距离拉得过大，则学生会有望尘莫及之感。从心理学的角度看，能引发学生向往的东西都是他们经过自身努力能够得到的东西，即所谓“跳一跳，够得着”；如果学生感到“可望而不可及”便觉得诵读与己无关，当然也就难以激发学生对诵读的向往和兴趣。

对高水平的学生，尤其是对有过较扎实的诵读训练的学生，教师的范读就要提高标准而将重心放在语调的起伏变化，节奏的跌宕、跳跃及回环上，力求读出诗文的音乐美；同时还要引导学生透过教师的范读，努力感悟诗文的思想感情及内容美，这也是学生的需要决定的。如果还用对待低水平学生的读法对待这部分学生，他们就会感到“不解渴”而对诵读丧失新的追求和兴趣。

（2）范读是让学生模仿

模仿教师的范读，方便、快捷，可以迅速地、大面积地提高学生的诵读水平，这不失为一种好的教学方法。

模仿，是学生尤其是少年儿童学习的特点，可以说“一切学习都是从模仿开始的”。虽然模仿并不是最终目的，创新更为重要，但是创新必须以模仿为基础；没有模仿，不继承前人创造的成果，没有相关的知识技能，创新就是一句空话。

要体味教师范读的艺术魅力。这种体味是从整体上着眼，实质上是一种比较模糊的体验或感悟，简单说就是要引导学生用“心”去听范读，努力挖掘范读中的思想感情和美感。

如果学生听了范读后感觉到“好听”或“美妙”，那他就有了初步的体味。如果听了以后深受感动，与教师的情感产生共鸣——教师读到激昂处，学生也跟着振奋；读到深沉处，学生也跟着凝思，那他就已经有了较深入的体味。如果教师在范读时学生闭目想象，则情、境、意交融，别有一番天地，别有一种趣味。

有了这种体味，真正意义上的学习也就产生了，其模仿就能有范读的“神”，其模仿的进展便呈加速态势。

体味教师范读的意境美，这种体味还是一种整体性的、模糊性的感悟，甚至只能意会不能言传，但这种感悟有如螺旋式上升，是高了一个层次的感悟，且因人而异地具有浓厚的个性色彩。

有了这种体味，学生才会陶醉其中，其模仿才是发自于兴趣和向往的追求。

（3）范读是让学生借鉴

让学生在模仿中学习，意在让他们有选择地学习而不是必须全部照搬、全盘“师”化，要允许甚至应该提倡学生根据自己的条件和需要去模仿。

有的学生的性格、生理条件及审美情趣与教师的完全一致，这种学生在教师范读时便能兼收并蓄，仿佛教师是专给他范读的，对教师的范读特别爱学而且一学就会，不久便出类拔萃而成为教师的得意门生。

有的学生的条件、情况与教师的并不完全一致，但出于对教师范读的敬佩和喜爱，就毅然改变自己与教师不同的东西而努力向教师看齐，结果也能模仿得很成功。

与教师的条件不太一致的学生，要力所能及地模仿。对于这种情况的学生，教师要保持理智，不可苛求，但也要要求他们尽力模仿，因为教师的范读尽管有其个性、风格，但也有其共性即符合诵读规律的东西，并且这种共性出于职业的要求还是呈主流趋势的。对于这种情况，教师要引导他们抓住范读中规律性的东西如停顿、重音、语调等来学习。

有诵读优势的，要坚决保留。有的学生，或音色或共鸣或技巧比教师有优势，在模仿教师的范读中也就显露出来了。对于学生的这些优势，教师要及时发现并给予坚决的肯定，切不可让他们“邯郸学步”而丢了自己的优良本色；教师要尽力扶植他们，给他们以继续发展的机会，以便使他们别树一帜，成为可以配合教师范读的另一特色的“范读”。

（4）范读是促学生创新

没有模仿就没有创新，因为创新是相对模仿而言。例如，王勃模仿庾信的“落花与芝盖齐飞，杨柳共春旗一色”，创新出“落霞与孤鹜齐飞，秋水共长天一色”的千古绝唱。鲁迅从果戈里的小说《狂人日记》中获得启示而创作出自己的《狂人日记》。没有在模仿中学得的诵读知识和技能，学生的诵读创新便失去了根基。因此，在诵读教学中教师要特别注重范读和学生对范读的模仿，否则，学生的诵读越来越好便是空话。

在模仿中创新，即学生在没有教师参与的情况下，应用诵读技能、技巧独立处理诵读材料。之所以称之为创新，是因为这是学生运用知识技能独立解决问题，第一次将文字符号变成具有一定美感的有声语言，这对于学生来说就是飞跃，就是创新。

2. 学生的练读

学生的诵读水平有差异，是诵读教学遇到的第一个问题。这是正常的，也是好事，只有有差异，才有交流，才有学习，才有合作，才有发展。我们正是要把差异当作课程资源，利用这种差异因材施教，让学生互相激励，取长补短。再者，差异是多样化，差异也是一种美，我们的教学工作就是把低水平上的差异变成高水平上的差异。教师要针对学生的差异进行及时的指导，这样的指导才能有的放矢；而引导学生对差异的诵读进行评价则效果更好，这样可利用学生之间的“共同语言”和差异造成的“场效应”，使评论者在帮助别人的同时也提高自己。

以读促学中的“读”绝不是一读了之，也不是仅在读的技巧上做些努力，而是把读当做手段，在读法探究中直指作品的思想感情、字词句段篇、语修逻文标，完成语文教学的主要目标乃至全部目标。“诵读重在玩，重在味，须是沉潜讽咏，玩味义理，咀嚼滋味，方有所益。”（《诗品》）“现在有一种舆论，不加分析地高唱‘书读百遍’‘熟读唐诗三百首’的赞歌，在我看来，这不仅是理论的退化，而且几乎是对语文教学乃至现代教育的作弄。”（王荣生：《对“整体感知”“整体把握”的感知与把握》）诵读活动要循序渐进：读准（查字典）——读畅（分句读）——读情（抓思想感情）——读境（想象、联想）——读美（抓住美感、基调、技巧）。

“读”是领会、是内化、是探索，没有学生大量的、经常的练读，教师的任何范读和辅导都难以奏效，所以“读”是以读促学的根本；然而如何使学生的练读避免单调和枯燥而呈现出丰富多彩、趣味盎然的局面，丰富、多变、适用的诵读方法便是关键。

（1）群读

即在教师点拨之后，学生们各自为战、各显其能地读。此法的优点有二：其一是在沸沸扬扬的群读中，学生打消了顾虑，没有心理负担，从而大胆参与，即使是平时最怕羞的学生也会跃跃欲试而一读为快；其二是有利于教师掌握第一手材料，教师只要走上一圈，学生的诵读情况便可了然于胸，有利于因材施教。

（2）接力读

即将一个作品分成若干部分，学生每人读一部分，按座次依次进行。接力读的优点是每个学生都有参与诵读与诵读训练的机会，并且每个学生都能预先知道自己何时诵读，这就有力地督促学生做好准备而产生责任感。接力读还有一个优点，那就是“强化训练”效应——有一些学生总是处于想读又不敢读的状态，如果没有一点“压力”就总是读不成，接力读就成全了他想读的愿望。

(3) 淘汰读

即当第一个学生出现诵读错误（错音、丢字、添字、颠倒或重音、停顿、语调、语速等方面的不当之处）时，被另一个学生当场指出并经过教师认可，即停止这个学生的诵读，由纠错的学生接着往下读；当第二个诵读的学生出现错误时再换别人读，依此类推。此种读法有了竞争，可以激励学生竭尽全力读好，甚至超常发挥；其他学生则全神贯注，调动自己全部的诵读知识和技能注意听。如此紧张、热烈、有趣地开展诵读训练，就能最大限度地调动起全体学生的自主性。

(4) 角色读

即作品的人物语言及作者的叙述语言，分别由不同的学生来读，其他同学评议。如小说《变色龙》、诗歌《周总理，你在哪里》都可分角色读。此法优点有三：一是诵读者有"角色"责任，便会高度集中注意力而尽职尽责；二是其他同学需评价这种角色的诵读，自然仁者见仁，智者见智，从而调动了积极性；三是一篇作品读出了几种语调，诵读者又是几种不同的音色，此起彼伏，相映成趣，这就活跃了课堂气氛，增加了学生的兴趣。

(5) 轮读

即多个学生轮流诵读同一内容。轮读具有比赛性质，可以激发学生的诵读兴趣，努力创造与众不同的读法，从而形成百花争艳的局面。更重要的是，轮读具有探索性质，多种多样的诵读效果给学生提供了丰富多彩的鉴赏、评价天地，鉴赏孰优孰劣，有时确实得动一番脑筋，也许这种评价最终也未形成一致的意见，这也无妨，可以各自保留意见，来一个"模糊处理"，让问题促进探究。

(6) 个读

这是由学生自告奋勇或由教师指定的学生的诵读。

自告奋勇，是一种可贵的自主意识，应该得到教师的珍惜、保护和倡导。在这种自告奋勇的诵读中，学生有备而来，胸有成竹、情绪高涨，有利于技能的发挥和个性的张扬。教师在热情鼓励的同时，还要想方设法帮助他们尝试成功，而成功的喜悦又必然会增加他们的自信和进步，强化他们的探究精神和竞争意识，如此良性循环，可以点带面，获得大面积丰收。

教师指定诵读，可以有目的地获取第一手材料，可以有针对性地对学生存在的典型问题给予指导。初学诵读者常见的毛病有：爆发音——一句、一短语、一词的第一个字读得重；语速均等，还未脱离小学生的唱读读法；停顿不当，没有停顿或断断续续；拖音过多，多出现于词尾句尾而形成念经调；换气不适当或大喘气或上气不接下气等。指定读还可以单叫那些最怯场和性格过于内向的学生，这比接力读更具有激励和强化作用。这种强化训练，在开始阶段可能不顺利，学生也许会脸红心跳，手足无措，但是，当教师第二次、第三次叫他们的时候，其结果必然比上一次强，用不了多久，他们就能品尝到成功的喜悦。

(7) 齐读

即由一个组或一个班共同读同一个内容。齐读有振作精神、集中注意力和培养集体意识的作用，可以营造出‘书声琅琅”的积极氛围。但是，此种读法不宜用在诵读训练的初级阶段，少数有一定造诣的学生会因为“从众心理”而降到一般水平，不过，在诵读训练的高级阶段，教师却可以应用这种“从众心理”迅速有效地矫正少数学生存在的错误读法。

(8) 唱和读

即由一个学生站起来领读，每读到一个自然段或诗歌的一小节的末一句时，其他学生齐声和读这一句；也可由教师或学生领读上一句，其他学生和读下一句。这种读法一唱一和，相映成趣，起伏大，节奏感强，有利于激发学生的诵读兴趣和培养注意力。

(9) 对口读

即两个学生以标点符号为界，一人一句地往下读。此法对比性强，有利于培养学生的注意力和衔接能力。

(10) 击节读

即学生齐读诗歌或节奏感强的散文时，每读到押韵处或一段的尾句时，一起击掌一下。击节读可以营造出热烈的诵读场面，也便于培养学生的注意力和诵读兴趣，尤其是在群情振奋中更有助于学生领会、体味诗文的音韵美和节奏美。

(11) 高低读

即把两组学生分为高音部和低音部，一句一句高低相间地诵读，并且要适时地两部轮换。此种读法既增加了学生的兴趣，又对学生进行了发声训练，因为高音与低音具有不同的训练效果——低音有利于揣摩，高音有利于强化。也可以由教师或诵读水平较高的学生领读，其他学生低声重复读刚领读过的句子。这种读法应用于新诗文的诵读训练是很有益处的，这是因为领读较为规范，并且领读与低音读之间有较大的停顿，给低声读的学生提供了揣摩、模仿的余地，特别有利于初学者的提高。

（12）男女分读

即按性别把学生分为两组，接读课文或轮读同一内容。男女分读可以获得两种不同的美感，这是由于男女声不同的音色（女生音高高而音强小，男生音高低而音强大，高年级尤其如此）和不同的审美倾向（女生多倾向于优美，男声多倾向于壮美）造成的。如果让女生读优美的内容，让男生读壮美的内容，各自发挥其优势，则会使这两种美感更加鲜明、具体。

（13）合读

即把领读、齐读、角色读、唱和读、男女分读等加以综合运用，使之成为和谐、默契、有机的整体。课文中的叙述语言用领读或齐读，人物语言用角色读，描写、抒情、议论、说明的语言用个读或分组读等。这样，按课文的行文顺序交错进行，既分工又合作，错落有致，浑然一体。合读丰富多彩，能充分调动学生的积极性；合读中的交错、变换、衔接，更能集中和培养学生的注意力；尤其是合读讲究配合默契，这就有利于培养学生的团结协作精神。

下面语文教改专家余映潮剪辑的《安塞腰鼓》朗诵材料，就很好地体现了这一点。

（男领）看！——（女领）黄土高原上，爆出一场多么壮阔、多么豪放、多么火烈的舞蹈哇！

（众合）好一个安塞腰鼓！

（男女领）百十个斜背响声的后生，如百十块被强震不断击起的石头，狂舞在你的面前。（男合）骤雨一样，是急促的鼓点；（女合）旋风一样，是飞扬的流苏；（男合）乱蛙一样，是蹦跳的脚步；（女合）火花一样，是闪射的瞳仁；（众合）斗虎一样，是强健的风姿。

（男领）百十个腰鼓发出的沉重响声，碰撞在四野长着酸枣树的山崖上，（众合）只听见隆隆，隆隆，隆隆。

（女领）百十个腰鼓发出的沉重响声，碰撞在遗落了一切冗杂的观众的心上，（众合）也是隆隆，隆隆，隆隆。

（女合）每一个舞姿都充满了力量，每一个舞姿都呼呼作响。（男合）每一个舞姿都是光和影的匆匆变幻，每一个舞姿都使人颤栗在浓烈的艺术享受中，使人叹为观止。

（众合）好一个安塞腰鼓！

（男女领）容不得束缚，容不得羁绊，容不得闭塞。是挣脱了、冲破了、撞开了的那么一股劲！

（众合）它使你从来没有如此鲜明地感受到生命的存在、活跃和强盛。那消化红豆角老南瓜的躯体，居然可以释放出那么奇伟磅礴的能量！

（男女领）好一个黄土高原！

（众四步轮读）好一个安塞腰鼓！

（14）配乐读

此法能渲染情境、提高兴趣，但诗、文与配乐的美感和节奏必须一致，否则适得其反。例如，读苏轼的《念奴娇·赤壁怀古》，可以选《三国演义》的片头音乐或古典名曲《大浪淘沙》。

（15）配画读

即用实物或用投影仪将适当的一个或几个画面打到投影布上，其效果比配乐读差些，但操作较容易。例如，读《香山红叶》时，可展示红叶标本；读《春》时可用春景图。

（16）速读

即以自己的最快速度来读，可以全班同学同时进行。此法可练发音、练运气，也有利于学生对作品进行整体感知；但不可多用，因为它没有对作品思想感情的体验和表达。

（17）演读

即边诵读边表演，能提高兴趣、活跃氛围，更能丰富和加深学生的体验。例如，读《江城子·密州出猎》中的“西北望，射天狼”时，可以做拉弓射箭动作。再如读《静夜思》时，可以背手踱步等。

（18）自选读

即学生自选句、段来读，这种方法可以凸显个性化解读，培养学生的创新精神，应该倡导。

（19）模仿读

即模仿作品中的人物语言及自然界的有关声音，可谓绘声绘色、绘情绘景。模仿读即诵读技巧中的摹声。

(20) 反读

由教师故意采取与诗文应有基调、技巧、美感相反的读法，让学生通过比较来促进体验、感悟。这是一种特殊的导引方法，有极强的比较、鉴别和激励作用，但不可常用，以免弄巧成拙。

(二) 促

1. 要领

师生关系是促的前提，吃透教材是促的基础，学生反馈是促的依据，预先设计是促的准备，随机生成是促的机智，教学相长是促的成果。

(1) 促的条件

教师要进行结构性备课，即对本学科、本册教材的能力结构和知识结构有一个宏观的把握，以宏观统领诵读教学的微观；学生要进行生成性预习，带着问题来上课。

建立互相尊重、平等、民主、和谐的师生关系。教师垂范，学生呼应。教师要经常征求学生对自己的意见、要求和期望，并及时答复、调整和改善，勇于承认自己的失误和不足。

(2) 促的步骤

启动、指路、搭桥、调控，或曰扶一领一看（与学生并肩，扶着学生走；在学生前面，领着学生走；在学生后面，看着学生走）。

(3) 促的内容

促读、促探、促评、促超，导境、导趣、导疑、导思、导议、导练。

(4) 促的方法

紧贴学生生活经验和社会实际，直指学生的最近发展区。

用设疑促成学生的“愤、悱”状态，进而启发引导。

导引要含而不露、指而不明、开而不达、引而不发。

(5) 政策导向

专设学生质疑、诵读成绩栏。

2. 诵读因文体有别

语文大师叶圣陶说，课文是个例子。新课程主张“用教材”，即“教材更是个引子”，我们就应该根据教材的特点物尽其用。诵读不是万能的，但也有自身的长处，即声情并茂地表达思想感情。只有把诵读的长处与教材的特点恰当地结合起来，才能更好地实现以读促学。

（1）诗词

诗词是用凝练而富有韵律的语言创造意境，着力反映社会生活，重在求善求美，即表达思想感情，与诵读的优势完全合拍，所以在教学这类教材时，完全可以通过诵读活动实现其教学目的。只要学生读好了，肯定就学透了，学活了，被感染了，这样，你还用得着再去“条分缕析”吗?!

古典诗词：诗分古诗和格律诗。古诗（诗经、楚辞、乐府等）不讲格律，形式自由。格律诗讲究字数、平仄、对仗等。至于读法，古人讲“吟咏”，即“有节奏有韵调地诵读”（《现代汉语词典》），这种读法今已失传。就现代读法来说，古典诗词与现代诗歌基本相同，只是格律诗因讲平仄而更朗朗上口罢了，因为古典诗词是用古白话而不是用文言写成的。不过，对其中的生僻词要用慢速和停顿突出一下。需要强调的是，流传至今的古典诗词历经千锤百炼，不乏精品乃至千古绝唱，人们耳熟能详。因此，诵读这种诗词要下工夫，要有所创新。

现代诗歌：现代诗歌形式自由但大多押韵。其主旨也是表达思想感情，诵读者要以这个主旨为纲来决定诵读方式，即先把握作品的思想感情，再据此确定其美感、基调，之后再确定其具体的诵读技巧。诗歌要读好韵脚，以形成回环。另外，有些诗歌虽不押韵，但也有其内在的节奏，也能读出起伏；还有些诗歌是朦胧诗，要结合作者的生平及创作的时代背景探究其意向，然后再确定其美感、基调、技巧。

可见，诗词最适合于诵读教学。

（2）散文

散文有白话、文言之分，同诗词一样，重在表达思想感情，也完全可以通过诵读教学实现其学科教学目的。散文脉络清晰，讲过渡、衔接、照应，不像诗词那样跳跃性强，因而起伏和停顿都小，要读得从容。

文言散文单音节多、生僻字多，且有特殊的文言句式，因而诵读时要在分清“句读”的前提下放慢语速。

文言文教学要打破“串讲”传统，因为“串讲”只能使学生产生依赖性。以读促学就是用诵读促使学生自主、合作、探究地学习，即让学生先分出“句读”，能分出来则是弄明白了，分不出来就去合作探究——查字典，结合语境分析、讨论，“推想课文中有关词语的意思，体会其表达效果”（《语文课程标准》)，必要时教师要提供帮助。例如，《狼》中的“其一犬坐/于前”，《捕蛇者说》中的“而乡邻之生/日蹙”，《卖油翁》中的“徐/以杓酌油/沥之”。接下来再去探究文章的思想感情、美感、基调及诵读技巧，之后的诵读便会声情并茂而且心领神会了。

2006年河北中考试题中文言文阅读的考查题为：用“/”标出下面句子的节奏（每句只标一处）。①前人之述备矣。②然则何时而乐耶？

中考加强了对断句的考查，其实是在考诵读，是在用中考指挥棒对教师的教与学生的学进行引导。因而，在文言文教学中要突出诵读教学。

（3）议论文

议论文重在求真求善，也是表达思想感情，教师通过引导学生诵读也可以实现其主要的教学目的。其中的“真”，即深刻的论理，是需要对其进行必要的讲解和探究的，但这种探究，仍可以借助读法探究即对论理的铿锵、坚定语气的探究来完成，所以，议论文也比较适合诵读教学。

诵读议论文要特别注意文章的逻辑层次，要用适当的停顿、语速、语调表现出来。段与段之间要有较大的停顿，给听者以理解的时间。

（4）说明文

说明文重在求真，尤其是科技说明文，语言特别严谨、准确，虽然不适用于全方位展开诵读教学，但就其语言特色来说，正有利于培养学生严谨、求实的学风。这种说明文的诵读语速要较慢，专用术语及生僻词语要更慢且重，起伏很小，停顿较多，在诵读教学中也是不可或缺的。至于文采很浓的说明文，如《南州六月荔枝丹》，仍应从诵读切入，让学生在被感染熏陶中学习知识。

诵读说明文，难度很大，但对整体感知来说是一种强化训练，因为说明文知识点多、生僻字多，需要较强的意会能力。

（5）小说

小说历来有“生活教科书”之称，讲究人物、情节、环境，在“三分法”中属于记叙文，因而是着重于表达思想感情，也很适用于诵读教学。塑造人物形象，首先是抓住人物的个性化语言，因为“什么人说什么话”，这时可以用停顿、重音、语调、特音等技巧将人物语言进行个性化处理，人物便会活灵活现，适合运用角色诵读。其次是注意叙述性语言，要注意人称，如果是第三人称，就用旁观者的语气；如果是第一人称，则用当事人的语气。交代情节时，要用适当的诵读技巧把情节的起伏变化表现出来；表现细节时，运用诵读技巧可以突出细节而小中见大。描述环境时，诵读者可以用沉缓的语调描述出庄重、悲痛、幽静等场景，可以用激昂的语调描述出壮观、愤慨、激烈等场景……无论何种环境，都是在烘托小说的主题。例如，《党员登记表》的开头，描述的是凛冽、严酷的寒冬，渲染的是敌占区的白色恐怖，因而要读得沉缓。

小说诵读教学的重点应放在分析小说的人物形象和品味语言上。如《林黛玉进贾府》一文，联系王熙凤的身份、性格，诵读“我来迟了，不曾迎接远客!”等语句来赏析人物语言，从“未见其人先闻其声”的话语中，不难发现王熙凤“放诞无礼”的背后正说明其在贾府中的特殊身份和地位。教学契诃夫的《装在套子里的人》时，主人公别里科夫有一句著名的口头禅：“千万别闹出什么乱子。”诵读这一标准的语言“套子”，不难体会出别里科夫的生活态度。正是这一句话左右了他的一生，禁锢着他，使其一直到死也没有能够解脱。

(6) 戏剧

戏剧是用有限的时（几幕）空（舞台）反映社会生活，矛盾冲突最为集中，感情起伏也大，因而很适合于诵读。剧本主要是唱词和说白，话剧则主要是说白。说白讲究夸张，不仅语音上夸张（要让最后一排都能听清，所以常用气音），在停顿、重音、语调上都有夸张，古典戏剧的说白还有专门腔调，一般人是不能胜任的。诵读艺术囊括了戏剧说白的所有技巧，所以戏剧说白非常适合于诵读教学。唱词（包括曲词）是诗化了的语言，讲究押韵和平仄，因而也很适合于诵读，要抓住矛盾冲突尤其是高潮，运用适当的技巧予以展示。所以，无论京剧还是地方剧种，不上戏台，单用诵读，也能演绎出独到的感染效果。

戏剧的突出特点是分角色，因而最适合于角色诵读。

3. 以范读导引学生入境

(1) 篇章范读

篇章范读即对整首诗、全篇文地范读，目的有三：第一是技巧示范，即如何处理基调与段落、句子的关系及情感起伏的脉络乃至文眼、诗眼的突出；第二是整体感知，即不割裂作品，引导学生从整首、全篇的角度去感受、体验诗文的意境、美感；第三是渲染情境，即创设具有人文特征的教学氛围，使学生在不知不觉中自然而然地受到熏陶、感染而进入自主学习状态。

（2）句段范读

句段范读即只读一句或一段，旨在点拨、导引。例如，用于对学生不当读法的矫正，用于启发、暗示学生注重对某句、段的体验和挖掘等。句段范读是经常性的，贯穿教学始终。可以让优秀学生代替教师范读，可一举两得。

（3）字、词、标点范读

字词范读是画龙点睛，只点关键之处，余下的还是让学生自主、合作去探究。以读促学发展到成熟阶段，此法应是主要方式。

标点范读不是指标点停顿，而是指能表达思想感情的“!、?、‘ ’、（ ）、——、……”等。例如，《从百草园到三味书屋》中描述先生吟诵的“——”，应该读出悠然、得意的语气。

4. 因学情设计教学

凡事预则立，不预则废，然而课堂又是生成的。无论课堂如何千变万化，“读”和“导”都是核心环节，“读”总是和谐课堂的高潮。

（1）先讲后读

这里的“讲”是指语文教师的提示、启发、引导、设疑、讨论的过程。语文学科的课堂教学，是学生在教师的指引下对课文进行认读、理解、分析、归纳、比较、鉴赏的过程，这个过程恰好就是诵读的准备过程。任何诵读，如果没有预先对作品文字的认读，对词句段落的理解，对结构脉络思想感情的分析、归纳、比较、鉴赏，是不可能读好的。因为诵读的第一宗旨就是要表达作品的思想感情，而为此需要确定的诸如基调、停顿、重音、语速等技巧，无不源于学生对诗文内容及形式的准确而深入的把握。所以，先讲后读比较容易取得良好的效果，可谓顺理成章，也可以把课尾的诵读活动作为本节课的教学检测环节，因为课尾的诵读水平的高低正体现着学生对诗文理解的深度。在诵读教学的开始阶段，宜采用此法。

（2）先读后讲

课堂初始开展诵读，不仅是对学生预习情况的检查，也是对课堂教学的“前提诊测”，可对学生了解、探究课文的程度一“听”了然。之后，对学生的诵读要及时点拨、评价。这样，学生就不仅知其然，更知其所以然，从而明确自己的努力方向，就会自然而然地带着这些问题来继续上课，即形成主动学习的教学情境。例如，臧克家的《有的人》这首诗，如果在课堂初始的诵读中，学生就基本抓住了这首诗两种截然不同的思想感情，并能以鲜明对立的语调读出来，那么教师以后的教学就能轻车熟路而更上一层楼。

(3) 读读、讲讲、读读、背背

对于难度较小的诗文，都可以采用此法。之所以比上一种方法多了读读、背背，是为了因课制宜地突出诵读教学。

课堂初始的读读是前提诊测，是预习，学生可以在这一环节中熟悉课文，扫清小障碍，尤其是要引导学生发现诵读与课文之间的种种内在联系。

读后的讲讲首先是要对学生的诵读效果进行评价，借此将问题引申、深化，使学生对课文的思想感情和表现方法都有一个深入的感悟；接着在解答学生的质疑中顺势点拨、引导甚至是借题发挥，将学生引入高一级的文学艺术殿堂；之后再联系诵读向学生提出更高的要求或全新的诵读设计。

讲后的读读是形成性检测，也是学生在诵读园地进行的新的探索和尝试。作为检测，教师可以根据学生在诵读中暴露出来的问题给予及时的矫正，从而使学生在更高的层面上去展现作品的艺术魅力和人文色彩。

再读后的背背也不是古人的“死记硬背”，而是学生在理解后的背诵，是有滋有味的诵读。背得多了，学生就会在潜意识下进一步融会贯通，进而形成语感应用到日后的听、说、读、写中。

(4) 讲讲、读读、议议、读读

此法适用于难度较大的诗文。

课堂初始的讲讲是提示、点拨、疏导，目的是搬走学生自学道路上的绊脚石，直奔诵读教学的深层。这时的讲是要言不烦而不是面面俱到，要给学生留出足够的探索空间。

此后的读读是内化、应用、发挥、展示，目的在于促使学生通过诵读，把在教师指导下产生的对课文的进一步理解展示出来。这是学生具有创造意义的尝试活动，无论是成功还是失败，都是学生在自学过程中的正常现象。

再后的议议是师生间的双向交流和学生间的相互交流，也是学生在教师的引导、点拨下进一步发现、分析、解决问题的过程。在这个过程中，不仅有教师的“引而不发”和一语破的，也有学生的畅所欲言和开诚布公，从而烘托出一种和谐、热烈、共勉、互助的局面。

最后的读读则是具有竞赛性质的学生的诵读，以及具有拔高性质的教师的范读。至此，教师与学生、学生与课文之间产生了认知与情感上的和谐共振——不用讲解，不用说明，只用诵读就实现了心灵上的沟通。

(5) 以读代讲

以读代讲，就是以诵读为中心进行课堂教学，比“以读带讲”更突出诵读的作用，是以读促学的最高境界。此法适用于教学抒情类诗文。如果学生在教师的指导下，通过对诵读美感、基调、技巧的探究，就已经弄清楚了诗文的思想感情、字词句段篇、语修逻文标，那教师还用讲什么呢？具体程序为：试读——导读——练读——范读。

最初的试读是理解、探索、揣摩阶段。学生先通过查字典、词典，完成对课文的认读，扫除文字障碍。

然后的导读是在教师的引导下，抓住作品的全局——是歌颂还是批判？是壮美还是优美？是舒缓还是激昂？据此掌握作品内在的情感发展脉络；是递进还是并列？是总说还是分说？据此设计诵读的整体框架；有几个起伏？高潮出现在哪里？确定诵读技巧——如何安排停顿，如何处理重音，如何运用语调，如何掌握语速以及如何设计、运用拖音、喷口、气口等。

接下来是练读。练读的方式可以多种多样，诸如前者说到的群读、个读、接力读、角色读、淘汰读等 20 种方法。练读中，教师要及时反馈给学生有效的帮助和矫正，要胸有全局，统筹安排，有点有面，有张有弛，使整个练读过程始终处于井然有序的状态中。至此，学生不仅把握了作品的思想感情，而且对作品的意境进行了整体感知和体味，在诵读、鉴赏中感受到了作品的艺术魅力。

最后，教师的范读将本节课的教学推向高潮。这就又形成了一种差距、一种矛盾、一种激励——学生会在与教师范读的对比、体会、借鉴中发现自己的不足，从而在以后的诵读中进行更大胆的尝试和创新。

以上各种导读方法并不是一成不变的，在实际教学过程中可以交叉、增删、变序而灵活运用。

5. 开展情境教学

常听到同行们抱怨——学生不好管了，不听话、不用功、不主动、不听讲……这也确是实情。然而这只是片面的说法，这种矛盾的主要方面在教师，是教师陈旧的教学方式造成的。这也说明，随着时代的发展，学生的自主意识增强了，如果我们仍用奴化、灌输的方法，学生是不买账的，怎么办？我们拿什么去吸引学生？那就必须靠课程的第四要素——情境！教学情境是情与境的和谐统一，是生动有趣的场景，是师生互动共进的过程，是“无为而治”的境界，是以人为本的生命运动。教学契机尽在情境之中。

（1）创设趣味情境

诵读形式多样，20种诵读形式应灵活运用。诵读活动丰富多彩，朗诵竞赛、讲演、辩论、讨论、课本剧、配画、配乐、悬念、游戏、故事等都可以搬进课堂。教师要努力创设互相尊重、平等、民主、和谐的教学氛围，提高范读水平和语言艺术，尤其是幽默艺术及教学机智。例如，《归去来兮辞》情境营造法：先奏出伴着鸟声水声、弥漫着田园气息的音乐作为背景，接着以“鸟鸣声婉转悦耳，音乐声悠扬动人。这来自天籁般的声响，仿佛让人置身于美妙的让人忘掉一切的大自然的怀抱中……”的诵读导入课程。

（2）创设活动情境

活动，即学生从事的关于学习的各种各样的活动。例如，课上的读法探究、各种练读活动、诵读评价等，课外的参观、访问、调查、慰问等。活动是过程、是参与、是体验，有趣、多效，属于语文实践，教师应对其予以高度重视，积极开展。因为只要过程做好了，其成果是必然的事。以学生为主体，就是要相信学生的知识和能力，就是要倡导学生好学好问的天性，就是要选择适合学生的教学方法，就是要设法让学生动起来。

（3）创设对话情境

与作者对话。即学生以自己的生活体验、思想感情和审美情趣对诗文的语意、场景、感情、语气等通过想象、联想进行体验、感悟、比较、鉴赏、评价，努力做到与作者心有灵犀。

与听者对话。即学生将作者的思想感情及自己的独特感悟向师生听众绘声绘色、绘情绘景地诵读出来，寻求与同学的“共鸣”。而诵读之后与同学之间的切磋、交流、探究、评价是直接的对话。

先与作者对话，求得共鸣；再与听者对话，实现感染，这就是学以致用，而一味诵读、死记硬背是不足取的。东汉伟大的唯物主义思想家和教育家王充的《论衡》一书，则反映了他的诵读教学思想。他在《论衡·超奇篇》中说：“凡贵通者，贵其能用之也。即徒诵读，读诗讽术，虽千篇以上，鹦鹉能言之类也。”现在看来，他所表明的诵读思想是要求学生将诵读与思考、实用结合起来，这与我们当今提倡的诵读教学主张相一致。

师生对话。“教学的本质是交往”，首先体现在师生对话上。把以往的灌输变为师生交流，平等、互促，那是别有一番天地的教学情境，其妙处只有实践者才能体会。

生生对话。“人以群分”，学生之间有天生的亲近感和共同语言，因而就有极深刻的教学意义。英国作家萧伯纳说：“如果你有一个苹果，我有一个苹果，彼此交换，每人还是只有一个苹果；如果你有一种思想，我有一种思想，彼此交换，我们每个人就有两种思想，甚至多于两种思想。”“教师说的是教师的，学生说的是学生的。”教师要把自己说的借学生的口说出来，其作用就更大。

（4）创设互动情境

师生互动。即师生共同探究诵读技巧和诵读美感。教师在探究过程中的体验是最宝贵的课程资源，是促进学生自主学习的法宝。教学相长是教学的最高境界。学生不仅要参与学，还要参与教，师生时时互换角色。“教”与“学”，“教”是矛盾的主要方面，因而教师在师生互动中要起主导作用。教师的“动”是为了促使学生“动”。

生生互动。除生生之间的互助、讨论、交流外，教师要尤其注重学生参与纠错、释疑和评价。

师生互动、生生互动是班级课堂教学的优势，只要双方都动起来，就必然产生极强的相互促进的“场”效应。

（5）创设问题情境

诵读课程中的问题情境是在诵读美感、基调和技巧上的教师的设疑和学生的质疑，以及师生在这些疑问上的探究与解决（释疑）。诵读技巧有停顿、重音、语调、语速及拖腔、喷口、气口、颤音、气音等；诵读美感即前面讲过的形式与内容美，尤重后者，这些都是引发问题的媒介。问题情境能激发学生的好奇和兴趣而产生学习的动力，符合唯物辩证法关于“矛盾斗争导致发展”的法则和学生好奇、好问的天性，因而最适合运用自主、合作、探究式的学习方式。教师首先是让学生在范读与个读的比较中发现自己存在的问题，从而发现自己的未知和产生求知的愿望；其次是引导学生发现其他同学的问题，在发现和解决问题中巩固、提高自己；再次是在学生具备一些“已知”的时候，鼓励学生去发现教师范读中的“问题”，尽管学生往往发现得不准确，但是这也能极大地调动学生的探索热情。“读书，始读未知有疑，其次则渐渐有疑，中则节节有疑。过了这一番后，疑渐渐解，以至融会贯通，都无可疑，方始是学。又云：大疑则大进。又云：无疑者须要有疑，有疑者却要无疑。”（明·张洪：《朱子读书法》）

①在美感、基调和技巧上设疑

让学生成功的学习必然是主动学习，而实现学生主动学习的途径是创设问题情境。什么是问题情境？无非是在认知主体与认知对象之间创设的一种不协调，即将文本知识问题化，促使学生自主建构知识并转化为能力，具体说就是教师的设疑和学生的质疑。创设问题情境就应该用设疑引导学生达到“愤”“悱”状态，启迪、激发学生的问题意识，进而使其学会质疑。

设疑方法。寻根溯源，据果求因，问为何这样。《有的人》的开头两句“有的人活着，他已经死了”，教师在范读中将“活”读成轻音，将“死”读成重音。请同学们想一想，这是为什么？

“顺藤摸瓜”，据因求果，问应该怎样。《驿路梨花》中哈尼小姑娘的形象是优美中的娇美，那么诵读描写哈尼小姑娘的段落应该采用什么语调？

此外还有“求全责备”，指出教材的局限性；“自相矛盾”，指出教材的矛盾之处；“无中生有”，于无疑处设疑；“怀疑一切”，故意不信现有结论；“抛砖引玉”，提出一个不成熟的见解来引发学生探究；“节外生枝”，在问题之外又生问题；“似是而非”，好像是，却又不是；“故弄玄虚”，制造悬念；“明知故犯”，教师故错艺术；“举一反三”，教师举一，学生反三；“曲径通幽”，设问中的曲问；“小题大做”，将小事夸大；“标新立异”，立论与众不同。设疑的目的不仅是导读，更重要的是培养学生的问题意识。

设疑要避免浅（难度太小，不用思考能回答）、直（直白，无趣味）、偏（偏离教学内容或学生的认知范围）、窄（涉及面小，无举一反三之效）、急（不给学生留思考时间）、多（满堂问，学生答不过来）、赘（多余，无教学意义）。

②引导学生探究

探究是自学的方法，因为它是内化知识的唯一途径，即不重在“知其然”，而重在知其所以然，知其可能然，知其其他然。可见，探究是提出问题——分析问题——解决问题的过程。

探究是对知识形成过程的体验与反思，是由感性认识上升到理性认识的飞跃，是由必然王国进入自由王国的量变——质变过程，符合人的认知规律，因而是科学的，可行的。

探究是一种问题情境，是提出问题、分析问题、解决问题的过程，而问题是学习产生的根本原因，因而探究能激发学生学习的兴趣和责任。文喆说：

“好奇心、求知欲是孩子的天性。”因而探究是一种有效的学习策略（即问题激励策略），并且是学生学会个性化学习的必经之路。

探究还是培养学生创新精神的必经之路，因为探究指向未知，热衷求异，不是人云亦云。任何创新都是起于质疑，成于探究。探究的哲学根据是“矛盾斗争导致事物的发展”，即问题探究导致认知的发展。可见，探究是实现学生自主学习的主要途径。

教师要以身作则，将自己对文本的探究体验作为一种重要的课程资源，展示于课堂教学中，尤其是自己走过的弯路，对学生的启迪、激励更强。

③教师要善待质疑

质疑，即提出问题，是学生内化知识、发展个性和创新的必由之路。质疑需要倡导，因为在应试教育中学生已经丧失了“好问”的天性，要先教给学生质疑的方法。

善待质疑是以学生发展为本的体现，是发展质疑的保障。教师要努力做到：有求必应，对低水平的学生尽量满足他们的要求；点到为止，对中等水平的学生只点拨关键；引而不发，对高水平的学生只启发思路；借题发挥，拓展浅层质疑，力求额外收获；歪打正着，将失误的质疑引上正路；不失时机，倡导即时质疑，不怕打断教学；群策群力，尽量由学生合作释疑；适可而止，对质疑引发的各种意见不必强求统一，可以各自保留意见；一臂之力，激励、暗示想问又不敢问的学生，促其质疑成功；政策导向，将质疑情况列入学生平时的学业成绩；情景交融，营造宽松、愉悦、平等、民主、和谐共振的课堂氛围；未雨绸缪，预测质疑，做好释疑准备；先声夺人，事先征求问题，此法仅适用于低水平的教师；实事求是，对一时解答不了的质疑，要勇于承认，不可牵强附会；厚积薄发，不断学习，不仅做专才，还要做通才，以便释疑和导疑。

（6）创设成功情境

要让学生享受成功的喜悦。心理学研究表明，兴趣与成功是相辅相成的。学生在诵读实践活动中经常取得成功，就可以使他们的需要不断得到满足而心情舒畅，兴趣就会不断地形成、巩固和发展。而这种兴趣又促使他们克服重重困难，经常获得成功。教师要经常正确地评价学生的诵读，给予他们热情的表扬和鼓励，指出学生技巧和情感表达上的缺点，使之及时纠正，这样学生就会时时感受到成功，进而对进步进行追求，如此良性循环。

让学生在读写能力上取得成功是不容易的，因为这种成功是隐性的，不是显性的；而在诵读上获得成功却是显性的，是听得到、感受得到的。笔者亲眼看到一个个学生在诵读能力上突飞猛进，其成功的喜悦溢于言表。

6. 重在迁移

(1) 诵读是手段

熏陶感染是语文教学的特点，在这方面，诵读具有得天独厚的优势。在“以读促学”的教学模式中，诵读不仅是目的，更是手段，旨在通过诵读的熏陶感染提升学生的语文素养，培养他们的语文实践能力和创新精神。所以在开展诵读活动的全过程中，教师要牢牢抓住“迁移”这个矛盾转化的关键，确保学生迁移得准确、及时、自然、有效。其实不仅诵读，学生的一切语文学习和语文实践活动都是为了实现迁移而将其内化成自己的语文能力和语文素养。

(2) 预设迁移

凡事预则立，不预则废。由读向学的迁移不仅是一个过程，更是一门科学、一门艺术，因而需要精心设计。虽然任何学习都是一种迁移，都可以自然发生（因为“学习”是人的本能），但是，仅凭“自然发生”则效率太低，这就是为什么要办学校的原因了。例如，由“读”向“写”的迁移，是古代的基本教学途径，那时的迁移就是学生自发完成的，基本上没有先生的引导，因而用时是多的，效率是低的，结果是读书的人多，能写的人少。而我们今天的以读促写，就必须加强导引，促进迁移，也就是教师在诵读教学的各个环节中要时时事事与学生习作中的问题挂钩，建立两者之间的内在联系。再如由诵读向阅读、鉴赏的迁移，古人云“书读百遍，其义自见”，我们现在的学生有读百遍的工夫吗？不注重导引行吗？

再谈“预设”就好说了，因为这种迁移是不简单的，必然的，需要科学的方法、周密的安排，方能事半功倍。教师要深谙学情，换位思考，想学生之所想，急学生之所急，未雨绸缪。预设迁移应该成为教案中一项不可或缺的内容，尤其是对学生质疑的预设释疑。尽管这些预设迁移不见得在教学实际中都能用上，但坚持下来必能完善、丰富我们的教学方法结构，并提高我们的教学机智。

(3) 随机迁移

预设迁移是必须的，但随机迁移更为重要，因为课程是生成的，其中不可预知的变量太多。如何才能实现见机行事、信手拈来、自然而然地随机迁移呢？首先是在预设迁移上下工夫，案例积累得多了，自然就能融会贯通、熟能生巧。其次是要深谙学情，知道学生的“最近发展区”，以便有的放矢。再次是要持续学习前沿的教育理论、方法和学科知识，只有这样才能举一反三、收放自如。

7. 开展多元评价

(1) 评价的功能

发挥评价的调控与激励功能，切实将评价作为一个教学环节，时时将其运用于“读、学、探、超”中，尤其是在师生的探究过程中。

评价是标准、是导向、是诊断、是反思，没有评价就没有正误、是非、真假、优劣、善恶、美丑，就失去了前进的方向和操作的质量。因而评价具有调控作用，能有效地促进教学发展；评价更是一个教学环节，而不仅仅具有甄别、选拔的功能。

评价是认知过程（感知—记忆—理解—运用—评价—内化—创新）的重要环节之一，不可缺少，也不可变序。评价还能促进其他认知环节的落实和深化——对之前的环节是落实，对之后的环节是深化。传统教育只重视记忆和套用而丢失了“评价”这个认知过程的保障环节，因而不能实现完整的认知建构。

评价是反思，是对学习过程和教学过程的反思，而反思就是对上述过程的批判、肯定、内化、升华，因而新课程提倡反思性学习和反思性教学。

评价是参与，是发表和展示，是畅所欲言、见仁见智，是个性的张扬和完善，是师生创新精神和实践能力最生动的体现，是学生主体地位和教师主导作用最深入的落实，因而评价是调动学生参与教学、促进教师发展的有效手段。

评价具有激励作用，师生的自评及学生之间、师生之间的互评都具有极强的激励作用，尤其是公开的自评、互评，还具有“场”效应。

过去的评价是单向、一元、他动的，现在是多向、多元、互动的，这就不仅能引发兴趣，更能激发志趣。总之，要“以学论教”。

可见，评价是实现学生自主、合作、探究学习和教师专业化发展不可或缺的手段。

(2) 评价的操作要领

评价时不仅要评学生认知的正误，还要评学生的学习过程与方法、情感、态度与价值观。

调动学生全员参与，教师、学生、家长多元参与，避免评价垄断。

互评要以协商、讨论的语气平等会话，避免武断、绝对化；要适可而止，避免纠缠不休，可留下问题让学生课外思考。端正学风，是知无不言，闻者足戒。注重过程评价，减少结论性评价；注重质性评价，减少量性评价。教师对学生的评价要及时，尤重于即时；倡导学生评教要先掌握课程标准，然后从主动征求学生意见做起。

自评即自察，让学生在知识上，查漏补缺；在方法上，扬长避短；在态度上，实事求是。自评贵在及时，重在习惯养成，致力于实现“反思性学习”。可以列出优秀学生素质的各项指标，让学生自选自评，以此诱导学生取长补短。

教师的导评要及时纠偏和拓展，运用多元智力理论促使学生的智能迁移。

8. 建立诵读小组

榜样的力量是无穷的。建立诵读小组的目的，一则是因材施教，培养诵读精英；二则是带头参与，促进同学之间交流互助，实现“兵教兵”。

培养“小教师”。在开展诵读教学中，每一届学生都会涌现一批诵读爱好者，将他们培养成诵读教学中的“小教师”不仅是因材施教的需要，也是深入开展诵读教学的需要，充分发挥这批“小教师”的范读作用有助于诵读教学更上一层楼。历届的诵读人才都有一些共同的特点——他们对诵读“一见钟情”，且勇于尝试、积极进取，所以进步较快，用不了多久便显出成效。将他们培养成“小教师”不仅应该，而且必然。

在诵读教学的开始阶段，我们常会遇到一个难题——学生由于不敢放声练读，尤其是不敢单独练读，而导致练读不及时，教师的范读也就失去了指导的作用；如果教学仅用“群读”方法，学生就很容易趋同于小学时的“唱读”，教师范读展示的技巧也不能被学生及时内化。这时，“小教师”们便能急教师之所急，稍一号召便积极响应，随之打破僵局，使得畏缩者也敢站起来一试，于是课堂练读气氛热烈，教师范读的作用也能得到最大限度的发挥。

在诵读教学中，虽然教师要用范读传授诵读知识和技能，但仅凭教师一遍又一遍地范读效果并不见得好，尤其是面对较难的诵读技巧，学生容易产生“望尘莫及”的想法而失去自信心。这时，请“小教师”站出来范读则事半功倍。尽管“小教师”的范读与教师的范读在水平上还有一些差距，但他们的水平比大多数学生的诵读水平高不少，具有极强的激励和带头作用。

（三）学

“学”指学生进行自主、合作、探究式学习。问题是，在多年应试教育的背景下，我们的学生早已习惯了被动学习，且积重难返，仅就主动质疑一项，就令人忧心忡忡——天性“好问”的孩子越大越不敢问了！

1. 培养元认知能力

元认知，即关于认知的认知。元认知能力，即对认知进行调节和监控的能力。元认知不同于一般的认知，元认知是指向认知过程的认知，是指向自身脑机能和脑活动的自我意识，是内向的；一般认知是指向认知对象的认知，是指向客体的意识，是外向的。加德纳的“多元智能”理论也强调了“自我认知”智能。从元认知角度来看，学习不仅仅是对学习内容进行识别、加工、理解、评价、建构的认知过程，同时也是一个对该过程进行监控、调节的认知过程。认知过程的实效性如何，在很大程度上取决于元认知过程的运行水平。所以，学习能力包括认知和元认知两个方面。

新课程强调自主学习，致力于让学生学会学习，因而就必须培养学生的元认知能力。但是，由于传统教学是以教师为中心，只重视知识的灌输，学生业已形成积重难返的被动学习习惯。因此，本着“先立后破”的原则，学生首先要在教师引导下，努力掌握新课程的自主、合作、探究学习方式，进而发现自己的学习优势并发扬光大。例如，注重课前自学，努力发现问题并尝试自行解决；勇于课上质疑、释疑，善于与同学合作、交流等。其次，要根据自己的学习效果，反思自己过去的学习过程，找出造成学习效果慢差费的原因，制定相应的矫正措施。例如，不注重理解，只会死记硬背；只会套用例题，不会举一反三等。再次，要借鉴同学的好的学习方法，取长补短。例如，坚持独立完成作业，实在不行才去请教别人；严格执行学习计划，今日事今日毕等。第四，要建立个性化的学习策略，寻求最适合自己的学习方法。例如，关注内隐学习，注重直觉思维；加强选择性注意等。第五，学生的认知是发展的，其元认知也应该是发展的，这就要求他们在以后不断升级的学习进程中，不断调整自己的学习策略，才能持续发展而实现良性循环。

总之，为了落实学生的主体地位，实现学生的自主学习，提高课堂教学的实效性，教师必须在学校的教育教学中加强对学生元认知能力的培养和训练，使每个学生尽快建立高效率学习的自我监控系统。

(1) 培养自我意识，勇于展示自己，追求自身价值。树立自信，强化正“标签效应”，后进生尤其要警惕破罐子破摔。

(2) 对文本知识进行建构性预习，努力发现概念、原理、应用、拓展等方面的问题并尝试解决，解决不了的就留待课上提出。

(3) 建构自己的能力结构、知识结构。依据业已转为能力立意的考纲和课程标准，先确立学科的能力结构，继而以能力项为纲建构相应的知识结构。

(4) 注重学法，建构自己的方法结构。

常规学法：学、疑、思、问、议、练。

自读方法：初读通大意，细读点画批，精读抓关键，研读提问题。

2. 治学四境

近代王国维提出治学三境：“昨夜西风凋碧树。独上高楼，望尽天涯路”；“衣带渐宽终不悔，为伊消得人憔悴”；“众里寻他千百度，蓦然回首，那人却在灯火阑珊处”。现有治学四境：兴趣→情趣→志趣→乐趣。三境、四境都是呈递进关系，但三境推崇“苦读”，四境倡导“乐学”。三境出于功利，旨在学而优则仕；四境追求“人本”，立足于终生学习。三境是农业社会的产物，师资条件尚差，只好在逆境中苦读；四境是现代文明的结晶，更有教师的引导，当然是在乐中学。

兴趣，即“喜好的情绪”，是由反差、新奇、矛盾、问题及活动、游戏、竞赛等情境引发，具有主观性、差异性和迁移性。兴趣能引起人的注意和追求，因而能使学生实现自主学习，且学而不厌、虽苦犹乐。教师应致力于对学生学习兴趣的激发和培养，这样会使教学事半功倍。因为兴趣是人们取得成功的最大动力。2002 年 12 月 15 日晚，中央电视台展播了丁肇中教授与大学生对话，一个学生问：“您获得成功的主要原因是什么?”丁先生毫不犹豫地回答：“兴趣，兴趣会推动你一直往前走。”

情趣，即“情调趣味”，情调即“思想感情所表现出来的格调”。可见，情趣是情感与兴趣的有机融合，是以思想感情为基础、做导向的趣味，因而，这种趣味中就有了“爱”和对真、善、美的追求。这就说明情趣比兴趣高出一个层次，具有一定的持续性和方向性。实现情趣境界的关键是情感，这一点，古人忽视了。直到 20 世纪 90 年代张映雄先生提出“目标教学”，情感才作为一项教学目标被提了出来。但由于目标教学仍属于传统教育，追求应试成绩，因而情感目标并未得到落实。新课程标准将情感作为一项更鲜明、突出的目标与

“态度、价值观”一起提出，从而使这三者互补共进，保证了情感目标的落实。至此，情趣境界的实现才成为必然。

志趣，即“志向和兴趣”，是志向和兴趣的有机融合。志向是最高的价值取向，一旦与兴趣合拍，则如虎添翼，其效率必然倍增，其进程一定加速。无疑，志趣比情趣更为上位。自古以来，人们都极力推崇志向，这方面的格言、警句数不胜数，一代又一代的师长语重心长地强调着，然而事与愿违——真有志者少，常立志者多。究其根源，是缺少趣味的滋养，单凭“志向”孤军奋战，常常寡不敌众。因此，必须选择适合学生的教育，必须注重“志”与“趣”的结合。

乐趣，即“使人感到快乐的意味”。乐趣是最高的治学境界，是乐在其中、自得其乐的心态，是没有任何功利追求的行动，是无需自策、自律的自然而然的进程。上文丁肇中教授说的“兴趣”，不是一般意义上的兴趣，而是大科学家的兴趣，是超越了兴趣、情趣、志趣的“乐趣”。所谓“兴趣”，不过是大科学家面对涉世还浅的青年学生的通俗说法罢了。孔子说，“知之者不如好之者，好之者不如乐之者”，就是在强调乐学才是治学的最高境界。治学的乐趣境界固然可贵，然而培养这种乐趣必须从兴趣到情趣到志趣循序渐进地进行。这也正如语文专家孙绍振所说：“爱因斯坦说，兴趣是最好的老师。照此类推，最好的老师就是培养兴趣的老师。……最好的老师能够把学生最不感兴趣的课程变成他们向往的乐园，而且为了进入乐园，不惜穿过但丁式的炼狱。”

趋乐避苦是人的本性，学习也是人的本性，青少年儿童更是如此。在越来越注重以人为本的今天，再去倡导“头悬梁、锥刺骨、为伊消得人憔悴”的苦学训条，显然就与时相悖；学习本该是“乐”事，是存在若干弊端的传统教育把它变“苦”了。如何将“苦”的感觉变成“乐”的感觉？只要实现“治学四境”！

3. 自主探究

有无学生在课堂上主动质疑，是衡量学生是否实现自主学习的首要标志。无论何种课堂，只要有学生主动质疑，就能“一石激起千层浪”，课堂便活跃，学生便踊跃，教师便能实现教学目标。

（1）探究的层次

低层次的探究——知其所以然，即探究知识的形成过程；中层次的探究——知其其他然，即答案是丰富多彩的，如一题多解；高层次探究——知其可能然，即根据已知，进行推测、假设，进而推理、判断。

（2）探究的方法

体验情境（在自主学习、合作交流的基础上，将教材与自己的已知联系起来），发现问题—提出问题—分析问题—提出假设—解决问题—验证结论—反思过程。探究的过程就是先将文本知识问题化，继而再将问题能力化的过程。

在知识（概念、原理）与技能（应用、拓展），过程与方法，情感、态度与价值观上质疑，将归纳探究与演绎探究相结合，自由探究与定向探究相结合，个性问题探究与共性问题探究相结合。

质疑方法很多，主要有：问难，学生提出具体的学习困难；求助，学生提出自己的定向需要；纠错，指出教材和师生的错误；查异，指出教材和师生的反常之处；揭拗，指出教材或师生的矛盾之处；寻根，据果求因，即为什么这样；推测，据因求果，即可能怎样；存疑，对既定事物的故意不信；探讨，提出自己不太成熟的意见与师生探究、讨论；反问，对提出问题的人发问，是对质疑的质疑；追问，追根究底地问，即连续问；反驳，说出自己的理由来否定别人与自己不同的理论或意见；界定，对被认知的概念的内涵、外延进行判断，判断遇障就引发质疑；假设，对事物的性质、发展作假定的说明，假设遇障也引发质疑；标新，提出与众不同的见解，只要能自圆其说就行。

（3）探究的目标

建构自己的能力结构、知识结构和方法结构，能迁移（举一反三）和创新。结构决定功能和价值。

（4）探究与研究

探究式学习与研究性学习都是一种学习方式，研究比探究还要高一个层次。探究重在知识学习，研究重在科研尝试；探究用于学科教学，旨在培养认知能力，研究用于综合实践课程，旨在培养实践能力和创新精神；探究是从学科教学中选题，研究是从生活、社会中选题。可见，对于学生来说，探究式学习是主要的学习方式。

4. 超越

超越，是让每一个学生都获得发展的理念，具有切实的操作性。

（1）超越就是创新

超越自己是创新，超越别人是更大的创新，超越世界是最大的创新。所以，培养学生的实践能力和创新精神就应该让他们从超越自己做起，而且这种超越是“看得见、摸得着”的，因而更具有操作性。必须让学生明白，在未来的社会竞争中，只有不断地超越自己和别人，才能立于不败之地。因而“超越”才是最有力的竞争。

要充分利用青少年学生争强好胜的特性，切实将“超”作为一个教学环节，时时运用于“读”“学”及“探”“评”中。

(2) 超越的策略

①找出自己的不足，闻过则喜；发现自己的优势，扬长避短。

②学习别人的长处，取长补短；吸取别人的教训，趋利避害。

③反思自己的学法，进行必要的实验、论证，不断完善自己的方法结构。

④充分利用教师、同学资源，寻求有效帮助。

⑤设座右铭，建立自我激励机制。

⑥奖勤罚懒，建立自我奖罚机制。

⑦树立自信，积累成功案例。

(3) 创新思维训练的要领

求同思维与求异思维相结合，重在求异。

正向思维与逆向思维相结合，重在逆向。

辐集思维与辐射思维相结合，重在辐射。

抽象思维与形象思维相结合，重在形象。

演绎思维与归纳思维相结合，重在归纳。

分析思维与直觉思维相结合，重在直觉。

勤于思考，追求灵感；深入观察，再造想象；避免思维定式和从众心理，发展批判思维，敢于标新立异。

二、课堂常规操作

(一) 操作要点

1. 导入

方法：引趣、励志、问题、示范、活动、故事等。

2. 展示教学目标

教学目标必须得到学生认可，最好由学生提出。

3. 教师范读

篇章范读、句段范读。

4. 学生练读

默读、诵读。

5. 创设问题情境

①教师在诵读美感、基调、技巧上设疑。

②学生在诵读美感、基调、技巧上质疑。

③师生合作释疑，探究美感、基调、技巧。

6. 随机教学

依据学情，随机设置，可打破预设。

7. 小结

强调重点，正视得失，指明方向。

承上启下，巩固拓展，让学生带着问题走出教室。

8. 课后反思

经验、教训、启示、结论。

（注：以上步骤，次序可调整，内容可穿插）

（二）教案范例

教案范例 1——《浪淘沙·北戴河》

［执教：张连元　班级：高一（3）班　时间：2008 年 12 月 9 日］

教学目标

1. 学习诵读知识，强化诵读技能，培养鉴赏能力。
2. 注重教师的感染、熏陶，注重师生的合作探究。
3. 培养爱国、爱民情怀和进取开拓精神。

教学重点

读法探究。

教学难点

诵读的形式美与内容美的辩证关系。

教学方法

以读促学。

教学过程

1. 导入

片段范读：《谁是最可爱的人》《春》。

鉴赏美感：壮美（崇高）、优美（秀美）。

2. 自读——理解

(1) 想象本词各句场景。(景语即情语，以声传情)

(2) 补充意象之间的过渡衔接。(处理停连)

(3) 设问："谁""了"在本词中的读音。

(4) 学生质疑。

3. 探究诵读技巧

(1) 基调：激昂。

(2) 语调。

大雨//落/幽燕，——壮观——沉缓

白浪/滔天，——严峻——激昂

秦皇/岛外/打鱼船。——欣慰——悠缓

一片汪洋/都不见，——紧张——急速

知向/谁边？——牵挂——柔缓

往事越/千年，魏武/挥鞭，——回忆——沉缓

东临/碣石//有遗篇。——欣赏——深沉

萧瑟秋风/今又是，——转折——明快

换/了//人间。——自豪——豪壮

(3) 范读，练读（诵读是与听者对话）。

(4) 学生质疑。

4. 审美鉴赏

(1) 形式美：韵律美、节奏美（停顿）、错落美、结构美、用典、对照……

(2) 内容美：

壮美为主——豪壮（颂扬人民，抒发豪气）。

优美为辅——悠美（自由自在）——秦皇岛外打鱼船。

柔美（牵肠挂肚）——知向谁边？

提示：和谐美，如《吉祥三宝》，男、女生分读壮美、优美部分。

（3）形式美与内容美的统一美（内容决定形式，形式影响内容）。

（4）审美体验（读后感）。

5. 运用、创新

（1）个性化诵读（诵读是个性化解读）。

（2）画情感曲线（语调表现情感）。

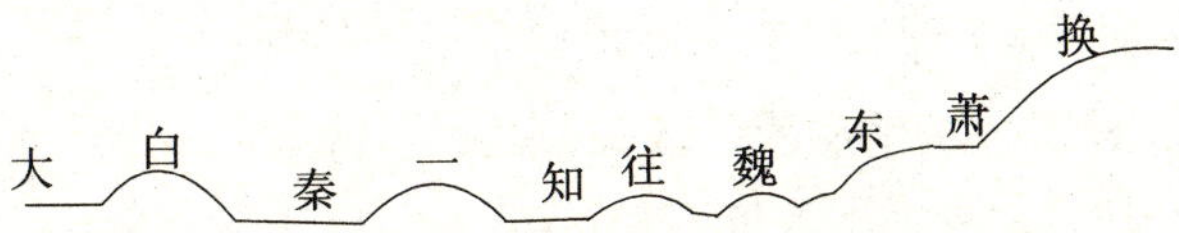

引导：文似看山不喜平，避免平淡——抓住矛盾冲突。

例如，议论文——不同观点的论争；记叙文——曲折的情节。

运用：深刻立意，巧妙构思，推敲词句，致力实效。

6. 小结——以读促学

7. 预设释疑

（1）为什么起浪？

释疑：海面无风三尺浪，有风浪更高，有雨常有风。

（2）为什么“都不见”？

释疑：一时风大浪高，雨雾迷蒙。

（3）为什么赞赏曹操？

释疑：从历史唯物主义看，曹操是英雄。

（4）任何文学作品都可以进行审美鉴赏吗？

释疑：没有审美价值的作品就不是优秀文学作品。

（5）优美与壮美的区别是什么？

释疑：优美是事物的相对平静状态，可引发人的爱怜，常用来修饰细小之物。

壮美是事物的矛盾冲突状态，给人以激励，常用来修饰高山大川之类。

教案范例2——《阳光地带》

［执教：王玉霞　班级：初三（4）班　时间：2008年12月19日］

教学目标

1. 揣摩词语，品味语言，理解内容。

2. 通过朗读，提高鉴赏能力、写作能力。

感受、体验平凡而伟大的母爱，培养感恩的情操。

教学重点

有感情地朗读课文，感受平凡而伟大的母爱。

教学方法

以读促学。

教学手段

教师范读、导引，学生练读、体验。

教学过程

1. 导入

播放歌曲《母亲》，引用歌词导入。

2. 初读课文，整体感知

（1）教师范读。请同学认真听读，概括内容，表达听读的感受。

引导：可以评价朗读，可以叙述内容。

（2）学生练读。教师引导：注意读出语气、语调、自己的感悟。

（3）学生质疑。

3. 细读课文，品味赏析

（1）读出自我，理解内容

你最喜欢哪个句子？有感情地朗读出来，并说一说喜欢的理由。

引导：赏析句子先朗读，运用了什么手法，写出了什么，表达了什么。

例如，"我的被子已经被晒在了阳光最好的地带，夕阳将雪白的被里镀上一层浅浅的金色。而母亲的被子却寂寞地呆在晾衣绳的两端，房屋的阴影默默地在它们身上画着单调而规则的几何图形"。

句子运用描写的表达方式，用对比的修辞方法，写出了"我"被关爱的满足感、幸福感，表达出对母亲的感激之情。

备注：学生根据自己的特点、自己的喜好，畅所欲言，教师适时导引。

（2）读出问题，探究诵读

①教师设疑：文中第8段如何朗读？

"家里质地最好的//那条/床单，方位最佳的//那个/房间，开得最漂亮的//那盆/鲜花，做得最好吃的//那/盘/菜，甚至//吃饭时图案最精致的///那/只/碗……"

引导学生边读边体味：1）整体语速要慢，如同往事在眼前一一展现。2）

语调平缓，充满赞美、感激之情。3）五个“最”字要读重音，突出强调母亲对“我”的爱伟大无私。4）这是一组排比句：为了形成语势，避免单调，排比句各句的语速是不同的，第一句最慢，第二句慢，第三句快，第四句前半句慢、后半句最慢。5）最后一句可以从排比句中单提出来，“甚至”应重读，后面要用停顿，“那”和“只”用拖音，表明母亲在极细微的地方想到的都是“我”，突出母爱伟大。

②探究朗读：“我走到我的被子面前，用手抚摸了一下，它们是温暖的。它们当然是温暖的，温暖//如母亲的手心。我又抚摸了一下母亲的被子，它们是清凉的。它们当然是清凉的，清凉//如母亲的//手/背。”

明确：1）“当然”读重音，突出母爱的一贯性，持久性。2）“母亲的手心”读重音，比喻句，喻体读重音。3）“它们当然是清凉的”读快速，为后面读慢速做铺垫。4）“母亲的手背”读慢速，“母亲的”后用大停顿，“手背”中间用停顿，与前边形成对比，突出对母亲的感激之情。

③学生质疑。

4. 研读课文，审美鉴赏

（1）形式美：对称美，结构美。

（2）内容美：优美中的柔美。

5. 迁移训练，审美体验

（1）仿写：我眼前展现出往昔的许多情节，家里质地最好的那条床单……

（2）描述日常生活中，父母感动你的细节。

6. 小结

引用毕淑敏的《孝心无价》作结，引导学生在日常生活中用行动回报父母，带着感恩的心品味生活。

孝心无价

毕淑敏

赶快为你的父母尽一份孝心。也许是一处豪宅，也许是一片瓦；也许是大洋彼岸的一只鸿雁，也许是近在咫尺的一个口信；也许是一顶纯黑的博士帽，也许是作业簿上的一个红五分；也许是一桌山珍海味，也许是一只野果一朵小花；也许是花团锦簇的盛世华衣，也许是一双洁净的球鞋；也许是数以万计的金钱，也许只是含着体温的一枚硬币……

但“孝”的天平上，它们等值。

只是天下的儿女们，一定要抓紧啊！趁你父母健在的光阴。

7. 预设释疑

(1) 第五、七段中的“温暖”和“清凉”有几层意思？

明确：第一层“温暖”是被子的温度，第二层“温暖”是指母亲对我的关爱。“清凉”是指母亲为我遮风挡雨所承受的艰辛。

(2) 文中多次写到“阳光地带”，它们有哪几层意思？在文中起到哪些作用？

1）阳光充足的地方；2）母爱的温暖；3）它是文章主题的象征，全文的线索。

教案范例3——《渔家傲》

[执教：于久东　班级：初二（1）班　时间：2008年12月19日]

教学目标

1. 品味语言，感受词的意境，鉴赏美感。

2. 通过教师的范读和学生的练读，培养学生的诵读能力和审美能力。

3. 体会作者爱国和思乡的感情，培养学生的责任意识。

教学重点

探究语词的读法。

教学难点

鉴赏与运用。

教具学具

多媒体。

教学方法

以读促学。

教学过程

导入：有句名言：先天下之忧而忧，后天下之乐而乐，它的作者是范仲淹。范仲淹，字希文，北宋政治家、文学家，苏州吴县人。散文、诗、词均有名篇传世。其词存世不多，仅三首比较完整，但意境宏阔，气象雄奇，以反映边塞风光和征战劳苦见长，具有一定的创新精神。

1. 自读欣赏，理解词的内容，感受词的意境

(1) 词的上阕和下阕各写什么？

边塞风光（景）图、征人思乡情。

（2）小组赏析讨论，理解词中意境，确定基调。

意境是悲凉、壮阔；基调是沉缓。

（3）学生质疑。

（4）设疑：为什么用浊酒，而不用清酒？

2. 探究读法

（1）根据理解，运用朗诵符号标出停顿、重音、语速、语调。

（2）学生练读、评读，教师范读导引。

①品味各句的内容及情感，探究其读法。

②读准节奏，读出韵味。

渔家傲

范仲淹

塞下/秋来//风景/异△，（叙述）平缓

衡阳/雁去//无/留意。（凄凉）深沉

四面边声/连角起。（紧张）快速

——→

千嶂/里，（壮观）缓慢

长烟/落日//孤城/闭。（严峻）深沉

浊酒一杯//家万里，（思乡）沉缓

燕然未勒//归无计。（伤感）低沉

羌管悠悠//霜满地。（凄凉）稍快

——→

人//不寐，（悲伤）颤音

将军/白发//征夫/泪。（矛盾）深沉

（3）学生质疑。

（4）学生展示。

3. 美感鉴赏

这首词在形式上有哪些特点？

（1）形式美

找出韵脚和平仄。

韵律美：平仄、押韵。

错落美：整散句相间。

节奏美：停顿、语速、语调等。

音乐美：押韵和停顿。

(2) 内容美

这首词属于哪种美感？为什么？针对文本内容谈。

美感属于壮美中的悲壮。

引出优美和壮美的定义。

优美：优雅柔和的美，以清秀、小巧、娇嫩、典雅等引起人们的愉悦和爱恋。

壮美：豪放雄浑的美。壮美是阳刚之美，以体积上的巨大、力量上的强大或精神上的雄伟令人惊心动魄，感到势不可当。

(3) 美感效果：振奋

提示：优美引起人们的愉悦和爱恋；壮美给人以力量，给人以震撼。

4. 迁移运用：自学《浣溪沙》

美感鉴赏：优美中的凄美

一曲新词酒一杯， (叙述)

去年天气旧亭台。 (回忆)

夕阳西下几时回。 (惜时)

无可奈何花落去， (伤春)

似曾相识燕归来。 (惊喜)

小园香径独徘徊。 (沉思)

学生质疑。

5. 预设释疑

(1) “衡阳雁去”和“雁去衡阳”可不可以调换位置，为什么？

“去”——离开。

(2) “寐”可不可以换为“睡”，为什么？

“寐”——庄重，“睡”——口语。

教案范例4——《诉衷情》

[执教：任正莲　班级：初二 (3) 班　时间：2008年12月19日]

教学目标

1. 品味语言，感受词的意境，鉴赏美感。

2. 通过教师的范读和学生的练读，培养学生的诵读能力和审美能力。

3. 体会作者爱国的感情，培养学生的责任意识。

教学重点

探究语词的读法。

教学难点

鉴赏与运用。

教具学具

多媒体。

教学方法

以读促学。

教学过程

导入：珍惜和平，保卫安定

1. 自读欣赏，理解词的内容，感受词的意境

(1) 品味语言，体会词中韵味及词人的思想感情。

(2) 小组赏析讨论，理解词中意境。

词中意境是悲凉、壮阔。

(3) 讨论：词的上阕和下阕各写什么？

对比当年和梦中的不同生活，揭示现实和理想的矛盾。

(4) 学生质疑。

2. 探究读法

(1) 根据理解，运用朗诵符号标出停顿、重音、语速、语调。

(2) 学生练读，教师指导。

①这首词写了什么内容？应该带着什么感情去读？

②读准节奏，读出韵味。

诉衷情

陆游

当年/万里//觅封侯，(回忆当年的壮志凌云) 高亢
匹马//戍/梁州。 (奔赴抗敌前线的英姿) 激昂
关河//梦断/何处？ (回到现实，境况悲凉) 沉缓

尘暗//旧/貂裘。　　（惆怅岁月流逝，人事消磨）低沉
胡/未灭，　　（表达了怨恨惋惜）深沉
鬓/先秋，　　（感叹流年暗度，两鬓已苍）低沉
泪/空流。　　（表达了失望不满沉痛的心情）低沉
此生//谁料？　　（针对往日的天真与今日的失望，表达了作者的迷茫）沉缓
心//在/天山，　　（表达了激昂雄心壮心不已）激昂
身//老/沧州。　　（表达了作者的痛苦感慨）低沉

（3）学生质疑。

3. 美感鉴赏

（1）形式美

韵律美：押韵、格律美。

错落美：长短句。

节奏美：停顿、语速、语调等。

音乐美：押韵和停顿。

（2）内容美

①这首词属于哪种美感？为什么？

属于壮美中的悲壮。

②审美体验。

4. 迁移运用：拓展阅读《示儿》

（1）根据理解，运用朗诵符号标出停顿、重音、语速、语调。

（2）学生练读，教师指导。

（3）美感鉴赏。

示　儿

陆　游

死去原知万事空，但悲不见九州同。
王师北定中原日，家祭毋忘告乃翁。

5. 预设释疑

（1）“关河梦”指的是什么？

（2）“秋”可不可以换为“白”，为什么？

（3）为什么流泪？怎么说是“空”流？“空”表达了作者什么感情？

（4）“谁料”是作者没有意料到吗？词人没料到什么？

（5）“觅封侯”说明作者在追逐功名利禄吗？

教案范例 5——《我爱这土地》

［执教：李兰　班级：初一（2）班　时间：2008 年 12 月 19 日］

教学目标

1. 能正确划分诗歌的节奏、重音等，强化诵读技能并通过诵读品味诗歌的语言，理解诗歌的内容。

2. 充分发挥学生的自主性，利用师生的自主、合作、探究，注重对学生的感染、熏陶。

3. 体会作者在诗歌中抒发的深沉的爱国情感，激发学生的爱国情怀。

教学重点与难点

重点：通过自主合作探究诵读要领，理解诗的内容与情感。

难点：排比句的读法和诗歌高潮处轻读的理解。

教具学具

多媒体、词典。

教学方法

以读促学。

教学过程

1. 导入

展示祖国壮丽河山和反映祖国富强繁荣的图片，从而激发学生的爱国情怀。

（看过图片后，让学生说说自己的感受）

2. 探究准备

（1）作者简介（学生完成）。

（2）背景介绍（投影）。

3. 探究文本的过程

（1）自由朗读

要求：①根据自己对这首诗的理解，带着语气出声朗读。

②思考本诗内容（一句话概括）。

（2）概括诗歌内容

（3）具体探究诵读技巧

学生先自己思考，用朗读符号标注语速、重音、停顿并体会其情感，提出不懂的问题，然后小组讨论。

注：①将自己的意见在组内同其他同学进行交流。

②能提出问题的小组将得到表扬。

我爱这土地

艾　青

假如//我是一只鸟，——（陈述）平缓

我也应该//用嘶哑的喉咙//歌唱：——（激情）高亢

这//被暴风雨//所打击着的／土地，——（忧患）庄重

这永远汹涌着//我们的／悲愤的／河流，——（悲愤）激昂　（排比句）

这无止息地//吹刮着的／激怒的风，——（愤慨）激昂

和那//来自林间的//无比温柔的／黎明……——（充满希望）明快

——然后//我//死了，——（转折）沉缓

连羽毛//也腐烂在／土地里面。——（牺牲）沉缓

为什么//我的眼里／常含泪水？——（疑问）深情

因为//我对这土地//爱得深沉……——（意犹未尽）深沉

探究过程：①小组派代表发言。

②教师重点分析排比句的连读，结尾重音的轻读处理（负重音）。

③分析过程中教师可作个别语句的范读。

4. 学生练读

5. 审美鉴赏

（1）形式美：节奏美（轻重缓急，抑扬顿挫）。

（2）内容美：壮美为主——悲壮（作者以鸟自比，满怀悲愤而歌，且最终将自己“腐烂在土地里面”，这种爱是多么得悲壮和深沉）

辅以优美（作者把自己比喻为会歌唱的鸟，心中有对“无比温柔的黎明”的渴望）

（3）审美体验：学生谈读此诗的感受（三言两语即可）。

6. 预设释疑

（1）为什么用“嘶哑”的喉咙？

（面对着灾难深重的土地，带着艰辛，歌唱不已，“嘶哑”的是喉咙，不是爱）

(2) 两处省略号和破折号的意思是什么?

(第一处省略号：省略歌唱的其他内容；第二处省略号：艺术的空白，诗人内心的激动，情深意绵；破折号：转折)

(3) 为什么“流泪”?

(是爱的一种流露。面对满目疮痍的国土和中华儿女为救国而进行的可歌可泣的斗争，爱得愈深，痛得愈切)

(4) 第二节可否去掉?

(不可以，第二节是对主题高度凝练的概括)

7. 运用创新

(1) 对排比句的朗读运用。

这就是我的祖国，

这就是我深深爱恋的祖国。

我爱你源远流长灿烂的历史，

我爱你每一寸土地上的花朵，

我爱你风光旖旎（yǐ nǐ）壮丽的河山，

我爱你人民的性格坚韧执著。

(2) 学生表达自己的爱国情怀。

我爱这土地，因为____________。

第三节　模式变通

“以读促学”并不是唯一的语文教学模式，它也不能完全代替其他语文教学模式和教学方式，如讲授方式、分析方式、研究性学习、写作教学等。所以，我们不要把“以读促学”模式绝对化，而应该结合教学实际灵活变通，并且不断汲取其他教学模式的长处而日臻完善。

一、教必有法

教必有法中的“法”是行之有效的法，是确有实效、高效的法，是一般语文教师都能操作的法。诚然，语文教改先驱钱梦龙的“三主四式”教学法，龚正行的“自学辅导”教学法，魏书生的“六步”教学法，朱永新、李镇西、韩军的“大语文”教学法等，都是行之高效的教学法，可是一般教师都学不来，因为他们都是以独到的教学理念、深厚的实践经验、高超的教学艺术为根基的，非常人所及。更严峻的问题是，当前普遍实行的传统教学模式已是根深蒂固而积重难返，所以我们必须本着新课程“先立后破”的理念，创建新的可行而高效的教学模式。

中学语文“以读促学”教学模式是一般语文教师都能操作的教学模式。我校 12 年的教学实践证明，它不仅是行之高效的教学模式，而且可有效减轻师生负担而成为师生的自觉行动。2008 年 12 月 19 日，“全国中学教育科研联合体（原‘全国知名中学科研联合体’）”承办的全国教育科学“十一五”规划教育部课题“提高课堂教学时效性的教学策略研究”的课题组，在我校举办“诵读教学现场课”研讨会，笔者率本校初、高中全体语文教师同上展示课（上文“教案范例”即当时所用的部分教案），得到全国中学教育科研联合体秘书长王文淇及各地与会者的一致好评。虽然“以读促学”模式不是语文学科唯一的教学模式，但却是不可或缺的教学模式。

在新课程背景下的“以读促学”模式应成为语文学科的重要教学模式，它将随着基础教育课程的改革而不断完善。学生的诵读与学习在教师引导下实现了相辅相成的良性循环，学得越深则读得越好，读得越好则学得越深。语文教学，无论何种教学模式、教学情境，只要加上诵读，便是一个高潮、一道风景。

二、教无定法

教无定法中的“法”是随机应变的法，是具有生成性的法。

任何高明的教学模式都只是一个框架，不可能把千差万别的学生情况和千变万化的课堂实际都具体地设计进去，因而都有其局限性。所以，我们在应用

“以读促学”模式时要因人制宜、因事制宜。例如，前边展示的教案范例，虽然都在同校、同时、同用“以读促学”模式，但各有千秋。

“以读促学”模式绝不是语文教学的唯一模式，它应该与“学、导、探、评、超，互动互促教学模式”成为互补，并与“学导式”“发现式”“尝试式”“质疑启发式”“问题解决式”等交融共存、优势互补。每一所学校、每一位语文教师都应该发挥自身优势，努力教有特色，从而使语文教学呈现百花齐放、百家争鸣的大好局面。

三、贵在得法

贵在得法中的“法”是在前沿教育理论即建构主义和多元智能理论指导下的法，即新课程理念下的教学方法。在实施这种教学方法时，教师的角色是学生学习的促进者，教学的本质是交往，教的本质是“导”，学的方法是自主、合作、探究……

理大于法，这个“理”就是理论、理念。掌握了“理”，自然会创造“法”；不掌握理，即便学来了法，也必然是“穿新鞋走老路”。自古以来，我们不懈追求的是“得法”而不是“得理”，这是由我们传统的思维方式即感性思维或急功近利价值观导致的。我们的孔夫子有很多至理名言，诸如，“知之者不如好之者，好之者不如乐之者”“教学相长”“有教无类”“不愤不启、不悱不发”等，然而这都是观点，不是理论，因为没有论证，没有操作模式。孔子一生没写过书，也没写过文章，连上边的语录都是弟子们后缉的，因为他主张“述而不作”。试问，我们不借鉴世界先进教育理论，如何推动教育改革！如何实现科教兴国！如何赶超世界！

新课程就是借鉴西方建构主义和多元智能理论，并结合我国教改实践建立起来的。所以，“贵在得法”就是在新课程理念指导下，结合本地区、本校创建新的教学模式。为此，我们于 2001 年创立了“中学‘学、导、探、评、超’互动双赢教学模式”，以引领包括语文学科在内的各学科课程改革。

第八章

『以读促学』教学模式之拓展

拓展是强化，强化“以读促学”教学模式；拓展是实践，在实践中提高学生的语文素养。十几年来，我们开展了大量的拓展活动，都取得了非常好的效果，证明了拓展是很必要的。

第一节 诵读拓展的发展意义

一、诵读是一种语文学习方式和社会实践形式

作为语文学习方式，诵读可以培养学生的口语交际、阅读、写作能力，可以陶冶学生的道德情操，可以提高学生的语文素养。这些，在开头已经阐述得很清楚了。然而这些阐述仅限于课堂教学，远不能达到语文学习的最佳效果。作为语文学习形式，诵读必须走出课堂，走进学生生活，走向社会生活，即实现语文教改大师朱永新倡导的“大语文”学习。例如，在大量而广泛的课外阅读中，根据汉字音形义三位一体的特点，学生们不仅要从文字符号去意会作品，更要从艺术语音效果去挖掘、感悟其深刻、细腻的思想感情，进而能绘声绘色、绘情绘景地诵读出来。再如在更大量更广泛的口语交际中，让学生听人说话要听“音”，即从说话者的语气及辅助的表情、体态语中听、看出其话外之意、弦外之音；自己说话，也要从诵读的角度，考虑和设计每一个语音、每一句话语会对听者产生的感染效果。

作为社会实践形式，诵读更有其用武之地和拓展空间。当前，流行歌曲充斥舞台，而比歌曲难度更大（会唱的人多，会朗诵的人少）、社会效果更大的诵读及与其息息相关的口语交际却没有获得应有的地位，这种现象与崇尚交流的国际潮流相去甚远。因为仅就社会宣传一项，诵读就有内容丰富、直截了当、喜闻乐见、简便易行的优势。

改革开放 30 多年来，市场经济给我们打开了与国际社会沟通、合作、双赢的大门，对话、互动已经成为社会生活的第一特征。但是，关于对话，仅就职场上的一幕，就足以让我们痛定思痛：多少人张口结舌，只会靠文字材料证明；多少人语无伦次，只有多余的热情；多少人喋喋不休，却是言不由衷；多少人口若含物，管说不管听……提高国民的口语交际能力已是迫在眉睫！社会有责，学校有责，诵读教学更是责无旁贷！

不能不感叹，许多西方国家的年轻人能在比较大的场合中面对听众侃侃而谈，神采飞扬，而许多中国年轻人却相形见绌。究其原因，主要是西方人重视口语交际、热衷演讲，学生时代就经常参加校级乃至国家级的演讲比赛，就连各级政府官员也要用演讲去拉选票。

令人兴奋的是，温总理在 2009 年 9 月 4 日到北京第三十五中学听课。课后点评语文课时说："我以为语文教学朗诵非常重要，它是培养学生口才的一条重要渠道。如果我们引申开来，由逻辑思维到渊博的知识到一种声情并茂的朗诵就是一篇很好的演讲，需要从小锻炼。"（新华网北京 10 月 11 日电）这一事件让我们预感到素质教育的真正曙光，因为诵读教学乃至诵读拓展只能在新课程背景下才能顺利开展。

应该特别强调的是，诵读拓展活动生动活泼，自主性强，参与性强，激励性强，因而能有效地促进学生的发展；而这发展，反过来又有力地促进着诵读教学乃至整个语文教学的发展，这正是良性循环。

二、诵读可运用于其他各个学科

首先，诵读可运用于文科教学，如思想政治、历史、地理等，因为新课程下的文科教学不再是说教和灌输，教师必须致力于形象描述和感染熏陶，这就离不开艺术化的有声语言，即诵读艺术。教师作为课堂教学的主导者和促进者，在教学时必须做到语音清晰、响亮，语调抑扬顿挫，节奏张弛有度，情感真挚感人。北京市丰台区教师进修学校政治教研员张广宇老师和房山区教师进修学校政治教研员阎丽红老师，联手倡导、推广政治思想课的诵读教学艺术，取得了令人耳目一新的教学效果。我校政治思想课骨干教师就曾主动找我学习诵读艺术。而对于英语学科来说，教师在教学中更应该运用这一教学方法，以加强学生的英语听、说能力，进而摆脱"哑巴英语"的状态。

其次，诵读可运用于理科教学，如数学、物理、化学、生物等。如果教师能运用艺术化语言对这些知识进行讲解，就必然有利于学生的理解和参与。这是因为教师的艺术化语音充满着感情，彰显着人本的思想。

如此，语文学科与其他学科在诵读上相辅相成，相得益彰。

第二节 诵读拓展的形式

一、朗诵会

朗诵会不仅是朗诵者的展示，也是广大听众进行比较、学习的机会，对诵读教学是最有力的推动。朗诵会可以分专题进行，如古典诗词、现代诗歌、经典散文、台词等，还可以分专场进行，如教师专场、学生专场、语文教师专场、师生混合专场、校际专场等。

朗诵不同于诵读，必须脱稿，讲究眼神、表情、手势、站位等身体形态。朗诵者要选择适合自己的作品，一是作品的内容要符合自己的身份，二是作品的形式要符合自己的技巧水平，三是作品的美感要符合自己的审美理想。

二、演讲会

演讲具有专题性、现实性、自主性，因而更具针对性、互动性、激励性。撰写演讲稿就是命题作文，注重审题、立意、结构、修辞，要特别注重切入的角度；要努力做到观点鲜明，材料充分、生动，有说服力和感染力，力求有个性和风度。“身登演讲台，其所具风度姿态，既须使全场有肃穆起敬之心；开口演讲，举动格式又须使听者有安静祥和之气，最忌轻佻作态。”（陈新华：《孙中山怎样演说》）

演讲必须脱稿，要特别讲究眼神、表情、手势、站位等身体形态。

不过，演讲没有朗诵那么正规，较为随意。朗诵在技巧上有夸张，演讲则要口语化。

三、辩论会

辩论具有极强的针对性、自主性、互动性、竞争性、随机性，讲究激情和语势、机智与艺术，因而能有效地提升学生的口语交际能力。

在社会变革激流勇进的今天，人们的思想观念不断更新；随着民主化进程的加快，不同观念纷纷闪亮登场；这就为辩论提供了丰富多彩的辩题。在这种社会背景下，青少年学生的自主意识也不断增强，因而越来越喜欢争辩，也乐于参与辩论。学校应该抓住这大好契机，为学生的发展提供平台。

参加辩论会，要预先准备，不仅要有充足的论据，还要有充分的应对策略。

不过，朗诵是读别人的，演讲是说事先准备的，辩论主要是生成的。

四、故事会

讲故事要娓娓道来，绘声绘色，绘情绘景，生动感人，因而能有效地发展学生的口语交际能力。举办故事会难度小，可参与面广，学生搜集、选择、加工故事的过程就是学习、发展的过程。

五、读书报告会

读书报告会具有很强的操作性、参与性、自主性、展示性、竞争性，直接与学科教学相关，能促进建设“学习型社会”的进程。

教师要加强指导，推荐书目，辅导阅读，修改报告；待活动开展到成熟阶段时，学生就会在展示、竞争中自主学习了。

六、社会调查

社会调查具有专题性、随机性、互动性的特点，讲究情感亲近、态度诚恳、语调平和及适度的引导、启发。这是一项真正的社会实践活动，非常有利于扭转当前严重存在的“两耳不闻窗外事，一心只读圣贤书”的学习倾向。

调查之前要做准备，诸如选专题、定意向、找对象，甚至连谈话的方式、态度、语气都要考虑。

七、访问

访问是有目的地去探望人并跟他谈话，因而更讲究礼仪和情感亲近，语气要平和，是拉家常式的，也不妨开个玩笑来活跃气氛。访问虽然有目的性（告知采访目的，让对方有一个心理准备），但也有很大的随机性，需要较强的口语交际能力。这对于学生来说虽然有一定难度，但也会激发学生不服输的精神，他们很可能会知难而进，走向成功。

要注重访问专家、学者，访问的过程就是学习的过程。

访问有别于采访，非常强调互动性，需要很高的知识、理论和交际水平，虽然不是诵读拓展的重点，但也可以涉及。

八、慰问

慰问不仅用语言，还要有奉献，最好有自编诗诵读等语音类文艺节目。慰问所面对的对象是有贡献的人，因而慰问的过程就是受教育的过程。这可比听教师说教生动、有效得多了。

九、广播

广播是学校重要的、常规性的宣传、教育形式，要求播音员具有较高的诵读水平。但播音不同于朗诵，不需要艺术夸张，即以中声区为主，语速中等、均匀，没有逻辑、情感重音，很少用胸腔、头腔共鸣。虽然面对的是麦克风，但要心装广大听众。

播音员要定期调换，让更多的学生都有锻炼的机会，因为毕竟我们是学校，不应像广播电台那样去优中选优。

十、主持

主持具有专题性、引导性和随机性，讲究亲切、严谨、得体；需要主持者具有很高的口语交际能力和朗诵功底。虽然难度较大，但也应放手让学生承担。

单人主持，要用眼神、手势与观众沟通、交流。双人主持，要做到“三点双方”交流，双方互视为辅，面向观众为主，且互视之后，多数的尾句是向观众说的。

有时主持人的话也是照稿说的，但是需要“还原”到即兴表达的心理状态，才能使语言成为“主持”的样子。中央人民广播电台的曹山老师曾经总结过四句话：“没稿像有稿，有稿像没稿。貌似生活，高于生活。”依据上面的分析，将这四句话作为主持人语言表达的特点，是很贴切的。

主持人也有可能在主持过程中出现口误类的错误，这时的原则是掩饰错误而不是强调错误。一般的个别字音说得有缺陷，可以不考虑它，继续说下去。听的人不会留有什么印象，绝不能停下来而造成强调错误的效果，更不能有翻眼、吐舌头类的动作。实在有措词不妥的地方，可以及时重说一遍正确的语句，那出错的地方也很快就会被人们忘掉。也可以用补充的方法换一个角度多说几句，话说得全面了，错误也就不显了。此外，在比较活泼的节目里面还可以开个自嘲的玩笑，然后再重说一遍正确的语句，如此随机变化。

十一、运动会的宣传鼓动

运动会场景丰富多彩、气氛热烈，是学生们的节日，教师应抓住这个机会不仅使大会播音组得到临场锻炼，也促使广大学生写出适合诵读的好作品。

运动会要专设宣传奖，促使各班踊跃投稿。

第三节　诵读拓展范例

一、庆祝坨里中学建校五十周年文艺演出主持词（张连元）

甲：庆祝坨里中学建校五十周年

乙：专题文艺演出——《永远的坨中》

合：现在开始！

甲：总体策划：吕宝新；

乙：执笔：张连元；

甲：主持：董洁、李金鹏、王小青、王晓博。

乙：序曲——

合：神圣的事业！

甲：悠悠我华夏，

乙：几度曾辉煌；

甲：百年蒙国耻，

乙：惭愧对炎黄！

甲：世界角逐你死我活，

乙：中国必须知难而上。

甲：这最后的机遇不是抓，

合：而是抢！！

甲：科技是第一生产力，

乙：是社会发展的决定力量。

甲：只要拥有科技，

乙：就拥有资本，

甲：拥有资源，

乙：拥有市场；

甲：就拥有土地，

乙：拥有尊严，
合：拥有国防！
甲：人力是第一资源，
乙：是一切资源的聚变场。
甲：这种人力资源——
乙：取之不尽，
甲：用之不竭，
乙：越用越强；
甲：没有污染，
乙：不毁生态，
合：还能共享！
甲：虽然我们正高速发展，
乙：但与发达国家的差距仍然很大。
甲：我们要赶超世界，
乙：就只能靠人才硬扛！
甲：所以——发展教育是第一战略，
　　尤其是创新人才的培养。
乙：因此——教育改革势在必行，
　　“先立后破，顺之者昌！”
甲：于是——
乙：教师就肩负起民族的希望。
甲：责无旁贷，
乙：无可推让！
甲：啊——
合：教师！
甲：曾是新文化的先锋，
乙：更是民主革命的栋梁；
甲：有过生计的烦恼，
乙：当过改造的对象。
甲：在物欲横流的今天，
乙：仍要安贫乐道，坚守理想。

甲：听吧——

乙：国歌正激昂：

甲：“中华民族到了最危险的时刻”，

乙：教师怎敢小肚鸡肠！

甲：绝不跪着教书，

乙：知识分子就该有自己的思想！

甲：啊——教育，

合：神圣的事业；

乙：啊——教师，

合：志愿的国殇！

甲：听吧——

乙：张连元词、刘抱琛曲，

甲：大合唱——

合：《园丁之歌》。

甲：指挥：张娅立；

乙：演唱——坨中教师合唱队。

甲：第一章——

合：发展的坨中！

甲：翻开坨中的历史，

乙：扑面而来的：

甲：是厚重，

乙：是执著，

合：是悲壮！

甲：几代坨中人，

乙：杏坛耕耘，

甲：无怨无悔，

乙：感慨激昂！

甲：用青春，

乙：用智慧，

合：筑起一道文化之墙。

甲：五十年前的一个春天，

乙：就在眼前的操场，

甲：父老乡亲为圆一个梦，

乙：盖起两排土坯房。

甲：坨里小学增设初中，

乙：数理化引来现代科技的曙光。

甲：这是坨里地区的最高学府，

乙：十来名教师就托起了——

合：“八九点钟的太阳！”

甲：十年动乱，空前浩劫；

乙：教育园地，雪上加霜！

甲：水深火热中，

乙：“臭老九”挺起了——

合：不屈的脊梁！

甲：批斗会后，

乙：还企图再进课堂……

甲：一九七一年，

乙：坨里中学增设高中。

甲：初三学子就地升学，

乙：不必辗转去房良。

甲：邓小平拨乱反正，

乙：坨中人蓄势待发，

合：箭在弦上！

甲：一九八五年，

乙：高中打胜翻身仗。

甲：五成考生走出房山，

乙：潇洒京城览胜长江。

甲：一九九五年，

乙：初中赢得第二个辉煌。

甲：刮目房山领风骚，

乙：父老乡亲多赞赏。

甲：乘胜前进——

乙：坨中摸索出一套制胜良方；

甲：再接再厉——

乙：坨中历练出一班善战之将。

甲：众志成城——

乙：坨中赢得口碑传唱；

甲：众望所归——

乙：坨中引来学子向往。

甲：稳定高中，

乙：搞活初中，

合：坨中在教改中永葆兴旺！

甲：学为主体，

乙：教为主导，

合：学生在探究中展翅飞翔！

甲：请欣赏——张连元词，刘抱琛曲，

乙：歌舞——

合：《乳燕飞》。

甲：演唱——宋溪，编舞——张娅立、游晖；

乙：伴舞——秦梦媛、韩美思、高雪兵等。

甲：第二章——

合：师生风采！

甲：为人师表，

乙：孺子有望。

甲：坨中师生，

乙：不同凡响！

甲：教师自有教师的胸怀，

乙：胸怀自有胸怀的宽广。

甲：学生自有学生的追求，

乙：追求自有追求的高尚。

甲：我们都幸运，

乙：时代让我们——

合：风流倜傥！

甲：这时代自主，

乙：地阔任你闯；

甲：这时代公平，

乙：才高让你靓。

甲：今日展才艺，

乙：成功的喜悦——

合：共品尝！

甲：请欣赏——《欢庆秋歌》。

乙：编舞——张娅立、游晖，表演高二王小青、王晓婉、徐亚娟等。

甲：轻盈的舞步尽展少女的窈窕，

乙：欢快的旋律挥洒青春的自豪，

甲：我们最幸福，

乙：家乡更美好！

甲：请欣赏——

乙：刘抱琛词曲，张娅立演唱——

合：《青龙湖小调》。

甲：家乡的水，家乡的山，

乙：家乡盼我添璀璨。

甲：有志事竟成，

乙：坚韧学海燕！

甲：请欣赏——

乙：诗朗诵——

合：《海燕》。

甲：朗诵者——

乙：初二于益、倪玉康、李祥雨、金晨等。

甲：让暴风雨来得更猛烈吧！

乙：战士自有战士的选择。

甲：课程改革势在必行，

乙：没有学生的参与也必然夭折。

合：《快来吧，同学》，

甲：吕宝新词，

乙：刘抱琛曲，

乙：演唱者：初二金晨、苗园、王哲。

甲：奔向那美好的明天，

乙：就要学好各项本领。

甲：提高口语交际能力，

乙：就应该练习——

合：《绕口令》，

甲：编写者——张连元；

乙：表演者——初三殷申静、陈鑫、白振明等。

甲：这是唇舌的喷弹功夫，

乙：这是终生受用的特长。

甲：我们是“八九点钟的太阳”，

乙：希望寄托在我们身上。

合：《年青的朋友，让我们展翅飞翔》，

甲：吕宝新词、刘抱琛曲，

乙：演唱者：李辉；

甲：编舞：王新宗、张芸洁；

乙：伴舞：孙建平、荣誉等。

甲：让我们展翅飞翔，

乙：朝着心中的最高。

甲：一路搏击傲风雪，

乙：一路欢歌——

合：《登山谣》。

甲：吕宝新词、刘抱琛曲，

乙：演唱者：于宝。

甲：第三章——

合：校友风采！

甲：在坨中毕业的历届同窗，

乙：在坨中工作过的诸位同行；

甲：都是坨中的情义内涵，

乙：都在坨中价值的排行榜。

甲：息息相关——

乙；坨中有事你们帮忙；

甲：心心相印——

乙：坨中进步你们舒畅。

甲：每个人都有三位母亲：

乙：祖国、母校、亲娘，

甲：亲娘给我们生命，

乙：愿亲娘长寿、安康；

甲：母校教我们成才，

乙：祝母校发达、兴旺；

甲：祖国助我们成功，

乙：为祖国贡献、兴邦！

甲：请欣赏——

乙：校友吴万金的独唱——

合：《母亲》。

甲：一首深情的歌，

乙：就洞开我们的心窍。

甲：反躬自问，

乙：咱如何尽孝？

甲：不懂感恩，

乙：就丧失起码的人道！

甲：感恩母校，

乙：就请欣赏——

合：《渔家傲》，

甲：校友范金生词、刘抱琛曲，

乙：演唱者——任春桥。

甲：歌词大意是：

三月春风吹人醉，夭桃艳李英姿媚。

师魂五彩宏图绘，云霞蔚，喜迎华诞春潮汇。

乙：夺隘攻关不知累，学界名标群情沸。

弟子蟾宫来折桂，人欣慰，繁霜染鬓求无愧。

甲：美好的祝愿，

乙：殷切的勉励。

甲：为人师表融爱心，

乙：春风化雨润桃李——

合：《长大后我就成了你》，

甲：演唱者——

乙：校友于良。

甲：校友的词，校友的曲，

乙：一往情深多感慨！

甲：悠悠华夏，

乙：似江河归海，

合：自强不息掀澎湃！

甲：为民族振兴，

乙：为造福后代，

合：人民教师继往开来！

甲：智者无悔，

乙：扬时代风采，

合：一路拼搏唱豪迈！

甲：替天公抖擞，

乙：育创新人才，

合：桃李缤纷寄我情怀！

甲：请欣赏独唱——

乙：张连元词，校友翟光曜曲——

合：《桃李缤纷寄情怀》。

甲：演唱者——校友翟健，

乙：伴唱——初二合唱队。

甲：尾声——
合：永远的坨中！
甲：永远的坨中，
这提法似乎莽撞；
乙：但用来诠释坨中人，
却极为恰当。
甲：这“永远”如何达成？
乙：那就是正视现实、坚守理想。
甲：现实——应试教育积重难返，
急功近利依然时尚。
乙：理想——课程改革稳步推进，
以人为本，教学相长。
甲：理想与现实，
乙：清晰又迷茫……
甲：这是一对多么尖锐的矛盾啊！
乙：坨中人却在统一上作出了文章。
甲：执著探索八年多，
乙：初中语文后来居上！
甲：“以读促学”，
乙：结硕果，
合：坨中飞出金凤凰！
甲：再接再厉，
乙：坨中推出“学导探评超”。
甲：这是落实新课程的操作环节，
乙：其情境是互动互促、双赢共享。
甲：让学生成为学习的主体，
乙：自主、合作、探究，
合：敞开心灵之窗。
甲：让教师成为教学的主导，
乙：不只“授人以渔”，
合：更要设计渔场。

甲：让教学——

合：成为生命的运动。

乙：让教室——

合：成为交流的地方。

甲：让学生全面发展，

乙：尤其是身心的健康；

甲：让学生和谐发展，

乙：尤其是个性的张扬。

甲：我们要造就“胜于蓝”的一代，

乙：就不能照我们的经验搞“圈养”。

甲：我们要借鉴欧美教育，

乙：但本土的创新更该提倡。

甲：课改急需研究型教师，

乙：时代将淘汰“教书匠”。

甲：展望未来——

乙：这是一条光明而曲折的路哇！

甲：有迂回也有飞跃，

乙：有婉曲更有铿锵！

甲：在这与时俱进的年代，

乙：我们要抢占先机，

合：当仁不让！

甲：逆水行舟，

乙：大浪淘沙，

合：智者当自强！！

甲：请听——张连元词，刘抱琛曲——

乙：全体师生大合唱——

合：《永远的坨中》。

甲：指挥：张娅立、游晖；

乙：领唱：翟文良、任春桥、徐亚娟、王晓婉。

合：请全体起立！

甲：演出到此结束，

乙：祝来宾们幸福！

甲：再过十年——

乙：一甲子——

合：此情此景重开幕！

2006年7月13日

二、毛主席诗词朗诵会主持词（张连元）

甲：诗言志，

乙：词咏情，

合：感伤时事，人之天性。

甲：诗为心声，

乙：词为心声，

合：喜怒哀乐，自在其中。

甲：诗如其人，

乙：词如其人，

合：纵横捭阖，浑然天成！

甲：毛主席诗词诞生于血与火的年代，

乙：伴随着新中国的历程，

甲：是人格与魅力的升华，

乙：是思想与艺术的结晶。

甲：血比水浓，

乙：火比血红！

甲：请欣赏——语文老师集体朗诵，

乙：更有领导身体力行。

甲：是展示，

乙：是探索，

合：是为了推进新课程！

甲：秦皇岛外，

乙：渤海之滨，

甲：一位伟人极目远眺，

乙：情系打鱼人，

甲：他热爱人民，

乙：他以人民为本。

甲：再现这一场景，

乙：让后来者扪心自问……

甲：请欣赏，张连元老师诵读——

乙：《浪淘沙·北戴河》。

甲：新中国来之不易，热血铸就。

乙：先驱者前仆后继，不懈追求。

甲：一九二七年春，

乙：山雨欲来风满楼！

甲：请欣赏李秀华老师诵读——

乙：《菩萨蛮·黄鹤楼》。

甲：形势出现转机，

乙：革命全靠武装。

甲：一九二九年十月，

乙：战地黄花分外香！

甲：请欣赏李蕊老师诵读——

乙：《采桑子·重阳》。

甲：“诱敌深入”，以逸待劳；

乙：“各个击破”，穷追横扫。

甲：“有人泣”，

乙：有人笑。

甲：请欣赏于久东老师诵读——

乙：《渔家傲·反第二次大围剿》。

甲：长征前夕，严峻异常；

乙：左倾路线干扰，敌军更加疯狂。

甲：革命者矢志不渝，

乙：乐观开朗！

甲：请欣赏卢红艳老师诵读——

乙：《清平乐·会昌》。

甲：受命于危难之际，

乙：转战于峻岭之间。

甲：毛泽东指挥若定，

乙：又一次转危为安。

甲：请欣赏范旌平老师、李兰老师分别诵读——

乙：《忆秦娥·娄山关》。

甲：“不到长城非好汉”，

乙：“屈指行程两万”，

甲：长征即将胜利，

乙：英雄义薄云天！

甲：请欣赏孙亚峰老师、董洁老师分别诵读——

乙：《清平乐·六盘山》。

甲：长驱两万五千里，

乙：转战十一个省，

甲：开天辟地书史册，

乙：战略转移获成功！

甲：请欣赏李金鹏老师、赵雪莲老师分别诵读——

乙：《七律·长征》。

甲：如椽巨笔，直书大写。

乙：高屋建瓴，风华卓绝。

甲：一首词——

乙：震撼了蒋家朝野！

甲：请欣赏刘抱琛书记、孙建平老师、郑占菲同学分别诵读——

合：《沁园春·雪》。

甲：千里战线，

乙：破浪乘风。

甲：百万雄师，

乙：直捣黄龙！

甲：请欣赏荣誉老师诵读——

乙：《七律·人民解放军占领南京》。

甲：欢呼吧，新中国如日东升。

乙：更感慨，新中国百废待兴。

甲：一副美好的蓝图，在领袖心底诞生。

乙：我们以“西江石壁”，

合：告慰老人家的在天之灵！

甲：请欣赏吕宝新校长诵读——

乙：《水调歌头·游泳》。

甲：人民领袖爱人民，

乙：人民牵动领袖心。

甲：一份来自余江县的报告，

乙：就让领袖追昔抚今。

甲：请欣赏张宝凤老师诵读——

乙：《七律二首·送瘟神》。

甲：乡土情，情意深，

乙：领袖也有平常心。

甲：犹记家乡多典故，

乙：祝愿湖南处处春。

甲：请欣赏郑杰老师、申艳老师诵读——

乙：《七律·答友人》。

甲：战士自有战士的情怀，

乙：知难而上执著不悔。

甲：但愿引得万花开，

乙：落英无痕也欣慰。

甲：请欣赏邢艳萌老师、王红霞老师分别诵读——

乙：《卜算子·咏梅》。

甲：树欲静而风不止，

乙：小丑跳梁最可耻。

甲：革命者横刀跃马，

乙：只争朝夕成大事。

甲：请欣赏孙秀华老师诵读——

乙：《满江红·和郭沫若同志》。

甲：伟人重上井冈山，触景生情感万千。

乙：草木犹记当年事，三十八年弹指间。

甲：展望前程如锦绣，

乙：一路高歌唱凯旋！

甲：请欣赏王玉霞老师诵读——

乙：《水调歌头·重上井冈山》。

甲：如今盛世中华，

乙：感慨来之不易。

甲：我们载歌载舞的时候，

乙：是否将先烈记起？

甲：请欣赏诗、歌、舞互动的——

合：《蝶恋花·答李淑一》。

甲：诵读会到此结束，

乙：心潮似波浪起伏。

甲：我们经受了一次洗礼，

乙：更清楚今后该走的路。

甲：我们向老师们道谢，素质教育多辛苦。

乙：我们向同学们祝福，全面发展有前途。

合：待到明年艺术节，此情此景重开幕！

这是我校 2003 年 5 月举办的“毛主席诗词诵读会”的主持词，主持诵读会的是男女两名学生。这种诗歌化的主持增强了集会活动的艺术性，节省了时间，适用于较为庄重的场合。

运用这种主持形式，教师必须预先对主持人进行培训，以保证其整体效果。

三、运动会鼓动词（张连元）

三千米赞歌

群情激奋，

呼声卷校园！

三千米赛，

剩下这最后一圈。

你看那环形跑道，

多像一个大唱盘；

健儿的铁脚——

则画出激昂的呐喊！

一步紧一步，

一圈接一圈；

是重复，

很简单……

就在这简单中，

洒尽了热汗；

就在这重复中，

接近了终点！

心灵得到洗礼，

意志受到挑战！

在挑战和洗礼中，

完成了——

一次飞跃，

一个质变；

一次生命的展示，

一个辩证的螺旋！

这是笔者于1986年在我校运动会上播出的一个鼓动词。每年运动会，笔者都主持大会宣传，大会宣传组有十几名师生负责来稿的登记、挑选、修改工作，每天收到的师生写的宣传、鼓动稿件以数万计，大都短小务实、朗朗上口。

诵读这类稿件，要有激情，声音洪亮，要与赛场氛围和谐共振。

四、慰问演出（农村专场）主持词（张连元）

合：父老乡亲们！你们好!!

甲：坨里中学慰问演出即将开始，

乙：创意：刘抱琛；

甲：导演：常志彪、翟光耀、刘秀文、杨莉；

乙：撰词：张连元；

甲：主持：刘瑜、阎旭。

乙：首先，宣读坨里中学“致家长的一封信”。

合：演出正式开始。

甲：迷路时企盼神明指示，

乙：长夜中渴望东升旭日；

甲：十年动乱浑浑噩噩，

乙：呼啦啦——扯起一面鲜红的旗帜！

甲：如歌如诵，

乙：如画如诗。

甲：听吧——娓娓道来的——

乙：那——

合：《春天的故事》。

甲：春天的故事，

乙：深沉、感慨、振奋、豪迈。

甲：春天的故事，

乙：是黄钟大吕冲霄汉，振聋发聩横扫阴霾！

甲：春天的故事，

乙：似春雷乍响惊华夏，巨龙腾飞春潮澎湃！！

甲：我们传诵着春天的故事，

乙：昂首阔步——

合：《走进新时代》。

甲：我们讲着春天的故事，

乙：品尝着幸福和美满；

甲：在幸福和美满中，

乙：又增添了友谊的温暖！

甲：朋友多了路好走，

乙：朋友之间心相连，

甲：像一座看不见的桥——

合：《在我和你之间》。

甲：我们珍惜友谊，

乙：凝聚人间美好的祝福；

甲：我们把祝福带到军营，

乙：献给解放军叔叔！

甲：祝你们健康快乐，

乙：愿你们立功、进步；

甲：再欣赏我们的——

合：《拥军花鼓》。

甲：欢乐的歌舞令人心旷神怡，

乙：回到家中却感到扑朔迷离。

甲：爸爸——不能选择，似乎全凭运气。

乙：到底什么样的爸爸好？

甲：请听刘建国、刘冠军的相声——

合：《爸爸迷》。

甲：笑声中有反思，

乙：反思中有苦辣酸甜。

甲：孩子到底需要什么？

乙：父与子应该有怎样的情感？

甲：苗春播同学用唢呐作一个比喻——

合：《山村来了售货员》。

甲：山村来了售货员，

乙：我请妈妈来选购。

甲：当年的孩子已长大，

乙：育儿的辛苦还在妈妈的脸上留。

甲：我请于雪娇同学唱一曲，

乙：不忘妈妈的——

合：《小背篓》。

甲：不忘妈妈的小背篓，

乙：不忘妈妈的养育情；

甲：您的嘱咐儿牢记，

乙：愿您宽心多保重；

甲：再请冯丹抚柳琴，

乙：请您欣赏——

合：《伟大的北京》。

甲：踏着欢快的旋律，

乙：健美我们的身心。

甲：飘来一群小姑娘，

乙：她们要——

合：《跳皮筋儿》。

甲：载歌载舞青春好。

乙：山环水绕艳阳天，

合：幸福满人间。

甲：有情人终成眷属，

乙：好心人搭桥牵线。

甲：王新宗老师隆重推出——

乙：京剧清唱——

合：《红娘》选段。

甲：幸福之花火样红，

乙：幸福常在靠长城。

甲：翟光跃老师情义浓，

乙：笛子独奏——

合：《我是一个兵》。

甲：要问为什么来当兵，

乙：为的是祖国平安；

甲：祖国平安科教兴，

乙：希望寄托在青少年。

甲：莫等闲——主动是关键！

乙：张连元老师欣然命笔。

甲：由王秋颖同学朗诵——

合：《参与就是发展》。

甲：参与就是发展，

乙：发展中走向辉煌；

甲：山清水秀风光好，

乙：最美的还是咱家乡。

甲：于宝同学用歌声导游——

合：《在那桃花盛开的地方》。

甲：家乡的美景令人陶醉，

乙：家乡的夜晚恬静皎洁。

甲：于允同学心随物移，

乙：用笛子描绘那——

合：《彩云追月》。

甲：良辰美景，

乙：花好月圆。

甲：人们青睐于——

乙：阴柔之美女儿倩，

甲：更推崇——

乙：阳刚之气男子汉！

甲：请欣赏武术表演——

合：《少年长拳》和《花拳》。

甲：闪、展、腾、挪，

乙：飞腿振臂；

甲：武术跨上战马，

乙：就是骑兵的含义。

甲：请欣赏郭潇同学的手风琴独奏——

合：《骑兵进行曲》。

甲：风驰电掣，

乙：威武刚劲！

甲：战士巡逻多辛苦，

乙：坨中师生来慰问；

甲：刘秀文和杨莉老师捧来了——

合：《边疆的泉水清又纯》。

甲：边疆的泉水清又纯，

乙：边疆的战士练兵忙。

甲：稍息、立正、齐步走，

乙：操场上传来——

合：《士兵小唱》。

甲：战士的步伐齐又整，

乙：傲雪的红梅俏且艳。

甲：常志彪老师德艺双馨，

乙：二胡奏出——

合：《红梅赞》。

甲：红梅是高尚的人格，

乙：红梅是战士的本色；

甲：红梅是勇者的旗帜，

乙：红梅是不屈的中国！

甲：请再欣赏一曲——

合：《中国》。

甲：中国在自省中崛起，

乙：似百花齐放如火如荼。

甲：坨中民乐队乘教改东风，

乙：献上一曲——

合：《金蛇狂舞》。

甲：载歌载舞，

乙：是高兴的时候；

甲：田间地头，

乙：喜庆丰收！

甲：请接着欣赏——

合：《丰收》。

甲：演出，

乙：至此结束，

合：心情似波浪起伏。

甲：请父老们批评，

乙：我们在探索中进步；

甲：请乡亲们支持，

乙：我们需要您的帮助。

甲：再见了——

乙：我们的父老乡亲，

甲：再见了——

乙：我们的衣食父母。

合：待到明年瑞雪飞，

合：此情此景重开幕！

坨里中学

一九九九年·新春

自1999年春节，我校师生连续三年到农村、部队慰问演出。此举一举多得，既培养、锻炼了师生，又密切了学校与地方的关系，还为社会精神文明建设作出了贡献。

第九章

『以读促学』教学模式之评价

评价是标准，是方向，是参与，是反思，是交流，是互动，是过程，是方法，是情感、态度、价值观，是教学相长。因此，我们要充分发挥评价的促进功能，而不仅仅是甄别和选拔。

第一节 诵读评价

诵读评定标准

<table>
<tr><td colspan="2">诵读者</td><td></td><td>评委</td><td></td><td>总分</td><td></td></tr>
<tr><td colspan="2">题目</td><td colspan="5"></td></tr>
<tr><td>项目</td><td>权重</td><td colspan="4">评定标准</td><td>评分</td></tr>
<tr><td rowspan="2">读出美感</td><td rowspan="2">20</td><td colspan="4">根据作品的内容，读出美感（壮美或优美）</td><td rowspan="2"></td></tr>
<tr><td>评分等级</td><td>10</td><td>15</td><td>20</td></tr>
<tr><td rowspan="2">读音正确</td><td rowspan="2">20</td><td colspan="4">吐字清晰，发音响亮，语音标准（声、韵、调准确），无方音，口语、语流音变、变调、轻声、儿化特音处理恰当，有发音技巧</td><td rowspan="2"></td></tr>
<tr><td>评分等级</td><td>10</td><td>15</td><td>20</td></tr>
<tr><td rowspan="2">语速恰当</td><td rowspan="2">20</td><td colspan="4">恰当运用语速</td><td rowspan="2"></td></tr>
<tr><td>评分等级</td><td>10</td><td>15</td><td>20</td></tr>
<tr><td rowspan="2">停顿适当</td><td rowspan="2">10</td><td colspan="4">正确处理各种停顿</td><td rowspan="2"></td></tr>
<tr><td>评分等级</td><td>5</td><td>7</td><td>10</td></tr>
<tr><td rowspan="2">重音明确</td><td rowspan="2">10</td><td colspan="4">正确确定、处理重音</td><td rowspan="2"></td></tr>
<tr><td>评分等级</td><td>5</td><td>7</td><td>10</td></tr>
<tr><td rowspan="2">语调自然</td><td rowspan="2">10</td><td colspan="4">自然运用各种恰当的语调</td><td rowspan="2"></td></tr>
<tr><td>评分等级</td><td>5</td><td>7</td><td>10</td></tr>
<tr><td>手表势情</td><td>5</td><td>评分等级</td><td>3</td><td>4</td><td>5</td><td></td></tr>
<tr><td>脱稿</td><td>5</td><td>评分等级</td><td>3</td><td>4</td><td>5</td><td></td></tr>
</table>

第二节　诵读教学评价

本评价为综合评价，包括教案、阅读、写作、学生成绩、学生评教，共计100分。

一、教案评价

被评价人：　　　　　　评价人：　　　　　　日期：

评价项目	评价要求	评价结果			得分
		A	B	C	
1. 教学理念	以学生发展为本：以教师为主导，以学生为主体；以问题为契机，以活动为载体；以体验为主线，以交往为过程；以情趣为动力，以相长为结果。	1.5分	1分	0.5分	
2. 教学目标	①明确、具体、科学、可行。 ②工具性与人文性相统一。 ③知识与技能，过程与方法，情感、态度、价值观。 ④最好以问题的形式呈现。	1.5分	1分	0.5分	
3. 教案设计	①以课文为单位自成体系。 ②课时教案相对独立且有内在联系。 ③以学论教：先学后教，导在其中。	1.5分	1分	0.5分	
4. 导言设计	①联系学生生活和社会实际。 ②紧扣学生生活和最近发展区。 ③合情合理，自然生动。	2分	1.5分	1分	

评价项目	评价要求	评价结果			得分
		A	B	C	
5. 双边活动	①主导：指导、引导、疏导、诱导、示导、劝导、逆导、不导。 ②主体：自学、质疑、讨论、竞赛、游戏、探究、评价、创新。 ③设疑：曲而有度，举一反三。 ④有预设释疑。	2分	1.5分	1分	
6. 教学方法	①教必有法：学导探评超、以读促学。 ②教无定法：多种方法优化组合。 ③学法：自主、合作、探究、体验。	1.5分	1分	0.5分	

二、阅读教学评价

被评价人：　　　　　评价人：　　　　　日期：

评价项目	评价标准	评价结果			得分
		A	B	C	
1. 语文教学基本功	①板书：简练、秀美、有效。 ②教态：自然、高雅、得体。 ③语言：简洁、生动、准确。 ④能熟练运用多媒体辅助教学。	3分	2分	1分	
2. 开课导言	①引趣：悬念、个案、故事。 ②导思：设疑、激疑、辩疑。 ③励志：格言、警句、典范。	3分	2分	1分	
3. 教师范读	①讲究停顿、重音、语调、语速、技巧及美感。 ②运用范读创设教学情境。 ③用范读启发、导引、点拨。	4分	3分	2分	

评价项目	评价标准	评价结果			得分
		A	B	C	
4. 学生诵读	①准确、流畅、有感情。 ②探究技巧、美感。 ③相互评价。	4分	3分	2分	
5. 随机导引	①及时、合理、机智、适度。 ②联系学生生活、社会实际。 ③调动学生参与。	4分	3分	2分	
6. 教学模式	①运用“学导探评超”和“以读促学”模式。 ②倡导自主、合作、探究学习方式。 ③注重学生感受、体验。 ④建构学生的知识、能力结构和方法结构。	6分	4分	2分	
7. 双边活动	①师生、生生情感交流、合作。 ②课堂气氛活跃、和谐、共振。 ③互动双赢、教学相长。	3分	2分	1分	
8. 学生质疑	①主动质疑。 ②质疑深入、独到。 ③学生参与释疑。	3分	2分	1分	
9. 教学效果	①教学目标的落实有显性效果。 ②教学发挥有隐性效果。 ③随机教学合理、有效。	3分	2分	1分	
10. 教学创新	①教有特色，理念鲜明、前瞻。 ②教学环节或细节有独到效果。 ③学生有创新。	2分	1分	0分	

三、写作教学评价

被评价人： 评价人： 日期：

评价项目	评价要求	评价结果			得分
		A	B	C	
1. 作文命题	①命题形式多样：定题目、定主题、定题材、定体裁、定开头、定结尾等，给学生以发挥的空间。 ②话题作文的命题要有启发性、联系学生生活和社会实际，利于促进学生自主写作。 ③倡导个性化作文，学生自由命题作文每学期两次以上。	6分	4分	2分	
2. 作文评改	①有学生自评和同学互评。 ②教师评改准确、有效。 ③不推崇全批，提倡适度面批。	6分	4分	2分	
3. 课上讲评	①学生自读习作，以读促评。 ②学生主动参与评改。 ③教师讲评简洁有效，点面结合。	6分	4分	2分	
4. 构思导引	①教师示范构思需三个以上。 ②教师提供新颖、深刻的素材。 ③教师“下水”作文每学期一篇。	6分	4分	2分	
5. 作文修改	①学生修改病句、错别字。 ②学生通篇修改。 ③教师对学生改过后的作文再评改。	6分	4分	2分	
6. 平时练笔	①平时有口头作文或日记。 ②教师对平时练笔有指导。 ③教师在阅读教学中联系学生习作，以读促写。	5分	3分	1分	

四、学生考试成绩

15分，超过年级平均分者为满分。

五、学生评教

5分，有档案、有深度者为满分。

第三节　学生学业评价

教改首先是观念的转变，而转变学生观念与转变教师观念同等重要，因而学生的学业评价必须与教学评价同步实施。

一、诵读水平

这一项包括口语水平，满分为10分，教师可酌情评分。

二、作文

这一项包括自评自改及日记，满分为15分，教师可酌情评分。

三、课堂表现

这一项涉及知识、技能、过程、方法、情感、态度、价值观，侧重学生的主动回答、主动质疑、参与评价、合作、互助等，满分为25分，教师可酌情评分。

四、课外作业

这一项包括预习、诵读拓展，满分为10分，教师可酌情评分。

五、考试成绩

这一项主要包括期中、期末的考试成绩，满分为40分。

参考文献

1. 韩立福著，《新课程有效课堂教学行动策略》[M]，北京：首都师范大学出版社，2006 年版

2. 张怀曾，张连元主编，《中学生心理健康自我检测与自我完善》[M]，北京：九州出版社，2005 年 6 月版

3. 肖君，陶岚琴著，《朗诵教学考级表演教程》（中册、下册）[M]，广州：广东经济出版社，2007 年 7 月版

4. 张连元著，《语文课中的朗读教学》[M]，北京：北京教育出版社，2004 年 6 月版

《名师工程》系列丛书

征稿启事

《名师工程》系列丛书是西南师范大学出版社策划、组织出版的大型系列教育丛书。丛书以新课程下的新教学为背景，以促进施教者的教育能力为落脚点，以提高教育质量、提升教师水平为宗旨。

丛书首批推出的“名师讲述”“教学提升”“教学新突破”“高中新课程”“教师成长”“大师讲坛”“教育细节”“创新语文教学”“教育管理力”“教师修炼”“创新数学教学”“通识与心理”“创新课堂”等系列，共80余个品种，其余系列也将陆续出版。为了让广大教师有一个交流、借鉴的机会，同时也为了给广大教师提供更多、更好的图书，《名师工程》系列丛书编辑出版委员会特向全国教育工作者征集稿件。

稿件要求：

1.主题鲜明、新颖，有独创性。

2.主题以提升教育能力为主，也可适当外延。

3.主题要有一定规模、有典型案例支撑。

4.案例要贴近教育实际，操作性强。

5.文章、书稿结构清晰，语言精彩。

书稿作者在选题确定之后，请及时与我们做好沟通，具体事宜确定好之后再进行创作；也欢迎用已经完稿的稿件投稿。一线教师如希望参与图书案例的创作，可联系我社策划机构，由策划机构备案，在适合的图书中参与创作。

真诚欢迎各位教师踊跃投稿。

联系方式：

西南师范大学出版社高教分社

电话：023-68254356　　　E-mail：zcj@swu.cn

西南师范大学出版社高教分社北京策划部

电话：010-68403096

E-mail：guodejun1973@163.com

西南师范大学出版社
《名师工程》系列丛书目录

系列	序号	书名	主编	定价
创新课堂系列	1	《如何实现三维目标——让学生与文本共鸣的诵读教学》	张连元	30.00
	2	《想说　会说　有话可说——突破作文瓶颈的三维教学法》	杨和平	30.00
	3	《综合课的整合创新教学》	周辉兵	30.00
	4	《如何打造学生喜欢的音乐课堂》	张　娟	30.00
	5	《理想课堂的构建与实施——一个教研员眼中的理想课堂》	张玉彬	30.00
	6	《小学语文：决定教学质量的关键策略》	李　楠	30.00
	7	《用〈论语〉思想提升数学教育智慧》	胡爱民	30.00
	8	《童化作文——浸润儿童心灵的作文教学》	吴　勇	30.00
创新数学教学系列	9	《小学数学：名师教学目标落实艺术》	余文森	30.00
	10	《小学数学：名师高效教学设计艺术》	余文森	30.00
	11	《小学数学：名师易错问题针对教学》	余文森	30.00
	12	《小学数学：名师魅力课堂激趣艺术》	余文森	30.00
	13	《小学数学：名师同课异教》	林高明　陈燕香	30.00
	14	《小学数学：名师抽象问题艺术教学》	余文森	30.00
通识与心理系列	15	《做学生成长的引领者——学生终身成长的素质培养》	田祥珍	30.00
	16	《学生心理拓展训练与指导》	徐岳敏	30.00
	17	《青春期性教育教师实用手册》	闵乐夫	30.00
	18	《如何管出好班级——突破班级管理的四大瓶颈》	刘令军	30.00
	19	《突破平庸——提升教育质量的 31 个跳板》	严育洪	30.00
	20	《好心态成就好学生——学生心理问题剖析与对症教育》	李韦遴	30.00
	21	《教育，诗意地栖居》	朱华忠	30.00
	22	《好班规打造好班级》	赵　凯	30.00
教育管理力系列	23	《名校激励管理促进力》	周　兵	30.00
	24	《名校安全管理执行力》	袁先潋	30.00
	25	《名校师资团队建设力》	赵圣华	30.00
	26	《名校危机管理应对力》	李明汉	30.00
	27	《名校校本研究创新力》	李春华	30.00
	28	《学校文化力建设策略》	袁先潋	30.00
	29	《名校长核心教育力》	陶继新	30.00
	30	《名校长高绩效领导力》	周辉兵	30.00
	31	《名校行政管理细节力》	杨少春	30.00
	32	《名校教学管理提升力》	张　韬　戴诗银	30.00
	33	《名校学生管理教导力》	田福安	30.00
	34	《名校校园文化构建力》	岳春峰	30.00
创新语文教学系列	35	《小学语文：享受对话教学》	孙建锋	30.00
	36	《小学语文：名师教学目标落实艺术》	刘海涛　王林发	30.00
	37	《小学语文：名师魅力教学设计艺术》	刘海涛　王林发	30.00
	38	《小学语文：名师魅力课堂激趣艺术》	刘海涛　王林发	30.00
	39	《小学语文：单元整体教学构建艺术》	李怀源	30.00
	40	《小学作文：名师情趣课堂创设艺术》	张化万	30.00
教师修炼系列	41	《班主任行为八项修炼》	杨连山	30.00
	42	《教师健康心理六项修炼》	李慧生	30.00
	43	《教师专业化五项修炼》	田福安　杨连山	30.00
	44	《课堂教学素养六项修炼》	刘金生	30.00
	45	《教师新师德六项修炼》	王毓珣　王　颖	30.00

系列	序号	书　　名	主编	定价
教育细节系列	46	《名师最具渲染力的口才细节》	高万祥	30.00
	47	《名师最有效的沟通细节》	李　燕　徐　波	30.00
	48	《名师最有效的激励细节》	张　利　李　波	30.00
	49	《名师培养学生好习惯的高效细节》	李文娟　郭香萍	30.00
	50	《名师人格教育的经典细节》	齐　欣	30.00
	51	《名师营造课堂氛围的经典细节》	高　帆　李秀华	30.00
	52	《名师最有效的赏识教育细节》	李慧军	30.00
	53	《名师最有效的批评细节》	沈　旎	30.00
大师讲坛系列	54	《大师谈教育心理》	肖　川	30.00
	55	《大师谈教育激励》	肖　川	30.00
	56	《大师谈教育沟通》	王斌兴　吴杰明	30.00
	57	《大师谈启蒙教育》	周　宏	30.00
	58	《大师谈教育管理》	樊　雁	30.00
	59	《大师谈儿童人格塑造》	齐　欣	30.00
	60	《大师谈儿童习惯培养》	唐西胜	30.00
	61	《大师谈儿童能力培养》	张启福	30.00
	62	《大师谈早恋与性教育》	闵乐夫	30.00
	63	《大师谈儿童情感教育》	张光林　张　静	30.00
教师成长系列	64	《学学名师那些事》	孙志毅	30.00
	65	《每天学点教育心理学》	石国兴　白晋荣	30.00
	66	《给新教师的建议》	李镇西	30.00
	67	《教师心灵读本：成为有思想的教师》	肖　川	30.00
	68	《教师心灵读本：教师，做反思的实践者》	肖　川	30.00
高中新课程系列	69	《高中新课程：教师角色转变细节》	缪水娟	30.00
	70	《高中新课程：班主任新兵法细节》	李国汉　杨连山	30.00
	71	《高中新课程：教学管理创新细节》	陈　文	30.00
	72	《高中新课程：更有效的评价细节》	李淑华	30.00
教学新突破系列	73	《把教学目标落实到位——名师优质课堂的效率管理》	冯增俊	30.00
	74	《拿什么调动学生——名师生态课堂的情绪管理》	胡　涛	30.00
	75	《零距离施教——名师和谐师生关系的构建艺术》	贺　斌	30.00
	76	《一个都不能落——名师提升学困生的针对教学》	侯一波	30.00
	77	《让学习变得更轻松——名师最能吸引学生的情境设计》	施建平	30.00
	78	《让知识变得更易学——名师改造难学知识的优化艺术》	周维强	30.00
教学提升系列	79	《方法总比问题多——名师转变棘手学生的施教艺术》	杨志军	30.00
	80	《用特色吸引学生——名师最受欢迎的特色教学艺术》	卞金祥	30.00
	81	《让学生爱上课堂——名师高效课堂的引导艺术》	邓　涛	30.00
	82	《拿什么打开思路——名师最吸引学生的课堂切入点》	马友文	30.00
	83	《没有记不牢的知识——名师最能提升学生记忆效果的秘诀》	谢定兰	30.00
	84	《让学生的思维活起来——名师最激发潜能的课堂提问艺术》	严永金	30.00
名师讲述系列	85	《施教先施爱——名师讲述班主任的核心教导力》	杨连山　魏永田	30.00
	86	《在欢乐中成长——名师讲述最具活力的课堂愉快教学》	王斌兴	30.00
	87	《让学生做自己的老师——名师讲述如何提升学生自主学习能力》	徐学福　房　慧	30.00
	88	《引领学生高效学习——名师讲述如何提高学生课堂学习效率》	刘世斌	30.00
	89	《教育从心灵开始——名师讲述最能感动学生的心灵教育》	张文质	30.00